UNA VISIÓN CONSTITUCIONAL DE LA LEY ORGÁNICA DE PROTECCIÓN DE LA SEGURIDAD CIUDADANA

UNA VISIÓN CONSTITUCIONAL DE LA LEY ORGÁNICA DE PROTECCIÓN DE LA SEGURIDAD CIUDADANA

EDICIÓN 2024

COORDINADOR
ANTONIO DORADO SÁNCHEZ

AUTORES
NICOLÁS GONZÁLEZ DELEITO DOMÍNGUEZ
ELICIA RODRÍGUEZ PUÑAL
LUIS GARCÍA NAVARRO
RAÚL SÁNCHEZ GÓMEZ
MIGUEL BUSTOS RUBIO
DOMINGO DORADO PICÓN
ESTEFANÍA NAVARRETE CORRAL
IGNACIO NAVARRO MEJÍA
JOSÉ ANTONIO VARELA
FRANCISCO NEBRERA GABELLA
JULIO BRASA GAYOSO
RAÚL DÍAZ FRANCHY
ALBERTO CORTEGOSO VAAMONDE
ANTONIO DORADO SÁNCHEZ

COLEX 2024

© Editorial Colex, S.L.
Calle Costa Rica, número 5, 3º B (local comercial)
A Coruña, C.P. 15004
info@colex.es
www.colex.es

I.S.B.N.: 978-84-1194-380-2
Depósito legal: C 443-2024

AUTORES

Antonio Dorado Sánchez
Doctor en Ciencias Sociales y Jurídicas, Asociado Principal en Cuatrecasas, y Profesor de Derecho Constitucional en ISDE y UNIE

Nicolás González-Deleito Domínguez
Socio de Cuatrecasas, Exletrado del TC, Letrado de la Junta de Andalucía

Elicia Rodríguez Puñal
Asociada Sénior Cuatrecasas

Luis García Navarro
Abogado, consejero del Consejo Consultivo de Andalucía

Raúl Sánchez Gómez
Profesor Titular Derecho Procesal

Miguel Bustos Rubio
Profesor Titular Derecho Penal, Vicedecano de Investigación de la Facultad de Derecho UNIR

Domingo Dorado Picón
Letrado de la Administración de Justicia, profesor asociado de Derecho Procesal

Estefanía Navarrete Corral
Letrado de la Administración de Justicia, profesor asociado de Derecho Procesal

Ignacio Navarro Mejía
Letrado de las Cortes Generales

José Antonio Varela
Licenciado en Derecho y Graduado en Criminología. /Intendente de la Erzaintza

Francisco Nebrera Gabella
Jefe de Servicio de Coordinación de la Policía Local · Junta de Andalucía

Julio Brasa Gayoso
Socio de Cuatrecasas, Derecho Público

Raúl Díaz Franchy
Graduado en Cuatrecasas

Alberto Cortegoso Vaamonde
Asociado Principal Cuatrecasas, politólogo

SUMARIO

CAPÍTULO 3

ENTRADA Y REGISTRO EN DOMICILIO Y EDIFICIOS DE ORGANISMOS OFICIALES CONFORME LA LEY DE SEGURIDAD CIUDADANA

RAÚL SÁNCHEZ GÓMEZ

CAPÍTULO 4

IDENTIFICACIÓN DE PERSONAS, RESTRICCIÓN DEL TRÁNSITO Y CONTROLES EN LAS VÍAS PÚBLICAS

MIGUEL BUSTOS RUBIO

CAPÍTULO 5

LOS REGISTROS CORPORALES Y SOBRE BIENES. DISPOSICIONES COMUNES

DOMINGO DORADO PICÓN

CAPÍTULO 6

LA ADOPCIÓN DE MEDIDAS EXTRAORDINARIAS EN LA LEY DE SEGURIDAD CIUDADANA

ESTEFANÍA NAVARRETE CORRAL

CAPÍTULO 7

GRABACIÓN DE PERSONAS: ¿PROTECCIÓN DE SU SEGURIDAD O DESPROTECCIÓN DE SU INTIMIDAD?

IGNACIO NAVARRO MEJÍA

CAPÍTULO 8

EL EJERCICIO DEL DERECHO FUNDAMENTAL DE MANIFESTACIÓN A LA LUZ DE LA LEY ORGÁNICA DE PROTECCIÓN DE LA SEGURIDAD CIUDADANA

Antonio Dorado Sánchez

CAPÍTULO 9

REGULACIONES Y MEDIDAS DE CONTROL ESPECIALES EN LA SEGURIDAD CIUDADANA: ANÁLISIS DEL CAP. IV DE LA LOPSC 2015

José Antonio Varela González

CAPÍTULO 10

ANÁLISIS DE LA JURISPRUDENCIA CONSTITUCIONAL EN RELACIÓN CON DETERMINADOS PRECEPTOS DEL RÉGIMEN SANCIONADOR

Francisco Nebrera Gabella

CAPÍTULO 11

EL RÉGIMEN SANCIONADOR EN LA LOPSC: MECANISMOS DE ADAPTACIÓN AL PROCESO DESPENALIZADOR

JULIO BRASA GAYOSO - RAÚL DÍAZ FRANCHY

CAPÍTULO 12

LA POTESTAD SANCIONADORA: UNA MIRADA A LAS OBLIGACIONES DE LA ADMINISTRACIÓN Y A LOS DERECHOS DE LOS PARTICULARES

ALBERTO CORTEGOSO VAAMONDE

INTRODUCCIÓN

Pocas materias son más importantes para garantizar la defensa del ejercicio de los derechos fundamentales reconocidos en las sociedades libres que la seguridad ciudadana y orden público.

El término seguridad ciudadana no es un término unívoco ni de fácil delimitación y bajo su paraguas las diferentes regulaciones de la materia han incluido una multitud de actuaciones administrativas que van desde el control de armas y explosivos hasta la regulación de la videovigilancia, hasta la intervención policial en el ejercicio del derecho de manifestación. Sin embargo, en todas estas actuaciones subyace una potencial colisión entre las libertades públicas y la actividad administrativa y, por tanto, tanto el legislador como los jueces y tribunales deben ser especialmente cuidadosos a la hora de delimitar los contornos de dichas actuaciones.

La actual norma en materia de seguridad ciudadana en nuestro país es la *Ley Orgánica 4/2015, de 30 de marzo, de protección de la seguridad ciudadana* (LOPSC), norma que, ya desde las primeras líneas de su preámbulo, asume el papel esencial que tiene la seguridad ciudadana en la defensa del Estado de Derecho y de las libertades públicas:

> «La seguridad ciudadana es la garantía de que los derechos y libertades reconocidos y amparados por las constituciones democráticas puedan ser ejercidos libremente por la ciudadanía y no meras declaraciones formales carentes de eficacia jurídica. En este sentido, la seguridad ciudadana se configura como uno de los elementos esenciales del Estado de Derecho».

En definitiva, regular la seguridad ciudadana siempre supone un complejo ejercicio de equilibrio entre el ejercicio de derechos y libertades y la defensa de intereses generales que trascienden a la individualidad y que deben ser también protegidos y defendidos por las Administraciones. Este difícil equilibrio hace que existan multitud de puntos de vista al respecto y tantas posiciones enfrentadas como posturas políticas —e incluso filosóficas— existentes en nuestra sociedad. Así, habrá quien crea que debe primar la libertad individual de la autoprotección frente a los que abogan por la cesión de toda esta carga en manos de las fuerzas policiales. También se han planteado debates sobre si el control por parte de la policía de los elementos básicos de identificación ciudadana (huella dactilar, fotografía, datos personales...) supone una intromisión intolerable en la intimidad y un medio más de control sociológico que de garantía de la seguridad. Recurrente es también el debate sobre los límites que ha de imponerse a la Administración a la hora de entrar en el domicilio particular en la eterna dicotomía entre la sacrosanta inviolabilidad del hogar y la efectividad en la lucha contra el crimen.

Desde la entrada en vigor de la actual Constitución han estado vigentes tres leyes distintas de seguridad ciudadana, cada una con su propia visión de este equilibrio, y en las que se ha ido observando una clara evolución en la defensa de los derechos constitucionales en juego: la primera de ella, arrastrada de la dictadura, la Ley 45/1959, de 30 de julio, de Orden Público, («**LOP**») que estuvo vigente hasta 1992, se demostró claramente insuficiente en el contexto democrático constitucional y fue sustituida por la primera norma que tuvo en cuenta en su diseño el vigente marco de libertades: Ley Orgánica 1/1992, de 21 de febrero, sobre Protección de la Seguridad Ciudadana («**LOPSC 1992**»). Sin embargo, el hecho de que la ley de 1992 fuera alumbrada ya en un sistema de libertades consolidado no cerró, ni mucho menos, las diferentes visiones que en nuestra sociedad existen sobre la materia en cuestión.

Por ello, no es de extrañar que la actual LOPSC, de 30 de marzo de 2015, naciera envuelta en una polémica -precisamente a colación del eterno debate libertad/seguridad- que aún persiste hoy día. De hecho, no fueron pocas las voces que durante la tramitación parlamentaria de la misma y en los momentos posteriores a su aprobación apostaron por su rápida derogación —e incluso se hizo de ello un compromiso electoral por parte de diversas fuerzas políticas—. Sin embargo, lo cierto es que, polémicas al margen, casi diez años después de su aprobación la ley permanece en vigor y no se atisba, en el escenario más inmediato, una pronta derogación de esta.

Quizá por esa constante sensación de provisionalidad de la LOPSC, la literatura existente sobre la misma y su desarrollo jurisprudencial no es, ni de lejos, tan abundante como la importancia de las materias reguladas por ésta haría prever. En este contexto, la presente obra viene a tratar de aportar una humilde contribución en este ámbito y recoger la doctrina que los jueces y tribunales, pero, en especial el Tribunal Constitucional, haya podido ir creando desde la aprobación de esta ley.

Así, el título de la obra «Una visión constitucional» pretende introducir al lector en la verdadera finalidad de estas páginas: ahondar en cómo la puesta en marcha de la actual ley ha incidido en esa constante ponderación de derechos que la seguridad ciudadana representa y cómo la doctrina y la jurisprudencia emitida hasta la fecha ha ido delimitando los contornos esbozados en el texto normativo.

Se trata, en definitiva, de un analizar cómo la declaración de intenciones que proclamaba la ley en su preámbulo (lograr que la seguridad ciudadana sea garantía de los derechos y libertades) se ha compadecido con la realidad con la visión y la perspectiva que dan casi una década desde su entrada en vigor y cuáles son, a este respecto, los principales retos que en materia de protección de los derechos constitucionales deben ser abordados.

Con este objetivo se ha tratado de dar cabida en la presente obra a todo tipo de voces, desde miembros de las Fuerzas y Cuerpos de Seguridad del Estado y profesionales de la abogacía, encargados —cada uno desde su respectiva posición— de la vertiente práctica de la ley, hasta profesionales cercanos a los ámbitos de elaboración de esta, como los letrados de las Cortes Generales, pasando por profesores de universidad, encargados de su análisis y estudio teórico. Todo ello con el propósito de dar una visión holística y multidisciplinar de la norma que se aleje del plano meramente teórico o doctrinal y serpentee por todas las vertientes y aristas que, desde un punto de vista constitucional, representa la seguridad ciudadana.

Sevilla, marzo de 2024

CAPÍTULO 1

DISPOSICIONES GENERALES DE LA LOPSC

Nicolás González-Deleito Domínguez
Abogado
Ex Letrado del Tribunal Constitucional
Letrado de la Junta de Andalucía Excedente

Elicia Rodríguez Puñal
Abogada
Asociada Senior de Cuatrecasas

I. Las disposiciones generales de la ley

En su primer capítulo, disposiciones generales, la Ley contiene una serie de disposiciones de diverso alcance y entidad. Los cuatro primeros artículos vienen a expresar los fundamentos de la propia Ley, señalando su objeto, ámbito de aplicación, fines y principios de actuación, constituyendo que contemplados conjuntamente vienen a expresar la propia filosofía de la Ley y sus bases estructurales[1]. Los siguientes artículos, tienen un alcance mucho más reducido y, así el 5 es de carácter orgánico, definiendo los órganos

1 Cuestión distinta es que luego el articulado sea coherente con estos conceptos, como pone de manifiesto Miguel Casino, el señalar la existencia de tipos infractores que ninguna relación guardan con el concepto legal y constitucional de seguridad ciudadana (Miguel Casino Rubio, «La Ley Orgánica 4/2015, de Protección de la Seguridad Ciudadana y los Ayuntamientos», en *Anuario de Derecho Municipal*, n.º 9, 2015, páginas 123-141, especialmente, su apartado IV, La inclinación de la ley por el derecho penal y su desviación respecto a su objeto específico, págs.. 131 y ss.))

competentes en materia de seguridad ciudadana (en la medida en que se pueda considerar una materia competencial), dándonos ya algunas pinceladas acerca del difícil reparto competencial en la materia; el art. 6 se refiere a la cooperación interadministrativa y, por fin, el 7 al deber de colaboración, que se proyecta en diversos niveles (autoridades y funcionarios públicos, personal que realice funciones de policía administrativa; empresas privadas de seguridad y personal de seguridad privada y particulares).

1. El concepto de seguridad ciudadana

Determinar con la mayor precisión posible el concepto de seguridad ciudadana es muy importante por tratarse del elemento sobre el que bascula la Ley, que como indica su art. 1.2, *«tiene por objeto la regulación de un conjunto plural y diversificado de actuaciones de distinta naturaleza orientadas a la tutela de la seguridad ciudadana»*, por lo que su correcto entendimiento es esencial para delimitar el alcance de las potestades que otorga y, en muchos casos, de las infracciones que tipifica y sanciona.

Pero se trata de un concepto cuyos contornos son muy difíciles de aprehender, más allá de enunciados retóricos de dudosa utilidad. Si empezamos por el Preámbulo de la Ley, veremos que se nos dice que *«es la garantía de que los derechos y libertades reconocidos y amparados por las constituciones democráticas puedan ser ejercidos libremente por la ciudadanía y no meras declaraciones formales carentes de eficacia jurídica»*, lo cual es cierto, pero aporta muy poco porque lo mismo podría decirse del Poder Judicial o de otros servicios públicos o meramente de interés económico (¿se podrían ejercer los derechos tal como los disfrutamos en una sociedad moderna sin electricidad y suministros de carburantes?). También nos dice, pero con la misma escasa utilidad para delimitar el concepto que la seguridad ciudadana *«se configura como uno de los elementos esenciales del Estado de Derecho»* que la sociedad demanda *«esencialmente del Estado»*.

Para acercarnos al concepto creemos que la vía más adecuada es situarlo dentro del más amplio de seguridad, pues está claro que se trata de una modalidad de la seguridad que todos necesitamos para el desenvolvimiento de nuestra vida y el libre desarrollo de nuestra personalidad (art. 10.1 CE). La seguridad es en el derecho un término polimorfo y así encontramos la seguridad jurídica como certeza y confianza en las leyes y el respeto a las situaciones adquiridas, seguridad social como sistema de protección frente a enfermedades, desempleo o jubilación o seguridad en el empleo como sistema legal que protege al trabajador frente a decisiones arbitrarias del empleador. Y así podríamos seguir con una larga lista de ejemplos. Pero aquí estamos hablando de la seguridad en un sentido externo, material y con una dimensión pública que afecta a la colectividad como tal, que a su vez se puede estructurar en diversos niveles que es necesario atender para hacernos una idea precisa de a qué se refiere la seguridad ciudadana, sin dejar de ser conscientes de que se puede tratar de divisiones con un alto grado de artificiosidad, motivadas en gran medida en la necesidad de establecer criterios para la división de competencias entre el Estado y las Comunidades Autónomas (CC. AA.):

Así, en primer lugar y como elemento más elevado estaría la seguridad nacional, que es competencia del Estado al amparo de lo dispuesto en el artículo 149.1.4.ª y 29.ª de la Constitución (SSTC 184/2016 y 10/2023), que atribuyen al Estado la competencia exclusiva en materia de defensa y Fuerzas Armadas, por una parte, y en materia de seguridad pública, por otra (DF 1.ª Ley 36/2015, de 28 de septiembre, de Seguridad Nacional, en adelante, LSN). Esta Ley de Seguridad Nacional parte de la idea expresada en su preámbulo de que seguridad constituye la base sobre la cual una sociedad puede desarrollarse, preservar su libertad y la prosperidad de sus ciudadanos, y garantizar la estabilidad y buen funcionamiento de sus instituciones y que se define en el art. 3 LSN como *«la acción del Estado dirigida a proteger la libertad, los derechos y bienestar de los ciudadanos, a garantizar la defensa de España y sus principios y valores constitucionales, así como a contribuir junto a nuestros socios y aliados a la seguridad internacional en el cumplimiento de los compromisos asumidos»*. Son órganos competentes en esta materia las Cortes Generales, el Gobierno, su presidente, los ministros, el Consejo de Seguridad Nacional y los delegados del gobierno. Y también se reconocen ciertas funciones, aunque poco específicas a las CC. AA. y las corporaciones locales. Para hacernos una idea de qué sea la seguridad nacional, basta con ver los objetivos de la Estrategia de Seguridad Nacional de 2021 (última publicada) y que son:

(i) contribuir junto a nuestros socios y aliados a la seguridad internacional en el cumplimiento de los compromisos asumidos; y, en relación con crisis de carácter transnacional, se indica que será necesario potenciar los procedimientos de actuación coordinada de la Unión Europea, a través de mecanismos de monitorización de riesgos y el desarrollo de bases de datos conjuntas para la identificación y valoración de potenciales riesgos y amenazas;

(ii) favorecer la dimensión de seguridad de las capacidades tecnológicas y de los sectores estratégicos. Esto requiere incorporar aspectos de seguridad en el desarrollo tecnológico desde su concepción. Asimismo, implica constantes adaptaciones y actualizaciones que afectan al ámbito regulatorio, a los controles de calidad y a la formación, así como el fomento y la iniciativa de proyectos de I+D+I; y

(iii) desarrollar la capacidad de prevención, disuasión, detección y respuesta de España frente a estrategias híbridas, en un contexto de seguridad en el que las amenazas convencionales se alternan con el uso combinado de vectores económicos, tecnológicos, diplomáticos y de información, entre otros, como elementos de presión y desestabilización, como la desinformación y que implica el fomento de la cultura de seguridad nacional, a través del Plan Integral de Cultura de Seguridad Nacional, a través de la colaboración de las administraciones públicas, el sector privado y la sociedad civil, en cuatro ámbitos de actuación: formación; comunicación pública y divulgación; relevancia exterior; y participación activa de la ciudadanía y de las organizaciones de la sociedad civil.

A partir de estos objetivos, surgen tres ejes: (i) disuasión y defensa; lucha contra el terrorismo y la radicalización violenta, acción frente a situaciones de crisis y contrainteligencia, lucha contra las campañas de desinformación y acción contra la injerencia del exterior; (ii) seguridad de espacios comunes globales, ciberseguridad, seguridad marítima y seguridad aeroespacial; estabilidad económica y financiera, lucha contra el crimen organizado y la delincuencia grave; ordenación de flujos migratorios y seguridad energética y transición ecológica; (iii) multilateralismo reforzado; autonomía estratégica europea; mayor protagonismo de la OTAN; y preservación del medio ambiente, desarrollo sostenible y lucha contra el cambio climático. Como se puede ver, se trata de un concepto muy amplio que engloba la respuesta a situaciones de muy diferentes tipos desde crisis climáticas a conflictos armados y de otro tipo, problemas como epidemias o crisis económicos y amenazas internas como el terrorismo o el crimen organizado.

En segundo, lugar, nos encontramos con el concepto de seguridad pública recogido en el art. 149.1.29.º como una materia de la competencia exclusiva del Estado, que, en principio, de forma genérica, podría concebirse como la actividad del Estado dirigida a preservar la seguridad de personas y bienes y que está relacionada con la actividad de las fuerzas y cuerpos de seguridad (*«El mantenimiento de la Seguridad Pública se ejercerá por las distintas Administraciones Públicas a través de las Fuerzas y Cuerpos de Seguridad»*, conforme al art. 1.4 Ley Orgánica 2/1986, de 13 de marzo, de Fuerzas y Cuerpos de Seguridad —LOFCS—). Sin embargo, en todo caso, hay que tener en cuenta que, para el Tribunal Constitucional (TC), se trata de un concepto más más amplio que el de las funciones que desempeñan esos cuerpos y fuerzas de seguridad y las funciones administrativas complementarias e inseparables de aquella, incluyendo otras relacionadas con la seguridad, pues se trata de un título competencial que puede ir más allá de la regulación de las intervenciones de la «policía de seguridad». Como señala la STC 10/2023, *«Tal y como se recoge en el fundamento jurídico 6 a) de la STC 142/2018, de 20 de diciembre, sobre la Agencia de Ciberseguridad de Cataluña, la materia "seguridad pública" es, en principio, competencia exclusiva del Estado ex artículo 149.1.29 CE, y solamente se encuentra limitada por las competencias que las comunidades autónomas hayan asumido respecto a la creación de su propia policía (con la cita, por todas, de la STC 148/2000, de 1 de junio, FJ 5). En la misma STC 142/2018 se dice que, "[s]in embargo, la seguridad pública no se agota en la actividad policial (STC 86/2014, FJ 4), de modo que la falta de identificación absoluta entre la materia seguridad pública y el ámbito propio de los servicios policiales tiene consecuencias en el plano de la delimitación de competencias en la materia, de manera que a las comunidades autónomas con competencias asumidas corresponde la organización de sus propios servicios policiales y el ejercicio de las funciones o servicios policiales no estatales, así como la necesaria inherencia o complementariedad (SSTC 104/1989, FJ 6, y 175/1999, FJ 5) de determinadas funciones o potestades no estrictamente policiales"».* De esta forma, en el concepto más amplio de seguridad pública, encontraríamos la ciberseguridad, que, conforme a la STC 142/2018. *«como sinónimo de la seguridad en la red, es una actividad que se integra en la seguridad pública, así como en las telecomunicaciones».* aunque en esta materia, se puede ver limitada por otros ámbitos competenciales como puede ser el caso de la administración electrónica, *«que abarca la organización de medios y previsión de medidas de protección de la administración y, por extensión, la protección de los derechos de los ciudadanos cuando se relacionan con la administración por medios electrónicos»* o la «seguridad nacional». Un ejemplo de esa complicada relación entre la competencia estatal entre la competencia en materia de seguridad pública y la de régimen de las administraciones públicas (la primera exclusiva del Estado y la segunda compartida) que incluye, de acuerdo con las bases del estado de la competencia autonómica para regular los sistemas electrónicos de identificación de los ciudadanos para relacionarse con la Administración es la prohibición por el RDL 14/2019 de las tecnologías de registro distribuido o DLT[2] con el alcance que le atribuye su disposición adicional sexta[3]. Aquí el TC afirma que *«aunque no pueda descartarse en esta cuestión la incidencia del art. 149.1.29 CE, en atención a la*

2 El precepto alude a las denominadas tecnologías de registro distribuido o DLT (*distributed ledger technologies*, en inglés). A los efectos que ahora interesan el registro distribuido se define como una tecnología que se fundamenta en almacenes de información, en forma de bases de datos digitales descentralizadas, en las cuales existen copias de la información distribuidas entre diversos participantes que se comparten, actualizan y sincronizan de forma descentralizada y por acuerdo de los usuarios. De manera que la información digital se certifica por varios participantes distintos que la registran, actualizan y validan mediante consenso mayoritario sin intermediación de una autoridad central o certificadora, a diferencia de los sistemas de bases de datos centralizadas. También puede servir para desarrollar sistemas de la denominada gestión de identidad, en la medida en que en la red descentralizada se contienen todos los atributos o características que permiten la identificación de la persona, sin que sea así necesaria la intervención de un sistema centralizado de acreditación de la identidad.

3 Disposición adicional sexta. Sistemas de identificación y firma previstos en los artículos 9.2 c) y 10.2 c)

1. No obstante lo dispuesto en los artículos 9.2 c) y 10.2 c) de la presente ley, en las relaciones de los interesados con los sujetos sometidos al ámbito de aplicación de esta ley, no serán admisibles en ningún caso y, por lo tanto, no podrán ser autorizados, los sistemas de identificación basados en tecnologías de registro distribuido y los sistemas de firma basados en los anteriores, en tanto que no sean objeto de regulación específica por el Estado en el marco del Derecho de la Unión Europea.

2. En todo caso, cualquier sistema de identificación basado en tecnología de registro distribuido que prevea la legislación estatal a que hace referencia el apartado anterior deberá

doctrina que se ha citado, la cuestión que aquí se plantea ha de ser analizada a efectos de su encuadramiento competencial bajo el prisma del art. 149.1.18 CE, en tanto que título más específico», llega a la conclusión de que *«la normativa efectivamente establecida y sometida a nuestro enjuiciamiento es un ejercicio de la libertad de configuración legislativa constitucionalmente garantizada que no desborda los límites del art. 149.1.18 CE y, por tanto, no invade las competencias autonómicas en materia de organización y procedimientos administrativos [en un sentido similar, STC 55/2018, FJ 9 b)]»* (STC 10/2023).

En todo caso, es evidente que no toda seguridad es seguridad pública. Así es obvio que las normas que regulan la seguridad de los aparatos eléctricos no forman parte de la seguridad pública, sino de las reglamentaciones técnicas sectoriales. Para delimitar negativamente este concepto, debemos atender a la STC 172/2020, que señala que *«Negativamente, "no toda seguridad de personas y bienes, ni toda normativa encaminada a conseguir [la seguridad pública] o a preservar su mantenimiento, puede englobarse en el título competencial de 'seguridad pública', pues si así fuera, la práctica totalidad de las normas del ordenamiento serían normas de seguridad pública, y por ende competencia del Estado" (STC 59/1985, de 6 de mayo, FJ 2 in fine; doctrina reiterada luego en las SSTC 313/1994, de 24 de noviembre, FJ 6; 40/1998, de 19 de febrero, FJ 49, o 148/2000, de 1 de junio, FJ 5, entre otras). Así, hemos ido perfilando las relaciones de la seguridad pública con las competencias estatales sobre bases de la sanidad (SSTC 33/1982, de 8 de junio, FJ 3; 15/1989, de 26 de enero, FJ 3; 54/1990, de 20 de marzo, FJ 3, o 313/1994, de 24 de noviembre, FJ 6); o con las competencias autonómicas en materia de protección civil [SSTC 133/1990, de 19 de julio, FJ 4 c); 31/2010, de 28 de junio, FJ 78; 155/2013, de 10 de septiembre, FJ 4, o 58/2017, de 11 de mayo, FFJJ 3 c) y 8], de medio ambiente (SSTC 49/2013, de 28 de febrero, FJ 12, y 45/2015, de 15 de marzo, FJ 6), de ejecución de legislación penitenciaria (STC 108/1998, de 8 de junio, FJ 5), o de "espectáculos públicos" (STC 148/2000, de 1 de junio, FJ 10) por citar algunas materias»*. Aunque en alguna de estas materias existan puntos de conexión con la prevención de altercados en espectáculos deportivos o situaciones de protección civil que requieran una respuesta rápida y coordinada que rebase los medios de la Comunidad Autónoma, como veremos más adelante.

También hemos de hacer referencia a otro tipo de situaciones que tienen su propia regulación, como es la de los estados de alarma, excepción y sitio, regulados en la Ley Orgánica 4/1981, de 1 de junio, de los estados de alarma, excepción y sitio (LOEAES), cuyo art. 1.1 establece que *«Procederá la declaración de los estados de alarma, excepción o sitio cuando circunstancias extraordinarias hiciesen imposible el mantenimiento de la normalidad mediante los poderes ordinarios de las Autoridades competentes»*. La garantía

contemplar asimismo que la administración general del Estado actuará como autoridad intermedia que ejercerá las funciones que corresponda para garantizar la seguridad pública de la normalidad es el fin propio al que están dirigidas las funciones de seguridad pública, en general y las de seguridad ciudadana, en particular, como veremos. Pero existen situaciones que por su gravedad no son susceptibles de remediarse con los poderes ordinarios de las autoridades públicas, lo que exige esa defensa extraordinaria del Estado que implican estos estados, en los cuales rige un derecho excepcional que habilita prerrogativas excepcionales y permite limitaciones de derechos incluso supresión de los mismos de forma temporal y con unas especiales garantías de control parlamentario. Por ello la LOSC excluye de su regulación estos estados en su art. 2.3.

El tercer concepto que hemos de analizar, en el que debemos centrar nuestro análisis es el de seguridad ciudadana. Para ello, lo primero que hemos de hacer es salir al paso de lo que dice el Preámbulo de la LOPSC en cuanto a que *«La Constitución Española de 1978 asumió el concepto de seguridad ciudadana (artículo 104.1), así como el de seguridad pública (artículo 149.1.29.ª). Posteriormente, la doctrina y la jurisprudencia han venido interpretando, con matices, estos dos conceptos como sinónimos, entendiendo por tales la actividad dirigida a la protección de personas y bienes y al mantenimiento de la tranquilidad ciudadana»*. A este respecto, hay que dejar claro que no se trata de conceptos sinónimos. De hecho, la Constitución en su artículo 104 concibe la seguridad ciudadana como un bien jurídico que las fuerzas y cuerpos de seguridad deben proteger (*«tendrán como misión [...] garantizar la seguridad ciudadana»*), por tanto, estrechamente ligado a la actividad de los cuerpos policiales, mientras que la seguridad pública es una materia competencial que la Constitución a tribuye al Estado, sin perjuicio de lo que se pueda establecer al respecto de las policías autonómicas. Hablar de sinonimia entre dos conceptos que responden a categorías diferentes es un tanto arriesgado y ha sido negado expresamente por el Tribunal Constitucional, como veremos. Pero lo cierto es que esta precisión nos pone sobre la pista de algo muy importante, que la seguridad ciudadana está relacionada con la protección de personas y bienes y al mantenimiento de la tranquilidad ciudadana.

Ya en el articulado, el art. 1 LOPSC, tras recordarnos que la seguridad ciudadana *«es un requisito indispensable para el pleno ejercicio de los derechos fundamentales y las libertades públicas»*, y que corresponde al Estado *«su salvaguarda, como bien jurídico de carácter colectivo»* (art. 1.1), delimita el objeto de la Ley, incluyendo en el mismo *«la regulación de un conjunto plural y diversificado de actuaciones de distinta naturaleza orientadas a la tutela de la seguridad ciudadana, mediante la protección de personas y bienes y el mantenimiento de la tranquilidad de los ciudadanos»* (art. 1.2).

Es decir, la Ley concibe esta función pública como el conjunto de medidas, se entiende que desarrolladas por la Administración pública, destinadas a la protección de personas y bienes y el mantenimiento de la tranquilidad de los ciudadanos, pero siempre que estén orientadas a la tutela de la seguridad ciudadana, concepto al que cuanto más intentamos acercarnos más inaprensible nos resulta y respecto del que poco aporta esta definición circular.

La STC 172/2020, de 19 de noviembre, al resolver un recurso de inconstitucionalidad frente a la LOPSC intentó definir este concepto de seguridad ciudadana. El TC nos dice que, al configurar la ley la seguridad ciudadana como el conjunto de actuaciones dirigidas a la protección de personas y bienes y el mantenimiento de la tranquilidad de los ciudadanos, le está dando un alcance relacionado con el que el propio Tribunal le ha dado al concepto de seguridad pública como concepto delimitador de competencias. Sin embargo, la Sentencia se ve en la necesidad de distinguir ambos conceptos como presupuesto para valorar la constitucionalidad de los preceptos recurridos.

Llegados a este punto, el TC puede afirmar que *«la seguridad ciudadana se nos presenta como un ámbito material que forma parte de la seguridad pública, pero, en modo alguno, equivalente o sinónimo»*, pues se trata de un concepto más restringido *«una parte integrante de la más amplia noción de seguridad pública; una parte de gran importancia y dotada de perfiles propios pero que, sin embargo, no abarca todos los aspectos que definen el ámbito material de la seguridad pública»*. Pero, en todo caso, cualificada por la finalidad de *«asegurar un ámbito de convivencia en el que sea posible el ejercicio de los derechos y libertades, mediante la eliminación de la violencia y la remoción de los obstáculos que se opongan a la plenitud de aquellos»*, como se afirma en el Preámbulo de la Ley.

Como se puede aventurar, el concepto de seguridad ciudadana ha sido muy controvertido y es muy relevante para valorar la congruencia de la propia ley y el juicio que deben merecer sus prescripciones. En el marco doctrinal es de destacar por su claridad y rigor conceptual la aproximación de M. CASINO[4], que nos dice que

> «la seguridad ciudadana es una precisa actividad pública (atribuida a la policía en sentido orgánico) y un resultado, en este caso contrario a la inseguridad de los ciudadanos y, en consecuencia, que incorpora tanto la seguridad pública como el orden público. En otros términos, comprende, de un lado, la ejecución por la policía y, por tanto, en la fase administrativa, de las normas dictadas ex art. 149.1.29.ª CE[5] o, si se prefiere, la efectividad del ordenamiento jurídico que determina el mínimo de la pacífica convivencia individual y colectiva; y, de otro, el mantenimiento en la realidad del orden y la tranquilidad ciudadanas en sentido material en lugares y espacios públicos frente a comportamientos que, pese a no estar ordenados normativamente, constituyen no obstante un peligro para la normal convivencia ciudadana o consisten ya en su perturbación efectiva».

4 Miguel CASINO RUBIO, «La Ley Orgánica 4/2015, de Protección de la Seguridad Ciudadana y los Ayuntamientos», en *Anuario de Derecho Municipal*, n.º 9, 2015, páginas 123-141

5 Aunque hemos de afirmar, a la vista de la doctrina posterior del TC que no de todas las normas dictadas al amparo del art. 149.1.29.º CE, en la medida en que existen otros ámbitos de la seguridad pública que excede le la actividad y regulación de la policía de seguridad.

Por otra parte, hay que tener presente que la amenaza de perturbación o la alteración efectiva de la *«situación de normalidad mínima»* puede darse en cualquier sector de la realidad, por lo que, siguiendo a M. Casino, hay que considerarla como *«una actividad horizontal o transversal, de modo que cubre todos los órdenes de la vida social en la que es posible que se manifieste un riesgo, una amenaza para su garantía»*. Pero, esa transversalidad he de limitarse en un doble sentido, por cuanto se trata, de un concepto trasversal pero no omnicomprensivo. Por una parte, debe excluirse del mismo todo aquello que no se puede considerar seguridad pública, pues estamos ante un subconjunto del conjunto de actividades y potestades que integran ese título competencial; pero, a la vez, hay que excluir determinadas materias que sí son propias de la seguridad pública, pero que el legislador excluye de la regulación de la seguridad ciudadana, como son aquellas cuestiones de seguridad que pueden afectar colectivamente y que forman parte de la seguridad pública pero que están legislativamente excluidas del concepto más restringido de seguridad ciudadana. como pone de manifiesto la propia LOPSC al excluir de su ámbito la seguridad aérea, marítima, ferroviaria, vial o en los transportes (art. 2.3).

También es importante distinguirla de la actuación propia de la policía judicial, pues aunque la seguridad ciudadana sea una función atribuida primeramente a los cuerpos y fuerzas de seguridad, siguiendo a este autor, hay que tener presente *«la existencia de una zona de contacto (constituida por la prevención de alteraciones) la actividad de la policía de seguridad ciudadana de la acción, asimismo policial, consistente en la averiguación del delito y el descubrimiento y el aseguramiento del delincuente y, por tanto, de la materia penal»*.

Un ámbito de relación de la seguridad ciudadana, tal como la concibe la LOPSC es con la protección civil. En este sentido, un aspecto que resulta llamativo de la LOPSC es que no contiene ninguna mención a la protección civil, sobre la que existe un importante cuerpo doctrinal del TC en cuanto a su delimitación con la seguridad pública. Se trata de una competencia autonómica que, sin embargo, se ve matizada por la de seguridad pública cuando, en atención a la naturaleza de la situación de emergencia, y de los recursos y servicios a movilizar, de modo que *«la competencia autonómica sobre protección civil se encuentra con determinados límites, que derivan de la existencia de un posible interés nacional o supraautonómico que pueda verse afectado por la situación de catástrofe o emergencia: Bien por la necesidad de prever la coordinación de Administraciones diversas, bien por el alcance del evento (afectando a varias Comunidades Autónomas) o bien por sus dimensiones, que pueden requerir una dirección nacional de todas las Administraciones públicas afectadas, y una aportación de recursos de nivel supraautonómico. Y, como consecuencia, e íntimamente en relación con tal posibilidad, no pueden negarse al Estado las potestades necesarias para obtener y salvaguardar una coordinación de distintos servicios y recursos pertenecientes a múltiples sujetos, así como (si fuera necesario) para garantizar una dirección y organización unitarias»*, pero en todo caso, teniendo presente que la competencia estatal se ha de concentrar en el momento de la *«respuesta inmediata»*, difuminándose, no obstante, *«cuando se trate de acciones de reparación no inmediata»*, incluso si se trata de servicios tan esenciales como abastecimiento de agua potable, electricidad, saneamiento de aguas o telecomunicaciones (STC 58/2017).

2. Fines y principios rectores de la acción de protección de la seguridad ciudadana

Como bien se afirma en el Preámbulo de la Ley es necesario huir de *«definiciones genéricas que justifiquen una intervención expansiva sobre los ciudadanos en virtud de peligros indefinidos, y evitando una discrecionalidad administrativa y una potestad sancionadora genéricas»*, así como que se trata de *«una de las prioridades de la acción de los poderes públicos, el modelo de Estado de Derecho instaurado por la Constitución dispone de tres mecanismos: un ordenamiento jurídico adecuado para dar respuesta a los diversos fenómenos ilícitos, un Poder Judicial que asegure su aplicación, y unas Fuerzas y Cuerpos de Seguridad eficaces en la prevención y persecución de las infracciones»*. Esta expresión nos aporta una idea importante, que la seguridad ciudadana está relacionada con la actuación de las fuerzas y cuerpos de seguridad del Estado, como recoge en el art. 104 CE, aunque la referencia al poder judicial poco aporta pues su función de juzgar y hacer ejecutar lo juzgado y controlar el sometimiento a la ley y al Derechos de la Administración se desarrolla en relación con todas las actividades públicas y privadas. En todo caso, nos sitúa ante una voluntad de equilibrio entre potestades administrativas y derechos constitucionales que los arts. 3 y 4 LOPSC enmarcan correctamente al definir, por una parte, fines de la actuación administrativa y, por otra, principios de actuación.

Los fines de la Ley y de la acción de los poderes públicos en su ámbito de aplicación definidos en el art. 3 de la LOPSC son los siguientes:

a) La protección del libre ejercicio de los derechos fundamentales y las libertades públicas y los demás derechos reconocidos y amparados por el ordenamiento jurídico.

b) La garantía del normal funcionamiento de las instituciones.

c) La preservación de la seguridad y la convivencia ciudadanas.

d) El respeto a las Leyes, a la paz y a la seguridad ciudadana en el ejercicio de los derechos y libertades.

e) La protección de las personas y bienes, con especial atención a los menores y a las personas con discapacidad necesitadas de especial protección.

f) La pacífica utilización de vías y demás bienes demaniales y, en general, espacios destinados al uso y disfrute público.

g) La garantía de las condiciones de normalidad en la prestación de los servicios básicos para la comunidad.

h) La prevención de la comisión de delitos e infracciones administrativas directamente relacionadas con los fines indicados en los párrafos anteriores y la sanción de las de esta naturaleza tipificadas en esta Ley.

i) La transparencia en la actuación de los poderes públicos en materia de seguridad ciudadana.

La enumeración de estos fines tiene relevancia en la medida en que, al definirlos, cualquier actuación que pretenda ampararse en esta Ley que tenga una finalidad distinta incurrirá en desviación de poder, sin perjuicio de que pudiera ser directamente delictiva de incurrir en alguno de los supuestos del Código Penal. Esta definición de las finalidades y de los principios de actuación es coherente con la intensidad de las potestades de policía de seguridad que la Ley reconoce y que puede implicar limitaciones de derechos y la compulsión o intervenciones directas sobre las personas. En definitiva, es un ámbito de actuación en el que se contempla con normalidad el uso de la fuerza sobre los ciudadanos, lo que requiere una especial regulación, no solo habilitando potestades, como se hace en otros capítulos de la Ley, sino también estableciendo fines y principios rectores de la actuación administrativa que, en definitiva, representan parámetros de actuación que facilitarán el necesario control de la actividad administrativas.

Por su parte, los principios conforme a los cuales se deben ejercer las potestades y facultades reconocidas por esta Ley a las administraciones públicas, autoridades, órganos competentes y miembros de las Fuerzas y Cuerpos de Seguridad son los siguientes:

(i) Legalidad, que implica que la Administración debe contar con una habilitación positiva para ejercer cualquier actividad de intervención en este ámbito, y que esa habilitación debe partir de la ley, en virtud de la reserva de ley del art. 53.1 CE, si bien es posible la colaboración reglamentaria. En concreto, en el art. 4.3 LOPSC se establece que *«Las concretas intervenciones para el mantenimiento y restablecimiento de la seguridad ciudadana se realizarán conforme a lo dispuesto en el capítulo III de esta Ley»*.

(ii) Igualdad de trato y no discriminación, que debe inspirar toda actuación administrativa, evitando, como especialmente odiosa la discriminación por razón de raza. A este respecto, debe tenerse presente, no obstante la STC 13/2001 (que cuenta con un voto particular del magistrado Sr. González Campos) acerca de una denuncia de discriminación de una persona de raza negra por haber sido la única identificada por la policía en una estación ferroviaria, al considerar, de acuerdo con los hechos probados de la sentencia recurrida (una de la Audiencia Nacional que desestimaba una reclamación de responsabilidad patrimonial del Estado derivada de la conducta policial), que *«la actuación policial usó el criterio racial como meramente indicativo de una mayor probabilidad de que la interesada no fuera española. Ninguna de las circunstancias acaecidas en dicha intervención indica que el comportamiento del funcionario de la Policía Nacional actuante fuese guiado por un prejuicio racista o por una especial prevención contra los integrantes de un determinado grupo étnico, como se alega en la demanda»*, a la vista de circunstancias tales como que, siendo así que se pretendía identificar inmigrantes ilegales, se trataba de un lugar de tránsito de viajeros en la que puede existir mayor probabilidad *«de que las personas a las que selectivamente se solicita la identificación puedan ser extranjeras, y, de otro, las incomodidades que todo requerimiento de identificación genera son menores, así como razonablemente asumibles como cargas inherentes a la vida social»*. Por todo ello, se descartó la existencia de una discriminación encubierta en la forma de ejercicio de la potestad policial de identificación. En todo caso, como recuerda la STC 182/005, aunque, el TC *«ha admitido también que los motivos de discriminación que dicho precepto constitucional prohíbe puedan ser utilizados excepcionalmente como criterio de diferenciación jurídica»*, incluida la raza, pero siempre teniendo presente que *«en tales supuestos el canon de control, al enjuiciar la legitimidad de la diferencia y las exigencias de proporcionalidad, resulta mucho más estricto, así como más rigurosa la carga de acreditar el carácter justificado de la diferenciación»*.

(iii) oportunidad, que debe entenderse, no como una habilitación discrecional para intervenir, sino, en sentido contrario, como la necesidad de evaluar la situación, siendo posible la intervención por razones de oportunidad, sin perjuicio de la responsabilidad patrimonial de la Administración que pudiera derivarse de la tolerancia de situaciones que generasen daños económicos, puesto que, en caso de riesgo para las personas, la intervención debe considerarse siempre necesaria. Lo que no resulta en ningún caso posible es someter el ejercicio de derechos fundamentales a un criterio de oportunidad, de modo que, como ha señalado el TC en relación con el derecho de manifestación, *«el contenido de las ideas o las reivindicaciones que pretenden expresarse y defenderse mediante el ejercicio del derecho de manifestación y concentración pública no puede ser sometido a controles de oportunidad política ni a juicios en los que se emplee como canon el sistema de valores que cimientan y dan cohesión al orden social en un momento histórico determinado, salvo, claro está, que el contenido de los mensajes sea ilegal»* (SSTC 66/1995 y 172/2020).

(iv) proporcionalidad, principio especialmente relevante en esta materia que exige que toda actuación administrativa pueda superar los criterios de adecuación, necesidad y proporcionalidad en sentido de las ventajas sean superiores a los sacrificios, encuentra una proyección singular en el art. 4.3 LOPSC, que define claramente el supuesto para cuya evitación se podrá intervenir de forma proporcionada, de modo que toda actuación que no parta de esta situación debe considerarse desproporcionada y, por tanto ilegal y vulneradora de los derechos constitucionales. Tal es que *«La actividad de intervención se justifica por la existencia de una amenaza concreta o de un comportamiento objetivamente peligroso que, razonablemente, sea susceptible de provocar un perjuicio real para la seguridad ciudadana y, en concreto, atentar contra los derechos y libertades individuales y colectivos o alterar el normal funcionamiento de las instituciones públicas»*.

(v) eficacia y eficiencia son principios muy relacionados con la gestión de los fondos públicos (STC 55/2018, entre otras muchas), pero que debe entenderse como una adecuada asignación de los recursos disponibles para el logro de una mayor calidad del servicio, esto es evaluar las necesidades y asignar recurso de forma que se atiendan las necesidades más perentorias y lograr la mayor satisfacción social frente a los peligros y riesgo que se han de prevenir y acciones que se han de reprimir.

(vi) *«responsabilidad, y se someterá al control administrativo y jurisdiccional».* Aquí denota la LOPSC uno de sus mayores defectos, la admitrativización excesiva, que no es una garantía, sino un lastre para acudir a la tutela judicial. Buena muestra de ello es la tipificación como infracciones administrativas de conductas que difícilmente respon den a los que es el objeto y finalidades de la LOPSC[6].. En todo caso, esta responsabilidad es tanto una responsabilidad patrimonial de la Administración por el funcionamiento (art. 106.2 CE) de los servicios de seguridad ciudadana de acuerdo con las reglas generales de la Ley 40/2015. Pero también es una responsabilidad personal de los agentes actuantes, pues conforme al art. 5 LOFCS, los miembros de las fuerzas y cuerpos de seguridad *«Son responsables personal y directamente por los actos que en su actuación profesional llevaren a cabo, infringiendo o vulnerando las normas legales, así como las reglamentarias que rijan su profesión y los principios enunciados anteriormente, sin perjuicio de la responsabilidad patrimonial que pueda corresponder a las Administraciones Públicas por las mismas»*.

---

6 Merece ser subrayada, porque testimonia ya una primera y preocupante desviación en la ley. Es la que certifica la utilización de la sanción administrativa como una medida alternativa a la respuesta penal, simplemente rebajada en grado y, por tanto, intercambiable con la pena siguiendo el compás de los procesos de despenalización de los ilícitos que marca el legislador.

(vii) *favor libertatis*, indicando la ley que las disposiciones de los capítulos III (actuaciones para el mantenimiento y restablecimiento de la seguridad ciudadana) y V (régimen sancionador) *«deberán interpretarse y aplicarse del modo más favorable a la plena efectividad de los derechos fundamentales y libertades públicas, singularmente de los derechos de reunión y manifestación, las libertades de expresión e información, la libertad sindical y el derecho de huelga»*.

(viii) *las recogidas en* el art. 5 LOFCS, respecto a la actuación de los miembros de las fuerzas y cuerpos de seguridad (Adecuación al ordenamiento jurídico, recta relación con la comunidad, trato respetuoso a detenidos, dedicación y secreto profesionales y responsabilidad). Respecto de ellos, nos interesan a los efetos de esta ley, además del de responsabilidad, ya analizado, los siguientes:

1. Adecuación al ordenamiento jurídico, especialmente:

   a) Ejercer su función con absoluto respeto a la Constitución y al resto del ordenamiento jurídico.

   b) Actuar, en el cumplimiento de sus funciones, con absoluta neutralidad política e imparcialidad y, en consecuencia, sin discriminación alguna por razón de raza, religión u opinión.

   c) Actuar con integridad y dignidad. En particular, deberán abstenerse de todo acto de corrupción y oponerse a él resueltamente.

   d) Sujetarse en su actuación profesional, a los principios de jerarquía y subordinación. En ningún caso, la obediencia debida podrá amparar órdenes que entrañen la ejecución de actos que manifiestamente constituyan delito o sean contrarios a la Constitución o a las Leyes.

   e) Colaborar con la Administración de Justicia y auxiliarla en los términos establecidos en la Ley.

2. Relaciones con la comunidad. Singularmente:

   a) Impedir, en el ejercicio de su actuación profesional, cualquier práctica abusiva, arbitraria o discriminatoria que entrañe violencia física o moral.

   b) Observar en todo momento un trato correcto y esmerado en sus relaciones con los ciudadanos, a quienes procurarán auxiliar y proteger, siempre que las circunstancias lo aconsejen o fueren requeridos para ello. En todas sus intervenciones, proporcionarán información cumplida, y tan amplia como sea posible, sobre las causas y finalidad de las mismas.

   c) En el ejercicio de sus funciones deberán actuar con la decisión necesaria, y sin demora cuando de ello dependa evitar un daño grave, inmediato e irreparable; rigiéndose al hacerlo por los principios de congruencia, oportunidad y proporcionalidad en la utilización de los medios a su alcance.

d) Solamente deberán utilizar las armas en las situaciones en que exista un riesgo racionalmente grave para su vida, su integridad física o las de terceras personas, o en aquellas circunstancias que puedan suponer un grave riesgo para la seguridad ciudadana y de conformidad con los principios a que se refiere el apartado anterior.

3. Tratamiento de detenidos, especialmente:

a) Los miembros de las Fuerzas y Cuerpos de Seguridad deberán identificarse debidamente como tales en el momento de efectuar una detención.

b) Velarán por la vida e integridad física de las personas a quienes detuvieren o que se encuentren bajo su custodia y respetarán el honor y la dignidad de las personas.

c) Darán cumplimiento y observarán con la debida diligencia los trámites, plazos y requisitos exigidos por el ordenamiento jurídico, cuando se proceda a la detención de una persona.

3. Órganos competentes en materia de seguridad ciudadana

Para entender la atribución competencial den esta materia, hemos de partir de la circunstancia de que estamos ante una materia de competencia estatal, pues, como hemos visto, nos encontramos ante una función pública que se incluye en la materia competencial de seguridad pública. Por lo tanto, el punto de partida ha de ser el art. 149.1.29.º CE (*«El Estado tiene competencia exclusiva sobre [...] Seguridad pública, sin perjuicio de la posibilidad de creación de policías por las Comunidades Autónomas en la forma que se establezca en los respectivos Estatutos en el marco de lo que disponga una ley orgánica»*). Pero esta competencia exclusiva se ha de compaginar con la que pueden asumir las CC. AA. para la ceración de sus cuerpos policiales que, no olvidemos, tienen como fin principal ex art. 104 CE velar por la seguridad ciudadana: Pero no solo con las CC. AA., también hay que tener en cuenta la autonomía local que, en su concepción constitucional incluye la existencia de policías locales, así como claras funciones en materia de seguridad de acuerdo con las leyes.

En coherencia con este diseño competencial, el art. 5.1 LOPSC establece que *«Corresponde al Gobierno, a través del Ministerio del Interior y de los demás órganos y autoridades competentes y de las Fuerzas y Cuerpos de Seguridad a sus órdenes, la preparación, dirección y ejecución de la política en relación con la administración general de la seguridad ciudadana, sin perjuicio de las competencias atribuidas a otras administraciones públicas en dicha materia»*.

Y dentro del marco de la Administración central, la LOPSC establece que «son autoridades y órganos competentes en materia de seguridad ciudadana, en el ámbito de la Administración General del Estado:

a) El Ministro del Interior.

b) El Secretario de Estado de Seguridad.

c) Los titulares de los órganos directivos del Ministerio del Interior que tengan atribuida tal condición, en virtud de disposiciones legales o reglamentarias.

d) Los Delegados del Gobierno en las comunidades autónomas y en las Ciudades de Ceuta y Melilla.

e) Los Subdelegados del Gobierno en las provincias y los Directores Insulares».

Esta indicación no tiene mayor problemática, es una consecuencia lógica de la atribución de la competencia al Estado y el correlato lógico del modelos departamental de distribución de funciones entre los distintos ministerios, conforme al que al de Interior corresponde *«la propuesta y ejecución de la política del Gobierno en materia de seguridad ciudadana, tráfico y seguridad vial, promoción de las condiciones para el ejercicio de los derechos fundamentales, el ejercicio del mando de las Fuerzas y Cuerpos de Seguridad del Estado y las demás competencias y atribuciones que le confiere el ordenamiento jurídico»* (art. 6 Real Decreto 829/2023, de 20 de noviembre, por el que se reestructuran los departamentos ministeriales), así como de las funciones atribuidas a los delegados del gobierno en las CC. AA. y a los Subdelegados provinciales.

Mayor complejidad podemos encontrar en la atribución de competencias en materia de seguridad a las CC. AA. y su coordinación con las autoridades estatales. En este sentido, el art. 6.3 LOPSC establece que *«Serán autoridades y órganos competentes, a los efectos de esta Ley, los correspondientes de las comunidades autónomas que hayan asumido competencias para la protección de personas y bienes y para el mantenimiento de la seguridad ciudadana y cuenten con un cuerpo de policía propio»*. Se establece, pues, un triple requisito, de modo que, para sumir estas competencias, las CC. AA. deberán reunir cumulativamente, las siguientes circunstancias: (i) tener un cuerpo de policía propio, (ii) haber asumido competencias para la protección de las personas, y, (iii) haber asumido también competencia para el mantenimiento de la seguridad ciudadana.

Es llamativo y posiblemente una mala técnica legislativa que no haga mención a la competencia en materia de seguridad pública, que es el título competencial que contempla el art. 149.1.29.º CE. Si sometemos a este test a los diversos estatutos de autonomía, podemos constatar cómo el art. 164 EAC, prevé la existencia de, la Policía de la Generalitat-Mossos d´Esquadra, el cual *«ejerce todas las funcione propios de un cuerpo de policía»*, con lo cual cumple el primero de los requisitos. Uno de los ámbitos en los que ejerce esas funciones, se indica expresamente, es el de *«la seguridad ciudadana»*, cubriendo así el segundo. Pero respecto al terceo, la protección de las personas, el EAC en su artículo 40 lo contempla como un principio rector relacionado con la calidad de vida que conlleva una protección jurídica, económica y social. Pero no cabe duda de que la protección a la que se refiere este precepto no es la protección propia de la seguridad pública, más relacionada con la protección física y de los bienes a través del cumplimiento de las leyes y la evitación de amenazas que perturben la normalidad exigible. Pero esta específica protección si que la encontramos en la Ley 10/1994, de 11 de julio, de la Policía de la Generalidad-Mossos d'Esquadra que establece que la Generalitat *«tiene como misión proteger el libre ejercicio de los derechos y libertades y garantizar la seguridad ciudadana. A tal efecto, velará por la convivencia pacífica y la protección de las personas y los bienes, de acuerdo con el ordenamiento jurídico»*. Ello es lógico, porque una función inherente a todo cuerpo policial es *«Auxiliar y proteger a las personas y asegurar la conservación y custodia de los bienes que se encuentren en situación de peligro por cualquier causa»* (Ley Orgánica 2/1986, de 13 de marzo, de Fuerzas y Cuerpos de Seguridad.

En definitiva, el criterio que sigue la LOPSC para reconocer las competencias de las CC. AA. es retórico e innecesario porque hubiera bastado con reconocerla a las CC. AA. que dispusieran de un cuerpo de policía propio, sin necesidad de mavortes consideraciones, simplemente redundantes. Es más, resulta incoherente contar con un cuerpo de policía ex art. 149.1.29.° CE y que esa Comunidad no ejerza competencias en materia de seguridad ciudadana cuando el fin de los cuerpos policiales es precisamente su tutela (art 104 CE). Precisamente, es el caso del País Vasco que tiene competencias para crear un cuerpo de policía que, hecho existe desde los años ochenta del pasado siglo, al que sería ridículo negarle competencias en materia de seguridad ciudadana porque el Estatuto de Autonomía no use ese concepto, sino que se refiera al *«mantenimiento del orden público»* (art. 17)

Curioso es el caso de Andalucía a la que el art. 67 del EAA establece que *«Corresponden a la Comunidad Autónoma competencias de ejecución en materia de seguridad ciudadana y orden público en los términos que establezca la legislación del Estado»*, lo que nos lleva a plantearnos si se le pueden reconocer competencias en esta materia. Para desentrañar este dilema, hemos también de tener presente que el art. 65.2 EAA establece que *«Corresponde a la Comunidad Autónoma de Andalucía la creación, organización y mando de un Cuerpo de Policía Andaluza que, sin perjuicio de las funciones de los Cuerpos de Seguridad del Estado, y dentro del marco de la legislación estatal, desempeñe en su integridad las que le sean propias bajo la directa dependencia de la Junta de Andalucía»*. Es decir, Andalucía tiene competencias para crear un cuerpo de policía propio, pero hasta el momento no lo creado. En esta situación sí que cobra verdadero sentido el art. 5.3 LOPSC, en cuanto al requisito para que una CA, para poder ejercer las funciones que reconoce esa ley como propias de la seguridad ciudadana, que es precisamente el de que *«cuenten con un cuerpo de policía propio»*. Consiguientemente, en tanto la Junta de Andalucía no cree ese cuerpo policial, si alguna vez lo hace, al que le habilita su Estatuto de Autonomía, sus autoridades no podrán ser *«autoridades y órganos competentes, a los efectos»* de la LOPSC.

La habilitación para crear cuerpos policiales ya reconocida desde el inicio por el Estatuto de Galicia, se ha generalizado en los estatutos reformados durante la primera década de este siglo (Canarias, Castilla y León, Comunidad Valenciana, Aragón, Extremadura o Baleares). Pero respecto de todas ellas debemos llegar a la misma conclusión que con respecto de Andalucía, hasta tanto no creen su cuerpo de policía (si es que lo crean) no tendrán competencias en materia de seguridad ciudadana y la tendrán con independencia de que sus estatutos no menciones esta materia como competencia asumida, pues su asunción es inherente a la existencia del cuerpo policial propio.

También se reconoce en el analizado art. 4 LOSC que las autoridades de las Ciudades de Ceuta y Melilla y las autoridades locales ejercerán las facultades que les corresponden, de acuerdo con la Ley Orgánica 2/1986, de 13 de marzo, y la legislación de régimen local, espectáculos públicos, actividades recreativas y actividades clasificadas.

A tal efecto, los municipios pueden crear cuerpos de policía local de acuerdo con la LOFCS, la Ley de Bases de Régimen Local y la legislación autonómica que sea aplicable, A estos efectos, hemos de destacar el papel nuclear que juega a estos efectos la LOFCS, que según la jurisprudencia constitucional se trata de una *«norma que forma parte del bloque de la constitucionalidad»* (SSTC 154/2005), de suerte que ha de ser tenida en cuenta para apreciar la conformidad o disconformidad con el bloque de constitucionalidad de la normativa autonómica, de lo que se deriva que el cuerpo policial ha de ser municipal, sin que quepan policías de mancomunidades u otras entidades supramunicipales, lo que es coherente con la atribución de las funciones de seguridad ciudadana a los municipios y no a esas otras entidades supramunicipales. Como declara la STC 178/2019, *«El art. 51 LOFCS reconoce tal facultad a los municipios de acuerdo con lo previsto en esa misma ley, en la Ley reguladora de las bases del régimen local (LBRL) y en la legislación autonómica. Por su parte, el art. 25.2 LBRL establece, entre las materias que el municipio "ejercerá en todo caso como competencias propias, en los términos de la legislación del Estado y de las Comunidades Autónomas: la Policía local, protección civil, prevención y extinción de incendios". La policía local es, por tanto, competencia propia de los municipios y es a estos a los que corresponde su creación. El art. 51.1 LOFCS solamente permite la creación de cuerpos de policía propios por los "municipios", si bien se plantea la cuestión relativa a si, siendo de creación municipal, puede disponerse su actuación supramunicipal por una norma autonómica. Sobre esta cuestión ha declarado este Tribunal que la Ley Orgánica de fuerzas y cuerpos de seguridad no habilita para crear cuerpos distintos a los municipales y que no contempla la posibilidad de que existan cuerpos de policía supramunicipales (entre otras, SSTC 25/1993, de 21 de enero, FJ 1, y 51/1993, de 11 de febrero, FJ 3). Tampoco para la "prestación" del servicio de policía local por las mancomunidades (STC 49/1993, de 11 de febrero, FJ 4), ya que "la competencia autonómica excluye la posibilidad de crear cuerpos de policía supramunicipales y de establecer o permitir la prestación unificada o mancomunada del servicio de policía local en régimen de colaboración intermunicipal" (STC 50/1993, de 11 de febrero, FJ 3)».*

A la vista de esta doctrina, debe entenderse que la atribución competencial el art. 5.3 a las autoridades locales, debe entenderse como referida exclusivamente a los municipios, excluyendo otro tipo de estes locales. A este respecto, conviene recordad que la única excepción contemplada por la LOFCS al carácter estrictamente municipal de la policía local es la autorización de la asociación de municipios limítrofes para la prestación del servicio de policía local de acuerdo con su disposición adicional quinta, añadida por la Ley orgánica 16/2007: para ello se exige que el acuerdo de colaboración se ajuste a las condiciones que se determinen por el Ministerio del Interior y que sea autorizado por este o, en su caso, por *«la comunidad autónoma correspondiente con arreglo a lo que disponga su respectivo estatuto de autonomía»*. Dichas condiciones se han determinado en la Orden INT/2944/2010, de 10 de noviembre. En todo caso, como declara la citada STC 178/2019, *«no cabe otro tipo de asociación de municipios con competencia para la prestación de servicios de policía local que las asociaciones que se formen en aplicación de lo establecido en la Ley Orgánica de fuerzas y cuerpos de seguridad y su normativa de desarrollo, respetando, por tanto, las condiciones fijadas por el Estado respecto a la colaboración intermunicipal en esta materia»*.

4. Cooperación interadministrativa y colaboración de autoridades y funcionarios

Conforme al art. 6 LOPSC, la Administración General del Estado y las demás administraciones públicas con competencias en materia de seguridad ciudadana *«se regirán, en sus relaciones, por los principios de cooperación y lealtad institucional, facilitándose la información de acuerdo con la legislación vigente y la asistencia técnica necesarias en el ejercicio de sus respectivas atribuciones, y, cuando fuese preciso, coordinando las acciones destinadas a garantizar el cumplimiento de esta Ley»*, todo ello de conformidad con lo dispuesto en la LOFCS y en las Leyes 39 y 40/20154, de Procedimiento Administrativo Común (LPAC) y de Régimen Jurídico del Sector Público (LRJSP).

A tal efecto, ha de partirse de que conforme al art. 143 LRJSP, *«Las Administraciones cooperarán al servicio del interés general y podrán acordar de manera voluntaria la forma de ejercer sus respectivas competencias que mejor sirva a este principio»*. Esto es, se trata de una colaboración voluntaria, de modo que «*La formalización de relaciones de cooperación requerirá la aceptación expresa de las partes, formulada en acuerdos de órganos de cooperación o en convenios»*.

Sin embargo, este esquema general de colaboración no es replicable a la actuación de las diferentes fuerzas y cuerpos de seguridad. Así, por su parte, el art. 3 LOFCS establece que *«Los miembros de las Fuerzas y Cuerpos de Seguridad ajustarán su actuación al principio de cooperación recíproca y su coordinación se efectuará a través de los órganos que a tal efecto establece esta Ley»*. Pero en este caso, se da la circunstancia de que, entre miembros de las fuerzas y cuerpos de seguridad no es voluntaria, sino preceptiva, por cuanto, conforme al art. 12.2 LOFCS, *«Las Fuerzas y Cuerpos de Seguridad del Estado están obligadas a la cooperación recíproca en el desempeño de sus competencias respectivas»*.

En cuanto a las relaciones entre los miembros de las fuerzas y cuerpos de seguridad del Estado y los cuerpos policiales autonómicas, hay que tener presente que el art. 45 LOFCS desarrolla el alcance de esta colaboración en el ámbito del auxilio y la información, estableciendo que *«Los miembros de las Fuerzas y Cuerpos de Seguridad del Estado y de los Cuerpos de Policía de las Comunidades Autónomas deberán prestarse mutuo auxilio e información recíproca en el ejercicio de sus funciones respectivas»*.

El marco de esta colaboración se cierra con dos importantes previsiones contenidas en el art. 46 LOCFS. Así, por una parte, se reconoce que, cuando las CC. AA. que «puedan crear Cuerpos de Policía no dispongan de los medios suficientes» para el ejercicio de las funciones que les son propias, podrán recabar el auxilio de las Fuerzas y Cuerpos de Seguridad del Estado. Pero, en todo caso, corresponde a las autoridades estatales *«la determinación del modo y forma de prestar el auxilio solicitado»*, a lo que se añade que estos cuerpos actuarán *«bajo el mando de sus Jefes naturales»*.

Por último, hemos de hacer referencia a la preeminencia que corresponde a los mandos de las fuerzas y cuerpos de seguridad del Estado en los casos de concurrencia con fuerzas policiales autonómicas en una misma actuación: *«En el resto de los casos, cuando en la prestación de un determinado servicio o en la realización de una actuación concreta concurran, simultáneamente, miembros o Unidades de las Fuerzas y Cuerpos de Seguridad del Estado y de la Policía de la Comunidad Autónoma, serán los Mandos de los primeros los que asuman la dirección de la operación»*.

La LOFCS también contempla el ejercicio por parte de las policías locales de funciones en materia de seguridad ciudadana, pero siempre en colaboración con los cuerpos policiales estatales o autonómico. Así, el art. 53.1 LOFCS, en lo que son sus funciones establece que «Los Cuerpos de Policía Local deberán ejercer las siguientes funciones: [...]:

> g) Efectuar diligencias de prevención y cuantas actuaciones tiendan a evitar la comisión de actos delictivos en el marco de colaboración establecido en las Juntas de Seguridad.

h) Vigilar los espacios públicos y colaborar con las Fuerzas y Cuerpos de Seguridad del Estado y con la Policía de las Comunidades Autónomas en la protección de las manifestaciones y el mantenimiento del orden en grandes concentraciones humanas, cuando sean requeridos para ello».

Expresamente, se indica que la realización de diligencias de prevención y actuaciones para evitar actos delictivos *«deberán ser comunicadas a las Fuerzas y Cuerpos de Seguridad del Estado competentes»* (art. 53.2. LOFCS). Aunque nada se dice al respecto, debe entenderse que, en los casos de que exista un cuerpo policial autonómico con plenas competencias, será a este al que deberá hacerse esta comunicación.

En definitiva, como podemos contemplar, el principio general de colaboración que se enuncia en la LOSC se encuentra desarrollado con una amplia regulación en la LOFCS a cuyas previsiones habrá de estar para determinar la forma y el alcance de esa colaboración que, en lógica consistencia con el dato de que estemos ante una competencia estatal, otorga un papel preeminente a las fuerzas y cuerpos de seguridad del Estado.

5. El deber de colaboración de personal y empresas de seguridad

El art. 7.3 LOPSC establece que *«Las empresas de seguridad privada, los despachos de detectives privados y el personal de seguridad privada tienen un especial deber de auxiliar a las Fuerzas y Cuerpos de Seguridad en el ejercicio de sus funciones, prestarles la colaboración que precisen y seguir sus instrucciones, en los términos previstos en la normativa de seguridad privada»*.

Esta colaboración, calificada de *«especial obligación»* (art. 14.1 Ley 5/2014, de seguridad privada, (LSP) está regulada con carácter general en su Título I (arts. 14 y 15), refiriéndose a la coordinación de las empresas de seguridad, los despachos de detectives y el personal de seguridad privada con las fuerzas y cuerpos de seguridad. Se establecen al efecto los siguientes principios:

(i) sujeción al principio de legalidad

(ii) principio de necesidad, por cuanto se basará exclusivamente en la necesidad de asegurar el buen fin de las actuaciones tendentes a preservar la seguridad pública.

(iii) garantía de la debida reserva y confidencialidad cuando sea necesario.

Junto a estos principios, se establecen unas obligaciones concretas que se imponen a los sujetos privados incluidos en el ámbito de aplicación que son las siguientes:

(i) comunicar a las fuerzas y cuerpos de seguridad competentes, tan pronto como sea posible, cualesquiera circunstancias o informaciones relevantes para la prevención, el mantenimiento o restablecimiento de la seguridad ciudadana

(ii) comunicar todo hecho delictivo del que tuviesen conocimiento en el ejercicio de su actividad o funciones, poniendo a su disposición a los presuntos delincuentes, así como los instrumentos, efectos y pruebas relacionadas con los mismos.

Asimismo, la LSP se preocupa de establecer importantes garantías jurídicas a los informantes a fin de facilitar el cumplimiento de las obligaciones de información, estableciendo al efecto:

(i) la autorización de las cesiones de datos que se consideren necesarias para contribuir a la salvaguarda de la seguridad ciudadana (art. 15.1 LSP),

(ii) la inmunidad de los comunicantes de buena fe en los siguientes términos: *«la comunicación de buena fe de información a las Fuerzas y Cuerpos de Seguridad por las entidades y el personal de seguridad privada no constituirá vulneración de las restricciones sobre divulgación de información impuestas por vía contractual o por cualquier disposición legal, reglamentaria o administrativa, cuando ello sea necesario para la prevención de un peligro real para la seguridad pública o para la represión de infracciones penales».*

Por último, como medida más intensa de colaboración de las empresas de seguridad con las fuerzas y cuerpos de seguridad, se prevé la posibilidad de acceso directo por parte de las fuerzas y cuerpos de seguridad *«a los sistemas instalados por las empresas de seguridad privada que permitan la comprobación de las informaciones en tiempo real cuando ello sea necesario para la prevención de un peligro real para la seguridad pública o para la represión de infracciones»*. Realmente, se trata de una previsión muy cuestionable porque así como cuando sea necesario para prevenir de forma inmediata un peligro real, la medida podría superar el test de proporcionalidad, el sacrificio del ámbito de actuación propio de la empresa de seguridad y su información para reprimir una infracción (téngase en cuenta que no se trata de evitar una infracción, sino de sancionarla) resulta absolutamente desproporcionado porque el mismo resultado podría lograrse de forma menos lesiva, como sería con un simple requerimiento.

Por otra parte, aunque no en términos no tan imperativos, la LSP también contempla la colaboración de las fuerzas y cuerpos de seguridad con el personal de seguridad privada (las personas físicas que, habiendo obtenido la correspondiente habilitación, desarrollan funciones de seguridad privad) en los siguientes términos:

(i) le podrán facilitar, en el ejercicio de sus funciones, informaciones que faciliten su evaluación de riesgos y consiguiente implementación de medidas de protección.

(ii) como regla especial a esta habilitación genérica se establece que si estas informaciones contuvieran datos de carácter personal sólo podrán facilitarse en caso de peligro real para la seguridad pública o para evitar la comisión de infracciones penales.

6. El deber de colaboración de los particulares

El art. 7 LOPSC no se limita a regular la colaboración Inter policial o con las empresas y personal de seguridad, sino que también lo prevé respecto de los particulares en general en los siguientes términos:

> «Las autoridades y órganos competentes y los miembros de las Fuerzas y Cuerpos de Seguridad podrán recabar de los particulares su ayuda y colaboración en la medida necesaria para el cumplimiento de los fines previstos en esta Ley, especialmente en los casos de grave calamidad pública o catástrofe extraordinaria, siempre que ello no implique riesgo personal para los mismos. Quienes sufran daños y perjuicios por estas causas serán indemnizados de acuerdo con las leyes».

Se trata de la imposición de una obligación de colaboración que constituye una prestación personal de carácter público sometida a la reserva de ley del art. 31.3 CE (*«Sólo podrán imponerse prestaciones personales o patrimoniales de carácter público con arreglo a la ley»*). Este tipo de prestaciones, en relación con la prestación personal y de transporte de la Ley de Haciendas Locales de 1988 fue analizada por la STC 233/1999, en la que se declaró que *«las citadas prestaciones personales y patrimoniales tienen indudable encaje en el art. 31 C.E. Semejante corolario, sin embargo, no permite automáticamente declarar constitucionales los preceptos cuestionados de la L.H.L. Y ello porque, como es evidente, los poderes públicos no gozan de absoluta libertad en la creación y regulación de las prestaciones personales y patrimoniales (tributarias o no) de carácter público, sino que, por el contrario, en esta labor deben tener en cuenta un conjunto de principios y exigencias que la propia Constitución determina»*, añadiendo que *«También nos hemos pronunciado reiteradamente sobre los imperativos derivados de la reserva de ley que para las prestaciones patrimoniales de carácter público establece el art. 31.3 C.E.: dicha reserva, hemos recordado más atrás, aunque no es absoluta, reclama que al menos la creación ex novo de la prestación coactiva y la determinación de los elementos esenciales o configuradores de la misma se lleven a cabo mediante ley (por todas, STC 185/1995)»*.

Pues bien, estamos ante una prestación en la que se indica (I) la autoridad competente para imponerla; (ii) su alcance, colaborar para los fines de la LOPSC, (iii) el supuesto de hecho determinante, situación de grave calamidad pública o catástrofe extraordinaria; u (iv) se define un límite negativo, que no implique riego de daño para el compelido.

La cuestión que se nos plantea es si estos elementos son suficientes para cubrir la reserva de ley del art. 31.3 CE. Para eso debemos detenernos en lo que no se regula: cómo se elige al sujeto al que se impone la prestación personal si es que hay un grupo de personas entre las que poder elegir; las razones por las que se podría excusar; la duración máxima de la prestación; o el tipo de tarea que se le puede encomendar (al margen de que no debe implicar riesgo personal), que habrá de ser adecuada a sus capacidades físicas e intelectuales y, obviamente a su edad y, obviamente, proporcionada (lo que implica se exija lo estrictamente necesario hasta tanto se puedan hacer cargo de la situación las fuerzas policiales), etc.

En fin, esta norma deja demasiadas lagunas como para poder entenderse que cubre las exigencias de la reserva de ley, aunque sea razonable la previsión legal de que los ciudadanos colaboren en casos de calamidad o catástrofe. Pero hubiera sido exigible al legislador un mayor esfuerzo regulatorio para dar a este régimen una mayor densidad normativa que, tal vez, habida cuenta la posibilidad de colaboración reglamentaria a la que no se cierra la reserva de ley del art. 31.3 CE, pudiera alcanzarse mediante real decreto.

Por último, la LOSC reconoce a quienes sufran daños y perjuicios por estas causas el derecho a ser *«indemnizados de acuerdo con las leyes»*. Esta previsión guarda gran similitud con la del art. 3.2 LOEAES *(«quienes como consecuencia de la aplicación de los actos y disposiciones adoptadas durante la vigencia de estos estados sufran, de forma directa, o en su persona, derechos o bienes, daños o perjuicios por actos que no les sean imputables, tendrán derecho a ser indemnizados de acuerdo con lo dispuesto en las leyes»*). Ante ello se nos plantea el problema de que si la orden de colaboración es ajustada a Derecho porque concurran las circunstancias previstas en la LOSC y sea proporcionada (aun así seguiría planteándose el problema de la reserva de ley), el daño sufrido difícilmente podría considerase antijurídico al devenir del cumplimiento de una carga pública válidamente impuesta en interés de la colectividad, como ha ocurrido con los daños derivados de las limitaciones impuestas frente al Covid-19 de acuerdo con la doctrina del tribunal Supremo (STS 1360/2023, de 31 de octubre y las que la siguen), objeción que solo se podría superar en atención a la singularidad del daño. En todo caso, se trata de un ejemplo que pone de manifiesto las limitaciones de nuestro concepto de antijuridicidad del daño.

CAPÍTULO 2

DOCUMENTACIÓN E IDENTIFICACIÓN PERSONAL EN LA LOPSC

Luis Manuel García Navarro
Licenciado/Máster en Derecho Público (Universidad de Sevilla)
Consejero (Consejo Consultivo de Andalucía)

I. Introducción

Establece el preámbulo de la Ley Orgánica 4/2015, de 30 de marzo, de protección de la seguridad ciudadana que el capítulo II regula la documentación e identificación de los ciudadanos españoles, el valor probatorio del Documento Nacional de Identidad y del pasaporte y los deberes de los titulares de estos documentos, incorporando las posibilidades de identificación y de firma electrónica de los mismos, y manteniendo la exigencia de exhibirlos a requerimiento de los agentes de la autoridad de conformidad con lo dispuesto en la Ley.

A pesar de ello, ya el Consejo de Estado en su dictamen n.º 557/2014 de 26 de junio de 2014[1], devaluó el contenido y redacción del presente capítulo, considerándolo impropio de una disposición con rango de ley y más acorde a una disposición reglamentaria. ([2]).

---

1 https://www.boe.es/buscar/doc.php?id=CE-D-2014-557

2 «El texto consultado resulta excesivamente reglamentista en algunas de sus previsiones. Sirva como botón de muestra diversos aspectos de la proyectada regulación del Documento Nacional de Identidad (artículos 8, 9 y 10) o la del pasaporte (artículos 11, 12 y 13). Las normas legales, en cuanto ocupan el grado superior del ordenamiento, deben ceñir, preferentemente, sus previsiones a las materias respecto de las cuales existe una reserva en su favor y afectan a los derechos y libertades de los ciudadanos. No resulta adecuado

En tal medida, escasa relevancia puede tener el presente capítulo desde la visión constitucional, pues siguiendo la línea ya iniciada por el Tribunal Constitucional en su Sentencia n.º 49/1999, de 5 de abril (ECLI:ES:TC:1999:49), donde sostuvo que «por mandato expreso de la Constitución, toda injerencia estatal en el ámbito de los derechos fundamentales y libertades públicas, ora incida directamente en su desarrollo (art. 81.1 CE), o limite o condicione su ejercicio (art. 53.1 CE), precisa una habilitación legal», las disposiciones reglamentistas como las que nos ocupan poca o nula incidencia deben tener directamente en la afección a derechos fundamentales, si bien no podemos descartar que si afecten al desarrollo de los mismos de manera accesoria o colateral.

Como decimos existen incidencias en la vida diaria de españoles y extranjeros que, en relación con lo regulado en el capítulo II de la Ley Orgánica 4/2015, de 30 de marzo, de protección de la seguridad ciudadana, que si pueden tener repercusión en el ejercicio de derechos fundamentales constitucionalmente reconocidos, si bien puesta esta regulación en relación con otros preceptos con mayor relevancia constitucional de la misma Ley que son objeto de comentario en otros capítulos del presente libro.

El capítulo II regula en sus tres primeros artículos la acreditación de la identidad de los españoles mediante el Documento nacional de identidad, los derechos y obligaciones de su titular y las competencias para la confección y expedición del DNI, así como la custodia y responsabilidad de los archivos y ficheros relacionados con el Documento Nacional de Identidad.

Los artículos 11 y 12 vienen a regular el pasaporte de los españoles, las competencias para su expedición los derechos y obligaciones de su titular, así como cuando pueden ser privado del mismo

Por último, el artículo 13 regula la identificación de los extranjeros en España.

II. Del Documento Nacional de Identidad

Artículo 8. Acreditación de la identidad de los ciudadanos españoles

1. Los españoles tienen derecho a que se les expida el Documento Nacional de Identidad.

El Documento Nacional de Identidad es un documento público y oficial y tendrá la protección que a estos otorgan las leyes. Es el único documento con suficiente valor por sí solo para la acreditación, a todos los efectos, de la identidad y los datos personales de su titular.

---

incorporar a disposiciones de rango legal previsiones de carácter meramente instrumental o accesorias, propias, por su propia naturaleza, de las normas reglamentarias».

2. En el Documento Nacional de Identidad figurarán la fotografía y la firma de su titular, así como los datos personales que se determinen reglamentariamente, que respetarán el derecho a la intimidad de la persona, sin que en ningún caso, puedan ser relativos a la raza, etnia, religión, creencias, opinión, ideología, discapacidad, orientación o identidad sexual, o afiliación política o sindical. La tarjeta soporte del Documento Nacional de Identidad incorporará las medidas de seguridad necesarias para la consecución de condiciones de calidad e inalterabilidad y máximas garantías para impedir su falsificación.

3. El Documento Nacional de Identidad permite a los españoles mayores de edad que gocen de plena capacidad de obrar y a los menores emancipados la identificación electrónica de su titular, así como la firma electrónica de documentos, en los términos previstos en la legislación específica. Las personas con capacidad modificada judicialmente podrán ejercer esas facultades cuando expresamente lo solicite el interesado y no precise, atendiendo a la resolución judicial que complemente su capacidad, de la representación o asistencia de una institución de protección y apoyo para obligarse o contratar.

El prestador de servicios de certificación procederá a revocar el certificado de firma electrónica a instancia del Ministerio del Interior, tras recibir éste la comunicación del Encargado del Registro Civil de la inscripción de la resolución judicial que determine la necesidad del complemento de la capacidad para obligarse o contratar, del fallecimiento o de la declaración de ausencia o fallecimiento de una persona.

Artículo 9. Obligaciones y derechos del titular del Documento Nacional de Identidad

1. El Documento Nacional de Identidad es obligatorio a partir de los catorce años. Dicho documento es personal e intransferible, debiendo su titular mantenerlo en vigor y conservarlo y custodiarlo con la debida diligencia. No podrá ser privado del mismo, ni siquiera temporalmente, sino en los supuestos en que, conforme a lo previsto por la ley, haya de ser sustituido por otro documento.

2. Todas las personas obligadas a obtener el Documento Nacional de Identidad lo están también a exhibirlo y permitir la comprobación de las medidas de seguridad a las que se refiere el apartado 2 del artículo 8 cuando fueren requeridas para ello por la autoridad o sus agentes, para el cumplimiento de los fines previstos en el apartado 1 del artículo 16. De su sustracción o extravío deberá darse cuenta tan pronto como sea posible a la comisaría de Policía o puesto de las Fuerzas y Cuerpos de Seguridad más próximo.

Artículo 10. Competencias sobre el Documento Nacional de Identidad

1. Corresponde al Ministerio del Interior la competencia exclusiva para la dirección, organización y gestión de todos los aspectos referentes a la confección y expedición del Documento Nacional de Identidad, conforme a lo dispuesto en esta Ley y en la legislación sobre firma electrónica.

2. La competencia a que se refiere el apartado anterior será ejercida por la Dirección General de la Policía, a la que corresponderá también la custodia y respon-

sabilidad de los archivos y ficheros relacionados con el Documento Nacional de Identidad.

3. Su expedición está sujeta al pago de una tasa.

———————————

Como hemos dicho la Ley Orgánica 4/2015, de 30 de marzo, de protección de la seguridad ciudadana dedica los artículos 8, 9 y 10 a regular el Documento Nacional de Identidad de los españoles. Dichos preceptos son desarrollados por el Real Decreto 1553/2005, de 23 de diciembre, por el que se regula la expedición del documento nacional de identidad y sus certificados de firma electrónica.

Dos son los aspectos que a mi juicio son susceptibles de analizarse desde un punto de vista constitucional: el respeto al derecho a la intimidad personal (derecho fundamental a la protección de datos personales) y la detención del ciudadano para identificación en dependencias policiales.

1. El Documento Nacional de Identidad y el respeto a la intimidad personal, en su vertiente del derecho fundamental a la protección de datos personales.

En relación con el derecho fundamental a la intimidad, el Tribunal Constitucional ya significó en su Sentencia 292/2000, de 30 de noviembre (ECLI:ES:TC:2000:292) Consejo de Estado consejo de estado que «*...no sólo la necesidad de que sus posibles limitaciones estén fundadas en una previsión legal que tenga justificación constitucional y que sean proporcionadas (SSTC 110/1984, F.J. 3, y 254/1993, F.J. 7) sino que la Ley que restrinja este derecho debe expresar con precisión todos y cada uno de los presupuestos materiales de la medida limitadora. De no ser así, mal cabe entender que la resolución judicial o el acto administrativo que la aplique estén fundados en la Ley, ya que lo que ésta ha hecho, haciendo dejación de sus funciones, es apoderar a otros Poderes Públicos para que sean ellos quienes fijen los límites al derecho fundamental (SSTC 37/1989, de 15 de febrero, y 49/1999, de 5 de abril)*».

Constituido como derecho de todos los españoles la obtención del Documento Nacional de Identidad, en el apartado 2 del artículo 8 ya se exige que los datos que se incorpore «*...respetarán el derecho a la intimidad de la persona, sin que en ningún caso, puedan ser relativos a la raza, etnia, religión, creencias, opinión, ideología, discapacidad, orientación o identidad sexual, o afiliación política o sindical*».

En dicho artículo es absolutamente restrictivo con la incorporación al DNI de datos sensibles del ciudadano pero, contrariamente, se permite la identificación del sexo a pesar que no sería justificable la discriminación por dicha razón (artículo 14 CE)[3]. La justificación ha de entenderse de la lectura del ya citado dictamen del Consejo de Estado n.º 557/2014 cuando consideró que *«En todo caso, debe constar siempre la referencia al sexo, pues es fundamental para la adecuada identificación del sujeto, para la tutela de sus derechos fundamentales y para la eficaz erradicación de la discriminación por razón de género»*.

Dicho esto, sin lugar a dudas, la protección de datos personales es la mayor incidencia de la regulación del DNI tiene y puede tener desde el punto de vista constitucional, especialmente en la preservación del derecho fundamental a la intimidad del art 18 de la Constitución Española[4].

A pesar de las exclusiones de determinados datos personales en el Documento Nacional de Identidad que ya exige la Ley, el propio DNI y los datos que incorpora son en si mismos datos sensibles dignos de protección como viene avalando la Agencia Española de Protección de Datos en su distinto informes y resoluciones.

Así en el Informe del Gabinete Jurídico N/REF: 0007/2023 (Apartado VII, págs 17 y 18)[5] ha dicho que:

> «... Sobre el uso del DNI, el criterio de esta Agencia es que únicamente se ha de someter a tratamiento cuando la norma así lo establezca, resultando excesivo el mismo cuando se pretende únicamente identificar a las personas, ya que el número del DNI es una información especialmente sensible pues su uso indebido o sin las garantías suficientes puede tener múltiples efectos desfavorables para el titular de los datos.
>
> En el Informe 88/2020 se analizaba la inclusión del DNI en el certificado electrónico del empleado público en relación con su adecuación al principio de minimización, resaltándose los riesgos que puede tener asociados su uso:
>
> "la misma (la disposición adicional séptima) trata de introducir garantías en el tratamiento del DNI/NIE o equivalente, partiendo de la base de la injerencia que puede suponer en el derecho fundamental a la protección de datos personales que se conozcan conjuntamente el nombre y apellidos y el DNI/NIE de una persona, además del importante riesgo de usurpación de identidad que puede producirse.
>
> En definitiva, lo que hace el citado precepto es introducir las garantías adecuadas en relación con el tratamiento del DNI/NIE que permitan cumplir con dos de los principios fundamentales de la protección de datos recogidos en el artículo 5 del RGPD (...)

---

3 «Los españoles son iguales ante la ley, sin que pueda prevalecer discriminación alguna por razón de nacimiento, raza, sexo, religión, opinión o cualquier otra condición o circunstancia personal o social».

4 «1. Se garantiza el derecho al honor, a la intimidad personal y familiar y a la propia imagen.
...
4. La ley limitará el uso de la informática para garantizar el honor y la intimidad personal y familiar de los ciudadanos y el pleno ejercicio de sus derechos».

5 https://www.aepd.es/documento/2023-0007.pdf.

Y a juicio de esta Agencia, iguales cautelas deben adoptarse cuando se trata de asociar el número del DNI/NIE a los nombres y apellidos de su titular, debiendo evitarse que puedan ser conocidos conjuntamente, fuera de los casos en que sea necesario, el nombre y apellidos junto con el número completo del documento nacional de identidad (o, en su caso, el número de identidad de extranjero, pasaporte o documento equivalente)"»

Más esclarecedor desde el punto de vista de la protección de derechos fundamentales es el Informe del Gabinete Jurídico N/REF: 0476/2008 (Apartado IV, página 4)[6] cuando trae a colación la Sentencia del Tribunal Constitucional 292/2000, *«...de la que pueden extraerse como puntos mas relevantes, que al tratar de la protección de datos de carácter personal estamos tratando la limitación de un auténtico derecho fundamental, cuyo contenido el Tribunal Constitucional ha terminado de perfilar en la citada Sentencia 292/2000, denominándolo derecho de autodeterminación informativa o de libre disponibilidad de los datos de carácter personal. Así, en dicha resolución se indica que este derecho fundamental "persigue garantizar a esa persona el poder de control sobre sus datos personales, sobre su uso y destino, con el propósito de impedir su tráfico ilícito y lesivo para la dignidad y derecho del afectado", estableciendo, en cuanto a su ámbito, que "el objeto de protección del derecho fundamental a la protección de datos no se reduce sólo a los datos íntimos de la persona, sino a cualquier tipo de dato personal, sea o no íntimo, cuyo conocimiento o empleo por tercero pueda afectar a sus derechos sean o no fundamentales, porque su objeto no es sólo la intimidad individual, que para ello esta la protección que el artículo 18. 1 CE otorga, sino los datos de carácter personal". Aún concretando más el contenido del derecho, se establece que el poder de disposición y control sobre los datos personales que tal derecho implica "se concretan jurídicamente en la facultad de consentir la recogida, la obtención y el acceso a los datos personales, su posterior almacenamiento y tratamiento, así como su uso o usos posibles, por un tercero, sea el Estado o un particular. Y ese derecho a consentir el conocimiento y el tratamiento, informático o no, de los datos personales, requiere como complementos indispensables, por un lado, la facultad de saber en todo momento quien dispone de esos datos personales y a qué uso los está sometiendo, y, por otro lado, el poder oponerse a esa posesión y usos"».*

Pero no siempre el derecho a la intimidad se ve afectado por el tratamiento de los datos personales y ello es así en los casos en que la actividad se realiza en la esfera pública donde la protección a los derechos fundamentales se relajan, como recogió el Tribunal Constitucional (Primera), en su Sentencia n.º 170/2011, de 3 de noviembre (ECLI:ES:TC:2011:170), al decir que ...*«se descarta que los datos personales que han de facilitar a la Administración electoral para avalar una candidatura —nombre y apellidos, documento nacional*

6 https://www.aepd.es/documento/2008-0476.pdf.

de identidad y circunscripción electoral en la que se esté censado— afecten a la intimidad de los avalistas o a su derecho a no declarar sobre su ideología. A esos efectos, se pone de manifiesto que, conforme a reiterada doctrina constitucional, entre los aspectos básicos de la vida privada protegidos por la intimidad, a la ideología y creencias, no se encuentran los datos referentes a la participación en la vida política, por ser una actividad cuya propia naturaleza se desarrolla en la esfera pública, con excepción del derecho de sufragio activo, dado el carácter secreto del voto (por todas, STC 85/2003, de 8 de mayo, FJ 21)».

2. De la detención de ciudadanos españoles para identificación en dependencias policiales.

Los ciudadanos españoles no tiene obligación expresa de portar el Documento Nacional de Identidad, aunque si de exhibirlo requerimiento de la Autoridad.

¿Qué ocurre cuando el ciudadano español no lleva consigo el DNI y es requerido para su identificación? ¿Qué medidas puede adoptar la autoridad para identificarlos? ¿Puede ser retenido o detenido para su identificación?

Ya el Tribunal Constitucional tuvo ocasión de pronunciarse sobre este aspecto en su Sentencia 341/1993, de 18 de noviembre (ECLI:ES:TC:1993:341) en relación con las previsiones de la Ley Orgánica 1/1992, de 21 de febrero:

> «La libertad a la que se refiere esta norma constitucional es, en efecto, la de quien orienta, en el marco de normas generales, la propia acción, no la de quien elige entre la obediencia y la resistencia al Derecho o a las órdenes dictadas en su virtud. No cabe, pues, hablar de libre voluntad para excluir la aplicación del art. 17.1 de la Constitución cuando una de las opciones que se le ofrecen al individuo sea jurídicamente necesaria y la otra entrañe, por lo mismo, una contravención, y bien claro está que si éste del acatamiento fuera el criterio para reconocer o no una situación de privación de libertad perderían toda objetividad las garantías del art. 17 y se concluiría en hacer de peor condición a la persona que acata la orden que a aquella otra que la desatiende o resiste. Una privación de libertad no deja de serlo por el mero hecho de que el afectado la acepte (Sentencia del Tribunal Europeo de Derechos Humanos de 18 de junio de 1971, Caso de Wilde, Ooms y Versyp, II, 65).
>
> La medida de identificación en dependencias policiales prevista en el art. 20.2 de la LOPSC supone por las circunstancias de tiempo y lugar (desplazamiento del requerido hasta dependencias policiales próximas en las que habrá de permanecer por el tiempo imprescindible), una situación que va más allá de una mera inmovilización de la persona, instrumental de prevención o de indagación, y por ello ha de ser considerada como una modalidad de privación de libertad. Con toda evidencia, estamos, pues, ante uno de "los casos" a que se refiere el art. 17.1 C.E., cualquiera que sea la disposición de la persona ante la orden recibida, constatación que, por lo demás, da sentido al carácter de Ley Orgánica de este art. 20.2 (Disposición final tercera de la LOPSC)».

Sin entrar en profundidad en lo que será tratado en el capítulo siguiente, es obvio que la retención o detención para identificación, en cuanto privación de libertad, necesita de una seria justificación, en estricta aplicación del art. 16 LOPSC; lo contrario supondrá un ataque a la libertad individual que, en su caso, podría ser constitutivo de infracción penal. En este sentido las Audiencia Provinciales vienen considerando que resulta plenamente justificada la identificación de un ciudadano ante la mera sospecha de la posible comisión de un delito o infracción administrativa (SAP Cádiz, Sección 7.ª, S 29-03-2021, n.º 68/2021, ECLI:ES:APCA:2022:1163).

III. Del pasaporte

Artículo 11. Pasaporte de ciudadanos españoles

1. El pasaporte español es un documento público, personal, individual e intransferible que, salvo prueba en contrario, acredita la identidad y nacionalidad de los ciudadanos españoles fuera de España, y dentro del territorio nacional, las mismas circunstancias de los españoles no residentes.

2. Los ciudadanos españoles tienen derecho a que les sea expedido el pasaporte, que sólo podrá ser exceptuado en las siguientes circunstancias:

a) Haber sido condenado a penas o medidas de seguridad privativas de libertad, mientras no se hayan extinguido, salvo que obtenga autorización del órgano judicial competente.

b) Haber sido acordada por el órgano judicial competente la retirada de su pasaporte de acuerdo con lo previsto por la ley.

c) Haberle sido impuesta una medida de libertad vigilada con prohibición de abandonar el territorio nacional, salvo que obtenga autorización del órgano judicial competente.

d) Cuando el órgano judicial competente haya prohibido la salida de España o la expedición de pasaporte al menor de edad o a la persona con la capacidad modificada judicialmente, de acuerdo con lo dispuesto por la ley.

3. La obtención del pasaporte por los ciudadanos sujetos a patria potestad o a tutela estará condicionada al consentimiento expreso de las personas u órgano que tenga encomendado su ejercicio o, en su defecto, del órgano judicial competente.

4. Los titulares del pasaporte tienen la obligación de exhibirlo y facilitarlo cuando fuesen requeridos para ello por la autoridad o sus agentes. También estarán obligados a su custodia y conservación con la debida diligencia. De su sustracción o extravío deberá darse cuenta de manera inmediata a las Fuerzas y Cuerpos de Seguridad o, en su caso, a la Representación Diplomática o Consular de España en el extranjero.

Artículo 12. Competencias sobre el pasaporte.

1. La competencia para su expedición corresponde:

a) En el territorio nacional, a la Dirección General de la Policía.

b) En el extranjero, a las Representaciones Diplomáticas y Consulares de España.

2. Su expedición está sujeta al pago de una tasa.

3. Corresponde al Gobierno, a propuesta de los Ministros del Interior y de Asuntos Exteriores y de Cooperación, desarrollar esta Ley en lo referente al régimen jurídico del pasaporte.

———————————

1. De la privación del derecho a obtener el pasaporte

La regulación del pasaporte que se realiza en los articulo 11 y 12 de la LOSC sustenta la atribución de competencias al Gobierno a través de la Dirección General de los Policía Representaciones Diplomáticas y Consulares de España.

Las excepciones que se realizan al derecho de todo español a la obtención del pasaporte solo y únicamente podrán ser de aplicación una resolución judicial acordada por el órgano competente, que en todo caso deberá ser acatada por la autoridad gubernativa.

Ello no quiere decir que la ejecución de lo ordenado en una resolución judicial no pueda ser contrario a los derechos fundamentales de los españoles, concretamente del derecho a la libertad (art. 17 CE)[7], puesto que si la resolución judicial a la que se da cumplimiento no es constitucionalmente aceptable, tampoco lo será su ejecución.

Según nuestro Tribunal Constitucional (Segunda), S 16-07-2001, n.º 169/2001, (ECLI:ES:TC:2001:169) *«Las exigencias de motivación de las resoluciones judiciales limitativas de derechos fundamentales derivadas de su proporcionalidad requieren que consten en las resoluciones los elementos que permiten a este Tribunal apreciar que se ha efectuado la ponderación reque-*

7 Artículo 17 CE.
1. Toda persona tiene derecho a la libertad y a la seguridad. Nadie puede ser privado de su libertad, sino con la observancia de lo establecido en este artículo y en los casos y en la forma previstos en la ley.
2. La detención preventiva no podrá durar más del tiempo estrictamente necesario para la realización de las averiguaciones tendentes al esclarecimiento de los hechos, y, en todo caso, en el plazo máximo de setenta y dos horas, el detenido deberá ser puesto en libertad o a disposición de la autoridad judicial.
3. Toda persona detenida debe ser informada de forma inmediata, y de modo que le sea comprensible, de sus derechos y de las razones de su detención, no pudiendo ser obligada a declarar. Se garantiza la asistencia de abogado al detenido en las diligencias policiales y judiciales, en los términos que la ley establezca.
4. La ley regulará un procedimiento de «habeas corpus» para producir la inmediata puesta a disposición judicial de toda persona detenida ilegalmente. Asimismo, por ley se determinará el plazo máximo de duración de la prisión provisional.

rida por el juicio de proporcionalidad. En el caso, las resoluciones afirman la imposibilidad de garantizar el sometimiento a la jurisdicción española del recurrente de otra forma, partiendo de la existencia de riesgo de fuga, o de riesgo de no regreso a España en caso de que se autorizase la salida. Sin embargo, no manifiestan ninguna razón al efecto».

Es por ello que el derecho de los españoles a la expedición del pasaporte solamente podrá ser restringido por una resolución judicial dictada por órgano competente que permita un juicio positivo de proporcionalidad, lo contrario supondría una restricción inconstitucional del derecho a la libertad personal.

IV. De la identificación de extranjeros

Artículo 13. Acreditación de la identidad de ciudadanos extranjeros

1. Los extranjeros que se encuentren en territorio español tienen el derecho y la obligación de conservar y portar consigo la documentación que acredite su identidad expedida por las autoridades competentes del país de origen o de procedencia, así como la que acredite su situación regular en España.

2. Los extranjeros no podrán ser privados de su documentación de origen, salvo en el curso de investigaciones judiciales de carácter penal.

3. Los extranjeros estarán obligados a exhibir la documentación mencionada en el apartado 1 de este artículo y permitir la comprobación de las medidas de seguridad de la misma, cuando fueran requeridos por las autoridades o sus agentes de conformidad con lo dispuesto en la ley, y por el tiempo imprescindible para dicha comprobación, sin perjuicio de poder demostrar su identidad por cualquier otro medio si no la llevaran consigo.

———————————

Hemos de recordar que el Artículo 13 de la Constitución Española establece «Los extranjeros gozarán en España de las libertades públicas que garantiza el presente Título en los términos que establezcan los tratados y la ley.», en tal sentido son los extranjeros gozan el España de las misma libertades que los españoles con las matización que se realizan en el apartado segundo del mismo artículo.

1. De la privación de la documentación de origen

El art. 13.2 Ley Orgánica 4/2015, de 30 de marzo, de protección de la seguridad ciudadana es taxativo al determinar cuando un extranjero puede ser privado de la documentación acreditativa de su identidad expedida por la Autoridades competentes del país de origen o procedencia. Solamente podrá ser privado de dicha documentación en el curso de investigaciones judiciales de carácter penal, por lo que, sensu contrario, debe excluirse con la misma determinación la posibilidad de que el ciudadano extranjero pueda ser privado de dicha documentación por la Autoridad gubernativa.

Dicha previsión normativa ya se encontraba regulada con anterioridad en el artículo 530 de la Ley de Enjuiciamiento Criminal, en su redacción dada por la Ley Orgánica 13/2003 de 24 de octubre, de reforma de la Ley de Enjuiciamiento Criminal en materia de prisión provisional que, sin citarla, acomodó la legislación procesal penal al pronunciamiento del Tribunal Constitucional en su Sentencia n.º 169/2001, de 16 de julio (ECLI:ES:TC:2001:169). Nuestro tribunal de garantías declaró lesionado el derecho a la libertad personal del recurrente (art. 17.1 CE), además de por la falta de proporcionalidad de la medida, por «las insuficiencias de la ley que prevé la medida limitativa del derecho fundamental acordada desde las exigencias de certeza del Derecho». Decía el Tribunal Constitucional que *«En suma, constituyen la genérica habilitación normativa con rango de Ley que la restricción judicial del derecho fundamental a la libertad personal consistente en la libertad provisional condicionada a permanecer a disposición de los órganos judiciales requiere. Pero* ***es evidente que no contienen una habilitación legal específica en cuanto a la prohibición de que los extranjeros abandonen el territorio nacional y la retirada del pasaporte, que es lo que se cuestiona por el recurrente en el presente caso»***.

Esa regulación tan taxativa y rotunda fue consecuencia, a su vez, del pronunciamiento del Consejo de Estado en su Dictamen 557/2014, de 26 de junio, cuando concluyó que *«El artículo 13.2 del Anteproyecto debe ser reelaborado a la luz de una triple consideración. Es razonable que la Autoridad judicial, a causa de investigaciones penales en curso, pueda intervenir el pasaporte de ciudadanos extranjeros en España. Pero ni esa potestad puede extenderse a otros supuestos indeterminados, ni puede afectar a un documento que es propiedad de un Estado extranjero»*.

Posteriormente, el Tribunal Supremo (Contencioso), sec. 5.ª, STS n.º 6847/2004 de 27 de octubre (ECLI:ES:TS:2004:6847) ha tenido ocasión de pronunciarse al respecto de una manera extensa y concluyente que sirve de eje de interpretación del artículo 13 de la LOSC:

> «a) La condición de extranjero no le hace de peor condición que los españoles en relación con la posibilidad de ser privado del pasaporte. La misma STC analiza, con aplicación de la jurisprudencia anterior, el estatus de los extranjeros en relación con el derecho fundamental de la libertad de circulación que sería, en su caso, el afectado por la decisión administrativa de retirada del pasaporte. En tal sentido se expresa en la citada STC 169/2001, FJ 4, que "el hecho de que el art. 19 CE no mencione expresamente a los extranjeros no significa que carezcan siempre y en todo caso del derecho a la libre circulación por el territorio español y, específicamente, que carezcan del derecho a salir del territorio español cuando han entrado en él de forma lícita. **En la STC 94/1993, de 22 de marzo (F. 2)**, sostuvimos que "la inexistencia de declaración constitucional que proclame la libertad de circulación de las personas que no ostentan la nacionalidad española no es argumento

bastante para considerar resuelto el problema... La dicción literal del art. 19 CE es insuficiente porque ese precepto no es el único que debe ser considerado; junto a él, es preciso tener en cuenta otros preceptos que determinan la posición jurídica de los extranjeros en España, entre los que destaca el art. 13 CE. Su apartado 1 dispone que los extranjeros gozan en España de las libertades públicas que garantiza el Título I de la Constitución, aun cuando sea en los términos que establezcan los tratados y la Ley...

Y el apartado 2 de este art. 13 solamente reserva a los españoles la titularidad de los derechos reconocidos en el art. 23 CE.. Por consiguiente, resulta claro que los extranjeros pueden ser titulares de los derechos fundamentales a residir y a desplazarse libremente que recoge la Constitución en su art. 19 "(en sentido similar **SSTC 116/1993, de 29 de marzo, F. 2**; 86/1996, de 21 de marzo, F. 2; 24/2000 de 31 de enero, F. 4). De suerte que los extranjeros son titulares de los derechos fundamentales establecidos en el art. 19 CE siempre que resulten reconocidos en los tratados o en la ley y en los términos de su reconocimiento en ellos".

b) Igualmente debe decaer la posibilidad de apoyo de la medida de privación o retirada del pasaporte en la argumentación de la previa imputación del recurrente en un procedimiento penal en su país, habiendo la Embajada de Australia solicitado la misma de las autoridades gubernativas españolas a través de Nota Verbal.

Y debe recaer por cuanto la Audiencia Nacional, analizando el fondo de la argumentación de referencia, había denegado previamente la extradición del recurrente solicitada por su país. Ciertamente, la Ley de Extradición Pasiva contiene en su art. 8.3 una habilitación expresa y precisa para adoptar esta medida cautelar, pero en el seno de un procedimiento de extradición y a los efectos de garantizar este procedimiento y la entrega del extraditable, pero, como acabamos de señalar, no lo es menos que el recurrente no se encuentra tras la decisión de la Audiencia Nacional sometido a ningún procedimiento de extradición, de modo que queda fuera del ámbito de esta específica habilitación y previsión legal.

c) Finalmente, tampoco ninguna de las normas de los Convenios Internacionales sobre Derechos Humanos aporta la previsión legal a los efectos analizados, dado que es la legislación interna de los Estados Parte la que ha de prever las restricciones o limitaciones de los derechos fundamentales (por todas **SSTEDH de 2 de agosto de 1984**, caso Malone, § 67; 30 de julio de 1998, caso Valenzuela, § 46), y dado que dichas normas simplemente establecen que los Estados pueden prever medidas tendentes a asegurar la sujeción del encausado al proceso sin precisar cuáles puedan ser estas medidas en cada Estado; materia cuya regulación queda a la discreción de los Estados que las precisarán en sus respectivas legislaciones».

2. De la exhibición de la documentación de origen y la retención para identificación de ciudadanos extranjeros

Al igual que en el caso de ciudadanos españoles, las incidencias en la negativa a la identificación y/o detención para su identificación de ciudadanos extranjeros tiene su incidencia en el ejercicio del derecho a la libertad cuando no existan motivos fundados para ello.

El informe del Consejo Fiscal sobre el Anteproyecto de Ley Orgánica de Seguridad Ciudadana, emitido el 22 de enero de 2014, en cumplimiento de lo dispuesto en el artículo 14.1.j) de la Ley 5/1981, de 30 de diciembre, de Estatuto Orgánico del Ministerio Fiscal, expuso serias dudas acerca de la adecuación de la medida de retención para ser identificados con la doctrina sentada por el Tribunal Constitucional en la Sentencia 341/1993 ya citada, en cuanto la nueva redacción suponía un cambio drástico con respecto a la anterior Ley Orgánica 1/1992 de Seguridad Ciudadana.

No obstante, los Tribunales de Justicia han venido clarificando la aplicación legal, en este caso el Tribunal Superior de Justicia de Madrid (Contencioso) en su Sentencia n.º 9921/2020, de 9 de octubre (ECLI:ES:TSJM:2020:9921), sosteniendo que:

«...sus razonamientos hacen abstracción de las facultades policiales de identificación derivadas de los **artículos 8, 9 y 13 de la precitada Ley Orgánica**, que imponen a los ciudadanos extranjeros el deber de portar y de exhibir la documentación que acredite tanto su identidad como su situación regular en España, por lo que el requerimiento policial efectuado a tales efectos, el emplazamiento para comparecer en Comisaría al día siguiente y la iniciación del procedimiento sancionador por infracción de estancia irregular en nuestro país no constituyen detención ilegal, al estar amparada la actuación policial por el **artículo 16.2 de la Ley Orgánica 4/2015** dada la inicial comprobación de una infracción administrativa susceptible de sanción.

La STC 13/2001 de 29/01/2001 (rec. 490/1997) (EDJ 2001/156) que se invoca por la parte, es, precisamente, la que lleva al Juzgador de instancia a rechazar su alegación. En dicha sentencia se dice:

"Los requerimientos policiales de identificación efectuados a fin de controlar el cumplimiento de la legislación de extranjería encuentran cobertura normativa en el art. 72.1 del Real Decreto 1119/1986, de 26 de mayo, por el que se aprueba el Reglamento de ejecución de la Ley Orgánica 7/1985, de 1 de julio, sobre Derechos y Libertades de los Extranjeros en España (EDL 1985/8753), que obliga a los extranjeros a llevar consigo el pasaporte o documento con base en el cual hubieran efectuado su entrada en España, y, en su caso, el permiso de residencia, y a exhibirlos, cuando fueran requeridos por las autoridades o sus agentes, sin perjuicio de poder demostrar su identidad por cualquier otro medio si no los llevaran consigo. Del mismo modo el art. 11 de la Ley Orgánica 1/1992, de 21 de febrero (EDL 1992/14544), sobre protección de la seguridad ciudadana, dispone que 'los extranjeros que se encuentren en territorio español están obligados a disponer de la documentación que acredite su identidad y el hecho de hallarse legalmente en España, con arreglo a lo dispuesto en las normas vigentes', pudiendo ser requerida su identificación a tenor del art. 20.1 de dicha norma . Pues bien, es en el marco del ejercicio de esta potestad, amparada legalmente cuando no se desvía de la finalidad para la que se otorgó, en el que ha de indagarse si se produjo una discriminación encubierta por motivos raciales. A tal efecto, forzoso es reconocer que, cuando los controles policiales sirven a tal finalidad, determinadas características físicas o étnicas pueden ser tomadas en consideración en ellos como razonablemente indiciarias del origen no nacional de la persona que las reúne"».

Profundizar más en la incidencia en los derechos fundamentales de la retención para la identificación de extranjeros excede también las posibilidades de este capítulo y supone una intromisión innecesaria en el capítulo siguiente de la Ley.

CAPÍTULO 3

ENTRADA Y REGISTRO EN DOMICILIO Y EDIFICIOS DE ORGANISMOS OFICIALES CONFORME LA LEY DE SEGURIDAD CIUDADANA

RAÚL SÁNCHEZ GÓMEZ
Profesor titular de Derecho Procesal
Universidad Pablo de Olavide

I. La protección constitucional del domicilio

La protección constitucional del derecho a la inviolabilidad domiciliaria se regula, primeramente, en el art. 18.2 CE, por cuanto el domicilio es inviolable y, por ende, ninguna entrada o registro podrá hacerse en él sin consentimiento del titular o resolución judicial, salvo en caso de flagrante delito. Por su parte, el art. 545 LECrim regula su correspondiente desarrollo orgánico por cuanto nadie podrá entrar en el domicilio de un español o extranjero residente en España sin su consentimiento, excepto en los casos y en la forma expresamente previstos en las leyes.

La Jurisprudencia constitucional ha configurado el derecho fundamental a la inviolabilidad domiciliaria en estrecha relación instrumental respecto del derecho a la intimidad plasmado en el art. 18.1 CE, si bien, matizando que dicha instrumentalidad no empece a la autonomía que la Constitución española reconoce a ambos derechos (STC 10/2002, de 17 enero —F. J. 5.º—)[1].

---

1 Sobre las posiciones de la doctrina respecto de dicha instrumentalidad puede confrontarse CASAS VALLÉS, «Inviolabilidad domiciliaria y derecho a la intimidad», en *Revista Jurídica de Cataluña*, 1987, pág. 169 y ss.; GONZÁLEZ - TREVIJANO, La inviolabilidad del domi-

Como señala la STC 189/2004, de 2 de noviembre (F. J. 2.º), «la norma constitucional que proclama la inviolabilidad del domicilio y la interdicción de la entrada y registro domiciliarios (art. 18.2 CE), a pesar de la autonomía que la Constitución española reconoce a ambos derechos, constituye una manifestación de la norma precedente (art. 18.1 CE) que garantiza el derecho fundamental a la intimidad personal y familiar».

La delimitación conceptual del domicilio se ha producido vía jurisprudencial, añadiéndose paulatinamente espacios concretos, diferentes del inmueble ordinario, al ámbito de protección del derecho a la inviolabilidad domiciliaria (STC 22/1984, de 17 de febrero —F. J. 5.º—), entendiéndose por domicilio aquel espacio en el cual el individuo vive sin estar sujeto necesariamente a los usos y convenciones sociales y ejerce su libertad más íntima, y que, en consecuencia, queda bajo el halo protector del art. 18.2 CE (STC 209/2007, de 24 septiembre —F. J. 2.º—). Como afirma la STC 10/2002, de 17 enero (F. J. 7.º),«el rasgo esencial que define el domicilio a los efectos de la protección dispensada por el art. 18.2 CE reside en la aptitud para desarrollar en él vida privada y en su destino específico a tal desarrollo, aunque sea eventual. Ello significa, en primer término, que su destino o uso constituye el elemento esencial para la delimitación de los espacios constitucionalmente protegidos, de modo que, en principio, son irrelevantes su ubicación, su configuración física, su carácter mueble o inmueble, la existencia o tipo de título jurídico que habilite su uso, o, finalmente, la intensidad y periodicidad con la que se desarrolle la vida privada en el mismo. En segundo lugar, si bien el efectivo desarrollo de vida privada es el factor determinante de la aptitud concreta para que el espacio en el que se desarrolla se considere domicilio, de aquí no se deriva necesariamente que dicha aptitud no pueda inferirse de algunas de estas notas, o de otras, en la medida en que representen características objetivas conforme a las cuales sea posible delimitar los espacios que, en general, pueden y suelen ser utilizados para desarrollar vida privada. El rasgo esencial que define el domicilio delimita negativamente los espacios que no pueden ser considerados domicilio: de un lado, aquellos en los que se demuestre de forma efectiva que se han destinado a cualquier actividad distinta a la vida privada, sea dicha actividad comercial, cultural, política, o de cualquier otra índole; de otro, aquellos que, por sus propias características, nunca podrían ser considerados aptos para desarrollar en ellos vida privada, esto es, los espacios abiertos. En este sentido resulta necesario precisar que, si bien no todo espacio cerrado constituye domicilio, ni deja de serlo una vivienda por estar circunstancialmente abierta, sin embargo, es consustan-

cilio, Tecnos, Madrid, 1992, pág. 92; Matia Portilla, «Derecho comunitario y Derecho nacional. La protección de la inviolabilidad del domicilio», en *Revista general de Derecho*, 1992, núm. 573, pág. 5190 y ss. y Zamarriego Fernández, «Régimen de la inviolabilidad del domicilio», en *Comentarios a la Legislación Penal, La reforma penal y procesal sobre los delitos de bandas armadas, terrorismo y rebelión* (Cobo del Rosal, Dir.), Editoriales de Derecho Reunidas, Madrid, 1990, Tomo IX, pág. 180.

cial a la noción de vida privada y, por tanto, al tipo de uso que define el domicilio, el carácter acotado respecto del exterior del espacio en el que se desarrolla. El propio carácter instrumental de la protección constitucional del domicilio respecto de la protección de la intimidad personal y familiar exige que, con independencia de la configuración física del espacio, sus signos externos revelen la clara voluntad de su titular de excluir dicho espacio y la actividad en él desarrollada del conocimiento e intromisiones de terceros».

De esta forma, se ha ampliado dicho ámbito de protección respecto del derecho a la inviolabilidad domiciliaria a espacios como las habitaciones de hoteles (STC 10/2002, de 17 de enero), camarotes de embarcaciones STS 312/2011, de 29 de abril) o roulottes o caravanas (STS 1165/2009, de 24 de noviembre), entre otras opciones, así como, se ha propuesto una configuración integral de los diferentes espacios que componen un inmueble en cuanto domicilio, por cuanto los jardines (STS de 4 de noviembre de 2002), o los garajes y trasteros, son considerados como dependencia de casa habitada, siempre que cumplan las previsiones dispuestas en el Acuerdo del Pleno No Jurisdiccional de la Sala Segunda del Tribunal Supremo de 15 de diciembre de 2016, a saber: a) Contigüidad, es decir, proximidad inmediata o directa con la casa habitada; que obviamente puede ser tanto horizontal como vertical; b) Cerramiento, lo que equivale a que la dependencia esté cerrada, aunque no sea necesario que se halle techada ni siquiera murada; c) Comunicabilidad interior o interna entre la casa habitada y la dependencia; es decir, que medie puerta, pasillo, escalera, ascensor o pasadizo internos que unan la dependencia donde se comete el robo con el resto del edificio como vía de utilizable acceso entre ambos; d) Unidad física, aludiendo al cuerpo de la edificación[2].

Dicho ámbito se encuentra caracterizado también en un sentido negativo, precisamente, por quedar exento o inmune a las invasiones o agresiones exteriores, de otras personas o de la autoridad pública (STC 22/1984, de 17 de febrero —F. J. 5.º—), incluidas las que puedan realizarse sin penetración física en el mismo, sino por medio de aparatos mecánicos, electrónicos u otros análogos (STC 189/2004, de 2 de noviembre —F. J. 3.º—).

A tal fin, se ha descartado del ámbito de especial protección constitucional enclaves tales como automóviles y furgonetas (STC 197/2009, de 28 de septiembre —F. J. 2.º—), contenedores (STS 808/2005 de 23 de junio —F. J. 9.º—), taquillas de los trabajadores (STS 973/2003, de 5 de julio —F. J. 2.º—), las cajas de seguridad (STS 1276/2003, de 19 de febrero — F. J.12.º—), bares (STS 879/2016, de 22 de noviembre —F. J. 2.º—), reservados de un club de alterne (STS 484/2004, de 16 de abril —F. J. 1.º—), buzones de correos (STS

2 A tal fin, deben valorarse también las consideraciones previstas en el arts. 554 y ss. LECrim, pudiendo consultarse SÁNCHEZ GÓMEZ, *El tratamiento integral de la entrada y el registro en el proceso penal*, Bosch, Madrid, 2021, págs. 19 y ss.

777/2008, de 18 de noviembre —F. J. 3.º—)[3], o bien la celda de un centro penitenciario (STC 89/2006, de 27 de marzo, —F. J. 3.º—).

Por tanto, el resto de lugares cerrados, diferentes del domicilio, se encuentran amparados por el derecho a la intimidad (art. 18.1 CE), el cual tiene por objeto la protección de un ámbito reservado de la vida de las personas excluido del conocimiento de terceros, sean éstos poderes públicos o particulares, en contra de su voluntad; mientras que el derecho a la inviolabilidad domiciliaria protege «un ámbito espacial determinado» dado que en él ejercen las personas su libertad más íntima, siendo el objeto de protección de este derecho tanto el espacio físico en sí mismo considerado, como lo que en él hay de emanación de la persona y de su esfera privada (STC 189/2004, de 2 de noviembre —F. J. 2.º—). En efecto, como afirma Moreno Catena[4], «mientras el art. 18.2 CE atribuye a un concreto lugar, el domicilio, una especial protección, y lo tutela como derecho fundamental garantizando su inviolabilidad (...) el resto de los lugares cerrados podrán estar amparados por el respeto del derecho a la intimidad».

II. La titularidad del derecho a la inviolabilidad domiciliaria

En cuanto a los titulares del derecho fundamental a la inviolabilidad domiciliaria, se reconoce tanto a las personas físicas como a las personas jurídicas. Respecto de las primeras, la protección constitucional de tales postulados resulta especialmente amplia, como pone de manifiesto la STC 209/2007, de 24 septiembre (F. J. 3.º), pues «la inviolabilidad domiciliaria, como derecho, corresponde individualmente a cada uno de los que moran en el domicilio, sin que esta titularidad individual se pierda por el hecho de que un mismo domicilio sea compartido por varias personas. El ejercicio del derecho, de contenido fundamentalmente negativo, consiste en el ejercicio de la facultad de exclusión que conforma su contenido, esto es, de la facultad del titular de excluir a otros de ese ámbito espacial reservado, de impedir o prohibir la entrada o la permanencia en él de cualquier persona y, específicamente, de la autoridad pública para la práctica de un registro». Respecto de las segundas, conforme el contenido del art. 554 LECrim, que explícitamente reconoce el derecho a la inviolabilidad de las personas jurídicas, no obstante, la señalada afirmación de principio se ha realizado no sin matizaciones relevantes, entre ellas, la consideración de la «naturaleza y especialidad de fines» de dichas personas (STC 137/1985, de 17 de octubre —F. J. 5.º—).

---

3 Respecto de los supuestos planteados, véase www.iberlex.es (ref. de 28 de noviembre de 2023).

4 Moreno Catena, «Actos de investigación reservados a la instrucción judicial», en *Derecho Procesal Penal*, (con Cortés Domínguez), Tirant lo Blanch, Valencia, 2011, pág. 253.

Al respecto, la STC 69/1999, de 26 abril (F. J. 2.º) sostiene que «cabe entender que el núcleo esencial del domicilio constitucionalmente protegido es el domicilio en cuanto morada de las personas físicas y reducto último de su intimidad personal y familiar. Si bien, existen otros ámbitos que gozan de una intensidad menor de protección, como ocurre en el caso de las personas jurídicas, precisamente por faltar esa estrecha vinculación con un ámbito de intimidad en su sentido originario; esto es, el referido a la vida personal y familiar, sólo predicable de las personas físicas. De suerte que, en atención a la naturaleza y la especificidad de los fines de los entes aquí considerados, ha de entenderse que, en este ámbito, la protección constitucional del domicilio de las personas jurídicas y, en lo que aquí importa, de las sociedades mercantiles, sólo se extiende a los espacios físicos que son indispensables para que puedan desarrollar su actividad sin intromisiones ajenas, por constituir el centro de dirección de la sociedad o de un establecimiento dependiente de la misma o servir a la custodia de los documentos u otros soportes de la vida diaria de la sociedad o de su establecimiento que quedan reservados al conocimiento de terceros».

III. La entrada y el registro domiciliario

La regulación de las posibles entradas y/o registros en domicilios de particulares se muestra, de manera uniforme, previa consideración de los supuestos comentados, y generalmente, con una operatividad circunscrita a la existencia de resolución judicial previa y habilitante. Los arts. 545 a 578 LECrim regulan tales premisas dentro de los tradicionales contornos en que las diligencias de entrada y registro se practican, previéndose en sucesivos preceptos la afectación tecnológica de los derechos reconocidos en el art. 18 CE.

A tal fin, el Tribunal Constitucional declaró, en la citada STC 22/1984, de 17 de febrero (F. J. 5.º), que «la interdicción fundamental de este precepto (art. 18.2 CE) es la del registro domiciliar, entendido como inquisición o pesquisa, para lo cual la entrada no es más que un trámite de carácter instrumental». Al respecto, se trataría entonces de dos actuaciones claramente diferenciables, que, a su vez, se encuentran íntimamente unidas[5], en una especial relación subordinada[6]. Y los términos en que se expresa el texto constitucional son concluyentes al emplear la locución disyuntiva «o», ninguna entrada o registro podrá hacerse en domicilio, ambas en régimen de equivalencia en cuanto a los supuestos habilitantes mencionados.

5 Gómez Colomer, «El procedimiento preliminar (La instrucción)», en *Derecho jurisdiccional III, Proceso Penal*, *ob. cit.*, pág. 160.

6 Moreno Catena, «Actos de investigación reservados a la instrucción judicial», en *Derecho Procesal Penal*, *ob. cit.*, pág. 253.

En efecto, para llevar a cabo el registro será necesario acceder previamente al domicilio en cuestión; sin embargo, podrían darse casos en que de la entrada no se derivase registro alguno o, más aun, que la entrada se produjera para acceder a otras dependencias distintas del domicilio donde se encuentra el sujeto cuya detención se pretende[7]; o bien, que de la mera entrada se intente deducir la obtención de nuevos datos que permitan continuar eficazmente la investigación del delito[8].

Asimismo, existe la posibilidad de que sin introducción física en el domicilio se pueda llegar a tener acceso, vía telemática o mediante la utilización de dispositivos técnicos, a su interior[9]. En tales casos, se afectaría el derecho a la inviolabilidad domiciliaria, aun sin acceso físico al interior del domicilio (STS 709/2016, de 20 de abril —F. J. 2.º—), sin perjuicio de las demás afectaciones de derechos fundamentales que el registro o la observación practicados pudieran suponer. Las posibilidades son ciertamente numerosas.

De esta forma, el registro viene, generalmente, precedido por la entrada pues, difícilmente, se podrá registrar sin acceso previo al domicilio, si bien, no toda entrada tiene porqué conllevar algún registro. Independientemente del carácter que se le quiera atribuir a una respecto del otro, lo cierto es que se encuentran relacionadas en el plano práctico, restringiendo, según los casos, derechos fundamentales diversos.

En consecuencia, con la mera entrada se restringe el derecho a la inviolabilidad domiciliaria como se posibilita la práctica de medidas cautelares de naturaleza personal, tales como la detención de un sujeto presuntamente responsable de determinados hechos delictivos.

Por su parte, el registro limita, principalmente, el derecho a la intimidad, si bien, según los casos, otros derechos fundamentales pueden llegar a verse afectados[10]. Como afirma DE LLERA SUÁREZ - BÁRCENA[11], «la entrada y ulterior registro suponen limitaciones o intromisiones en los derechos consagrados en el art. 18.1 CE (derecho a la intimidad) y eventualmente, cuando se trata de entrada en un domicilio en el art. 18.2 CE (derecho a la inviolabilidad del

---

7 FRANCO ARIAS, «La entrada en lugar cerrado», en *Justicia Revista de Derecho Procesal, ob. cit.,* pág. 583.

8 En tal sentido, HINOJOSA SEGOVIA, *La diligencia de entrada y registro en lugar cerrado en el proceso penal*, Editoriales de Derecho Reunidas, Madrid, 1996, pág. 46.

9 Véase ORTIZ PRADILLO, «El registro online de equipos informáticos como medida de investigación contra el terrorismo», en *Terrorismo y Estado de Derecho*, Iustel, Madrid, 2010, pág. 457 y ss.

10 CABEZUDO BAJO, *La inviolabilidad del domicilio y el proceso penal*, *ob. cit.,* pág. 89, sostiene que «con el registro se afecta, el derecho a la intimidad y el derecho a un proceso con todas las garantías (art. 24.2 CE), especialmente las relativas a la prueba e, incluso, puede llegar a afectar a la presunción de inocencia».

11 DE LLERA SUÁREZ - BÁRCENA, *Derecho Procesal Penal, Manual para criminólogos y Policías*, Tirant lo Blanch, 1994, pág. 264.

domicilio). También puede verse implicado el derecho al secreto profesional, consagrado en el art. 20.1 CE, cuando la entrada y registro se produzca, por ejemplo, en el despacho profesional de un abogado o de un médico».

IV. Supuestos que permiten la afectación del derecho a la inviolabilidad domiciliaria

El derecho fundamental a la inviolabilidad domiciliaria no se concibe en términos absolutos, sino que limita con los demás derechos y los derechos de los demás (STC 133/1995, de 25 de septiembre —F. J. 4.º—), por lo que su protección constitucional puede ceder en determinadas circunstancias, respetándose, en todo caso, el contenido esencial del mismo (art. 53.1 CE). Como afirma la STC 341/1993, de 18 de noviembre (F. J. 8.º) trayendo a colación de STC 199/1987, de 16 de diciembre (F. J. 9.º), «es éste, pues, un derecho fundamental «relativo y limitado», en el sentido de que la protección que la Constitución dispensa a este espacio vital puede ceder en determinados supuestos».

En efecto, el derecho fundamental en cuestión se encuentra limitado en aquellos casos y formas expresamente previstos en las leyes (art. 545 LECrim). Tales excepciones, que tendrán un carácter rigurosamente taxativo[12], se concretan en:

- Resolución judicial habilitante.
- Consentimiento del titular o moradores del domicilio.
- Supuestos contenidos en el art. 553 LECrim y conforme las condiciones que dicho precepto regula.

1. Autorización judicial que habilita la limitación del derecho fundamental a la inviolabilidad domiciliaria

La determinación de la competencia para autorizar la limitación del derecho fundamental a la inviolabilidad del domicilio corresponde, precisamente, al juez o tribunal que conociere de la causa (art. 546 y 550 LECrim)[13], habiéndose posibilitado que por razones de urgencia, los órganos judiciales puedan actuar a prevención, con independencia de poder hacerlo igualmente por delegación, prestando auxilio a otros órganos judiciales, como en la práctica

12 SSTC 22/1984, de 17 de febrero (F. J. 3º), 160/1991, de 18 de julio (F. J. 8.º), 341/1993, de 18 de noviembre (F. J. 8.º), entre otras.

13 SSTS de 16 de noviembre de 1998 (F. J. 3.º), de 19 de noviembre de 1999 (F. J. 1.º) y de 12 de abril de 2000 (F. J. 6.º).

suele ser sumamente frecuente, cuando la instrucción de las causas puede corresponder a los Juzgados Centrales de Instrucción, dada la ubicación de la sede de éstos y su ámbito territorial de competencia (STS de 17 de febrero de 1997 —F. J. 4—). Indudablemente, la LECrim permite ambas opciones. La actuación a prevención de los órganos judiciales se encuentra primeramente regulada en los arts. 303 y 318 LECrim. En cuanto a la delegación se habrá de estar al contenido del art. 310 LECrim, pudiendo ampliarse conforme las facultades de delegación previstas en el art. 563 LECrim.

En lo que respecta a la solicitud de autorización judicial por parte de la autoridad gubernativa, en buena lógica, cada situación propuesta a consideración judicial puede admitir determinadas variables, si bien, es posible disponer unos mínimos comunes respecto del contenido del oficio policial.

Respecto de su forma, debiera documentarse en forma escrita, aportándose la correspondiente determinación personal y espacial, así como, los argumentos que servirán de base al órgano judicial para decidir la eventual procedencia de la autorización. Sin embargo, no han faltado ejemplos en los que la ausencia del carácter escrito de la solicitud policial se ha integrado, precisamente, mediante la competencia de oficio que ostentan los anteriores órganos judiciales. Al respecto, puede verse la STS de 30 de abril de 2002 (F. J. 4.º) donde se autoriza una intervención sobre el domicilio «tras una entrevista personal con los jefes del operativo policial en la que éstos le dan cuenta personal y directa de lo averiguado y de las razones que hacen necesaria la entrada y registro en un domicilio determinado». Argumentos que deben ser equilibrados posteriormente. Principalmente, debido al carácter irreproducible de una conversación entre el órgano director de la investigación y los agentes de policía judicial que del mismo dependen, que además puede concluir afectando el derecho de defensa del sujeto investigado. No obstante, es preciso convenir que, de manera muy excepcional y ante situaciones informadas por una urgente necesidad de actuación, pueda acordarse la afectación judicial del derecho a la inviolabilidad domiciliaria en tales términos, si bien, de manera posterior, deberá documentarse las razones que impidieron la efectiva documentación del oficio policial, así como, la justificación razonable que fundamenta dicha solicitud. Todo ello, al objeto de poner en conocimiento del sujeto investigado tales premisas para que pueda ejercer oportuna contradicción sobre las actuaciones solicitadas, que sirven de base para la decisión judicial habilitante y la propia decisión judicial que finalmente se adopte.

Asimismo, deberá aportarse información sobre las unidades que llevarán a cabo tanto la entrada como el posterior registro. Generalmente, ante la previsión de intervención pública sobre un determinado domicilio, tales unidades no coinciden, disponiéndose una primera unidad de intervención para proceder a la entrada, y una segunda unidad de investigación o Policía Judicial que coincidirá con aquella que emitió el oficio policial oportuno, a quien corresponderá practicar tanto el registro como las posibles detenciones y demás medidas policiales que pudieran realizarse.

Respecto de la determinación personal del sujeto investigado, deberá informarse sobre su estatus procesal o a efectos de investigación, es decir, si se encuentra detenido, mediando las debidas garantías o bien, en caso contrario, se prevé su presencia en el domicilio que se pretender intervenir, con expresa mención, si se conoce dicho dato, del entorno de moradores que pudieran concurrir en el domicilio. Junto a la determinación personal y espacial debe ahora añadirse el ámbito temporal en que se prevé practicar la intervención, disponiéndose fecha y hora concreta al respecto.

En efecto, la entrada en domicilio vendrá precedida de toda una serie de actuaciones que se incardinan en el curso de una más amplia investigación, y que previsiblemente, permitirá que dicha investigación pueda seguir arrojando resultados. Actuaciones investigadoras de variada índole: desde seguimientos para la posible identificación de personas, búsqueda de indicios que pudieran denotar la presunta comisión de hechos delictivos, métodos de acceso al domicilio, medios que se podrían emplear en dicho acceso, hasta análisis de los materiales empleados en la construcción de las viviendas, véase la cantidad y tipo de explosivo que podría utilizarse para derribar la puerta de acceso a un domicilio, previendo la posibilidad de que algún persona se encuentre en las proximidades de dicha puerta. Ello nos conduce, a considerar, si es posible previamente, los riesgos que puedan derivarse de la intervención para las autoridades actuantes y, por tanto, también a valorar cómo podría producirse el empleo de la fuerza en el trascurso del operativo.

La resolución judicial en la que se acuerde la limitación del derecho fundamental a la inviolabilidad del domicilio habrá de revestir forma de auto en donde específicamente se ordene la entrada y el registro (arts. 558 y 566 LECrim), determinándose con toda precisión tanto el lugar, la persona o cosa que se busca[14].

Asimismo, los arts. 550 y 558 LECrim hacen referencia a la citada obligación de motivar[15] las resoluciones judiciales afectantes del derecho fundamental a la

---

14 Moreno Catena, «Actos de investigación reservados a la instrucción judicial», en *Derecho Procesal Penal*, *ob. cit.*, pág. 254.

15 Con ello, se garantiza la exteriorización de los motivos por los cuales se decidió sacrificar el derecho fundamental conculcado, así como, se facilita el oportuno control posterior de la medida. Dicha exigencia, parte esencial de la resolución judicial misma (STC 8/2000, de 17 de enero —F. J. 4.°—) se constituye como un mecanismo de orden preventivo, que no reparador, para la protección del derecho fundamental reconocido en el art. 18.2 CE (STC 160/1991, de 18 de julio —F. J. 8.°—). Por tanto, para considerar la obligación de motivar las resoluciones limitativas de derechos fundamentales suficientemente satisfecha, se habrá de poder inferir de la misma la adecuada proporcionalidad que ha de presidir toda afectación legítima de dichos derechos, argumentando la idoneidad de la medida, su necesidad y el debido equilibrio entre el sacrificio sufrido por el derecho fundamental limitado y la ventaja que se obtendrá del mismo (STC 136/2000, de 29 mayo —F. J. 4.°—). De otro lado, la Jurisprudencia admite cumplido el requisito de motivación por mera remisión al contenido del oficio policial, considerándose constitucionalmente correctos,

inviolabilidad domiciliaria, estableciéndose vía jurisprudencial aquellos requisitos que habrán de contenerse en las mismas, esto es, la determinación de las circunstancias espaciales (ubicación del domicilio), temporales (momento y plazo) y personales (titular u ocupantes del domicilio en cuestión) de la entrada y del registro (STC 14/2001, de 29 enero —F. J. 8.º—).

Varias precisiones al respecto. La determinación del titular u ocupantes del domicilio no resultaría en modo alguno concluyente (STS de 11 de marzo de 1996 —F. J. 2.º—). O al menos no lo será en los términos en que la determinación espacial y, sobre todo material, deberían serlo. En efecto, en numerosas ocasiones resulta ciertamente complicado constatar fehacientemente los ocupantes que, en un momento concreto, puedan llegar a ocupar una determinada vivienda.

Respecto de la titularidad, caso de existir asiento registral, quizás resulte algo más sencillo, al menos documentalmente; sin embargo, los titulares que figuren en el correspondiente asiento registral no tendrán porqué coincidir, necesariamente, con la persona o personas que vienen siendo sometidas a investigación pública, ni mucho menos con las personas que, en un momento concreto, residan en el domicilio a intervenir. Por tanto, el auto limitativo de derechos fundamentales deberá determinar tanto los titulares del domicilio que le consten al órgano emisor como la identidad de la persona o personas objetivadas en la investigación penal en curso; si bien, los posibles errores que pudieran producirse en la determinación personal que puede acoger la resolución judicial referida, respecto de la titularidad o moradores del inmueble, afectará a la propia forma del documento y no, de forma directa e indubitada, a los resultados obtenidos mediante las actuaciones practicadas.

En cuanto a la determinación espacial, bastará con la identificación de la dirección donde se encuentra el domicilio[16], por lo que aquellas resoluciones judiciales cuyas inexactitudes impidan identificar el lugar a intervenir, desembocarán en la nulidad de lo actuado (STS de 12 de julio de 1996 —F. J. 5.º—)[17].

---

aunque procesalmente puedan reputarse viciados, los casos en que la resolución judicial es sucinta, pero no lo es el oficio policial de petición de autorización, y ello porque no se produce indefensión alguna a la parte, que cuando tiene acceso al procedimiento conoce, al mismo tiempo, el auto del juzgado y la solicitud de la policía que le precede y sirve de fundamento (STS de 18 de abril de 1997 —F. J. 1.º—).

16 Sin embargo, la cuestión resulta tanto más complicada cuando se trata de intervenir un domicilio que se encuentra en conexión física con un segundo domicilio, sito en bloque contiguo al primero que permite el acceso a diferentes dependencias. Y no digamos cuando tales situaciones se suceden respecto de los diferentes bloques de pisos, que forman una misma colectividad. La flagrancia delictiva jugará hasta donde la capacidad, personal, pero sobre todo material, de los agentes intervinientes lo permita.

17 DE LLERA SUÁREZ - BÁRCENA, «Auto de entrada y registro en domicilio: contenido indispensable del auto», en *El proceso penal*, *ob. cit.* (ref. de 28 de noviembre de 2023), disponible en Web: www.tirantonline.com.

Junto a lo anterior, deberá acompañarse la motivación de la decisión judicial en sentido propio y sustancial (STC 14/2001, de 29 enero —F. J. 8.º—).

A su vez, el referido auto habrá de contener tanto las citadas menciones acerca del momento oportuno para practicar la diligencia, con expresa indicación de fecha, como la determinación de la autoridad o funcionario que haya de practicar la misma (art. 558 LECrim), lo cual se habrá de poner en relación con lo anteriormente desarrollado respecto a la posibilidad de delegación judicial, tal y como dispone el art. 563 LECrim y el contenido del oficio policial de solicitud.

Por último, habría de añadirse expresa referencia a los delitos que se vienen investigando, sin que el descubrimiento de nuevos hechos o circunstancias de las denominadas causales (STC 41/1998, de 24 de febrero —F. J. 2.º—), deba enturbiar, necesariamente, la legitimidad de las actuaciones realizadas, como posteriormente se pondrá de manifiesto. El documento finalizará con la identificación y la rúbrica del órgano judicial que acuerda la medida limitativa del derecho fundamental a la inviolabilidad domiciliaria.

2. Consentimiento del titular o moradores del domicilio

El art. 551 LECrim establece que se entenderá que presta su consentimiento aquel que, requerido por quien hubiere de efectuar la entrada y el registro para que los permita, ejecuta por su parte los actos necesarios que de él dependan para que puedan tener efecto, sin invocar la inviolabilidad que reconoce al domicilio el art. 6 de la Constitución del Estado[18]. Como señala la STS de 7 de marzo de 1997 (F. J. 3.º), «el consentimiento o la conformidad implica un estado de ánimo concreto en virtud del cual la persona interesada, ante la situación también concreta que las circunstancias le presentan, accede al registro porque soporta, permite, tolera y otorga, inequívocamente, que ese acto tenga lugar. Se trata en suma de una aprobación, una aquiescencia, un asentimiento, una licencia o una venia que soslaya cualquier otra exigencia procedimental».

De otro lado, el citado art. 550 LECrim obliga, a su vez, a recabar el consentimiento del titular o morador del domicilio que se pretende afectar, obviamente, con anterioridad a la efectividad de las actuaciones que se interesan practicar. La determinación de la existencia de consentimiento se habrá de interpretar de manera restrictiva, de la forma más favorable para el titular o

18 La referencia al art. 6 de la Constitución alude a la Constitución de 1876: *Nadie podrá entrar en el domicilio de un español, o extranjero residente en España, sin su consentimiento, excepto en los casos y en la forma expresamente previstos en las leyes. El registro de papeles y efectos se verificará siempre á presencia del interesado o de un individuo de su familia, y en su defecto, de dos testigos vecinos del mismo pueblo.*

morador del domiciliario, si bien, para llegar a conclusiones concretas respecto del consentimiento otorgado han de analizarse, racionalmente, el comportamiento del propio interesado, «antes, durante y después», así como las manifestaciones de cuantos pudieran estar presentes cuando el registro se llevó a cabo (STS de 23 de enero de 1998 —F. J. 4.º—).

Por último, entre los requisitos jurisprudenciales (SSTS 14 de marzo de 2006 —F. J. 1.º— 28 de octubre de 2010 —F. J. 4.º—) que informan la prestación del consentimiento se encuentran:

a) Otorgado por persona capaz; esto es, mayor de edad (STS de 9 de noviembre de 1994), y sin restricción alguna en su capacidad de obrar. En supuestos de minusvalía psíquica aparente, esté o no declarada judicialmente, no puede considerarse válidamente prestado el consentimiento (art. 25 CP).

b) Otorgado de forma consciente y libre, lo cual requiere: i) que no esté invalidado por error, violencia o intimidación de cualquier clase; ii) que no se condicione a circunstancia alguna periférica, como promesas de cualquier actuación policial, del signo que sean; iii) que si el que va a conceder el consentimiento se encuentra detenido, no puede válidamente prestar tal consentimiento si no es con asistencia de Letrado, lo que así se hará constar por diligencia policial (STS 9 de octubre de 2013, —F. J. 43.º—).

c) Podrá ser expreso, tácito o presunto (art. 551 LECrim). El consentimiento tácito ha de constar de modo inequívoco mediante actos propios tanto de no oposición cuanto, y sobre todo, de colaboración, pues la duda sobre el consentimiento presunto hay que resolverla en favor de la no autorización, en virtud del principio *in dubio libertas* y el criterio declarado por el Tribunal Constitucional de interpretar siempre las normas en el sentido más favorable a los derechos fundamentales de la persona, en este caso del titular de la morada (STS 26 de junio de 1998 —F. J. 4.º—).

A su vez, si el consentimiento no se produce en las condiciones de serenidad y libertad ambiental necesarias no se considerará suficiente como consentimiento: *Qui siluit cum loqui debuit, et notint, consentire de videtur* (SSTS de 14 de marzo de 2006, —F. J. 1.º—, de 30 de septiembre de 2013, —F. J. 2.º—, entre otras), pues consiente el que soporta, permite, tolera y otorga, inequívocamente que entre y registre y registre (STS de 23 de enero de 1998 —F. J. 2.º—).

a) Oralmente o por escrito, pero siempre se reflejará documentalmente para su constancia indeleble (STS de 4 de noviembre de 2002 —F. J. 2.º—).

b) Debe ser otorgado por el titular del domicilio, titularidad que puede provenir de cualquier título legítimo civilmente, sin que sea necesaria la titularidad dominical. No obstante, en los supuestos en que concurran pluralidad de moradores, bastará el consentimiento otorgado por uno de ellos para habilitar la intervención pública penal sobre el domicilio, salvo que exista contraposición de intereses o bien negativa expresa al respecto del resto de moradores (STS 77/2014 de 30 de septiembre —F. J. 14.º— y de 16 de marzo de 2015 —FF. JJ. 5.º y 6.º—)[19].

c) El consentimiento debe ser otorgado para un asunto concreto, del que tenga conocimiento quien lo presta, sin que se pueda aprovechar para otros fines distintos (STS de 6 de junio de 2001 —F. J. 3.º—). Asimismo, ha de ser solicitado por la autoridad que pretenda practicar la diligencia de forma expresa y formal[20].

Por tanto, habilitándose la entrada en domicilio mediante el consentimiento practicado conforme los requisitos descritos, no resultarían necesarias las formalidades recogidas en el art. 569 LECrim, respecto de la presencia del Letrado de la Administración de Justicia. Ahora bien, cabría añadir que la eficacia procesal derivada de la práctica del registro efectuado sin presencia judicial no debería equiparse a los supuestos en que el Letrado de la Administración de Justicia presencia y documenta sus resultas en la correspondiente acta.

3. Las previsiones contenidas en el art. 553 LECrim

Al margen de los casos anteriores, esto es, la existencia de una resolución judicial que acuerde la entrada y el registro domiciliario, o bien, previo consentimiento del titular del domicilio, se contempla la posibilidad de que tales actuaciones sean decididas y practicadas por la propia autoridad gubernativa en los casos expresamente previstos en el art. 553 LECrim.

En efecto, el precepto prevé la posibilidad de que la limitación del derecho a la inviolabilidad domiciliaria pueda ser acordada por la autoridad gubernativa en los supuestos en que exista mandamiento de prisión, flagrancia delictiva, cuando un delincuente, inmediatamente perseguido por los agentes de la autoridad, se oculte o refugie en alguna casa[21], o bien, tratándose de presuntos responsables de las acciones a que se refiere el art. 384 bis LECrim.

---

19 Respecto de la intervención sobre el domicilio mediando consentimiento expresa de la pareja, conviviente, del sujeto investigado y la posible correlación de intereses contrapuestos, puede consultarse la STS 401/2020, de 17 de julio.

20 Aragoneses Martínez, «El sumario (II)» en *Derecho Procesal Penal, ob. cit.,* pág. 368.

21 Sobre el caso de cuasiflagrancia que el supuesto representa puede acudirse a Cabezudo Bajo, *La inviolabilidad del domicilio y el proceso penal, ob. cit.,* pág. 288 y 289, o bien, Hinojosa Segovia, *La diligencia de entrada y registro en lugar cerrado en el proceso penal, ob. cit.,* pág. 106 y ss., así como la doctrina allí citada.

3.1. El mandamiento de prisión como presupuesto habilitante para producir la intervención pública penal sobre el domicilio.

En el primero de los casos, se ha suscitado cierto debate doctrinal sobre las posibilidades que el mandamiento de prisión permite en relación con la entrada y el registro practicados por la autoridad gubernativa.

Respecto del acceso en domicilio, se ha considerado que la exigencia de resolución judicial inserta en el art. 18.2 CE se satisface, a grandes rasgos, con el mandamiento de prisión acordado por un órgano judicial competente. A modo de ejemplo, se traen a colación diversos posicionamientos. Para CABEZUDO BAJO[22], «la orden de prisión y detención judicial cumple con el requisito formal de resolución judicial exigido por el art. 18.2 CE, pero no hace lo propio respecto del deber de motivación de las resoluciones judiciales, ni especialmente con los requisitos derivados del principio de proporcionalidad». Para FRANCO ARIAS[23], «tanto el mandamiento de prisión como la resolución judicial que ha dado lugar a su expedición, implícitamente conllevan el mandato y la autorización para penetrar, en caso necesario, en un domicilio; en cuyo caso la entrada queda justificada por la existencia de una autorización judicial previa». Por su parte, REMOTTI CARBONELL[24], entiende que «el mandamiento de prisión suple el juicio de necesidad y oportunidad de adoptar la medida si bien, ambos, mandamiento de prisión y orden de entrada domiciliaria, no pueden ser confundidos pues tienen una naturaleza diferente y afectan derechos y garantías diferentes». Más contundente resulta RODRÍGUEZ SOL[25], para quien «las previsiones del art. 553 LECrim no suponen una nueva excepción al art. 18.2 CE, pues la resolución judicial exigida en el mismo se corresponde con el auto de prisión».

Frente a lo anterior, opina GONZÁLEZ - CUÉLLAR SERRANO[26], que «si la resolución judicial que ordene la captura del sujeto no establece expresamente la posibilidad de restringir su derecho a la inviolabilidad domiciliaria, sólo debería entenderse autorizados a los agentes para penetrar en su vivienda si concurren razones de urgencia que impidan solicitar mandamiento judicial al efecto».

---

22 CABEZUDO BAJO, *La inviolabilidad del domicilio y el proceso penal, ob. cit.,* pág. 220.

23 FRANCO ARIAS, «La entrada en lugar cerrado», en *Justicia Revista de Derecho Procesal, ob. cit.*, pág. 598.

24 REMOTTI CARBONELL, *Constitución y medidas contra el terrorismo: la suspensión individual de derechos y garantías*, Colex, Madrid, 1999, pág. 308 y 309.

25 RODRÍGUEZ SOL, *Registro domiciliario y prueba ilícita, ob. cit.,* pág. 136.

26 GONZÁLEZ - CUÉLLAR SERRANO, «Entrada y registro en domicilio», en *La restricción de los derechos fundamentales de la persona en el proceso penal, ob. cit.,* pág. 115 y ss.

Sin embargo, la cuestión resulta más controvertida en cuanto a la viabilidad de los eventuales registros que se pudieran practicar, surgiendo el debate sobre si el mandamiento judicial de prisión comprende también la posibilidad de realizar un registro gubernativo[27].

A tal fin, serán las específicas circunstancias que rodean la investigación criminal en curso las que determinen la legitimidad de la actuación. Si bien, no se comparte la amplitud de criterio que manejan los citados autores respecto de la entrada en domicilio. Aun tratándose de posiciones más garantistas, como las expresadas por MARTÍN PALLÍN[28], hacer depender la constitucionalidad de la actuación policial de la forma y contenido del mandamiento de prisión podría resultar insuficiente, puesto que el contenido de dicha habilitación judicial autorizaría una previsible pesquisa general y la posterior intervención en cualquier domicilio, sito en el territorio nacional.

Como se afirmaba anteriormente, entre los contenidos que informan la adecuación de la resolución judicial a los postulados constitucionales que conforman la exigencia de motivación de los autos limitativos del derecho fundamental a la inviolabilidad domiciliaria se encuentra la determinación del espacio o espacios en que dicha medida se llevará a efecto. Y en este punto es posible coincidir con CABEZUDO BAJO[29].

Tampoco se puede compartir, que dicho mandamiento de prisión autorice la entrada en el domicilio en que se oculte o refugie el sujeto perseguido. Habrá que estar a los indicios que arroja la investigación gubernativa sobre el paradero del sujeto referido, enmarcando tales resultados en supuestos de flagrancia o cuasiflagrancia delictiva, según los casos.

Argumentar al respecto las mejores garantías que pueda aportar una resolución judicial desvinculada de la investigación sobre el paradero del sujeto perseguido, que no aporta más contenido que la mera autorización para

27 Algunos autores han considerado que si bien de la resolución judicial que ordena el mandamiento de prisión se puede inferir la posibilidad de acceder al domicilio, no cabría decir lo mismo respecto del eventual registro. Entre ellos, MARTÍN PALLÍN, «Perspectiva de futuro, la prueba y el Jurado», en *Estudios del Ministerio Fiscal*, Madrid, 1995, núm. II, pág. 518, entiende que en tales casos el derecho a la intimidad padecería doblemente; REMOTTI CARBONELL, *Constitución y medidas contra el terrorismo: la suspensión individual de derechos y garantías*, *ob. cit.*, pág. 308 y ss., ha sostenido la posibilidad de que una vez se ha ingresado en el domicilio, producida o no la detención, se ha de proceder al aseguramiento del recinto y posterior solicitud de la respectiva orden judicial para efectuar el registro. En contra de tal posibilidad se manifiesta RODRÍGUEZ SOL, *Registro domiciliario y prueba ilícita*, *ob. cit.*, pág. 138, para quien sería posible realizar tanto la entrada como el posterior registro consecuencia de la previa detención de un sujeto contra el que existe un mandamiento de prisión, supeditando tal posibilidad a la existencia de éste último y no de una mera orden de detención. Según el autor, con ello se da cumplida satisfacción a la exigencia constitucional de resolución judicial previa.

28 MARTÍN PALLÍN, «Perspectiva de futuro, la prueba y el Jurado», *ob. cit.*, págs. 518 y ss.

29 CABEZUDO BAJO, *La inviolabilidad del domicilio y el proceso penal*, *ob. cit.*, pág. 220.

intervenir, no olvidemos que de manera general, cualquier enclave en que se oculte o refugie el mismo, otorga una falsa apariencia de buen Derecho, a una situación que a poco que se analice, resulta contraria a los postulados constitucionales que informan la investigación criminal.

Por ello, se propone descartar la constitucionalidad de tan amplia habilitación legal, estableciéndose que solo en los supuestos mencionados de flagrancia o cuasiflagrancia delictiva sea competente la autoridad gubernativa al respecto.

3.2. La intervención pública penal sobre el domicilio en los supuestos de flagrancia delictiva

En cuanto al segundo de los supuestos planteados, el art. 18.2 CE autoriza la intervención pública penal sobre el domicilio en los supuestos de flagrancia delictiva.

El concepto de flagrancia delictiva aplicado al proceso penal se regula en el art. 795.1.1 LECrim por cuanto se entiende por delito flagrante, el que se estuviese cometiendo o se acabare de cometer cuando el delincuente sea sorprendido en el acto. Se entenderá sorprendido en el acto no sólo al delincuente que fuere detenido en el momento de estar cometiendo el delito, sino también al detenido o perseguido inmediatamente después de cometerlo, si la persecución durase o no se suspendiese mientras el delincuente no se ponga fuera del inmediato alcance de los que le persiguen.

También se considerará delincuente *in fraganti* aquel a quien se sorprendiere inmediatamente después de cometido un delito con efectos, instrumentos o vestigios que permitan presumir su participación en él.

Ya la STC 341/1993, de 18 de noviembre (F. J. 12.º)[30], que declaró inconstitucional el art. 21.2 de la anterior Ley Orgánica sobre Protección de la Seguridad Ciudadana, definió la flagrancia como «aquella situación fáctica en la que el delincuente es "sorprendido" —visto directamente o percibido de otro modo— en el momento de delinquir o en circunstancias inmediatas a la perpetración del ilícito, entendiendo que queda excusada la autorización judicial que acuerde la limitación del art. 18.2 CE, precisamente porque la comisión del delito se percibe con evidencia y exige de manera inexcusable una inmediata intervención». A colación de tales parámetros conceptuales, el Tribunal Supremo, define el delito flagrante como aquel «que encierra en sí la prueba de su realización, por lo que la flagrancia es la percepción sensorial directa del hecho delictivo, de manera que la flagrancia se ve, se observa,

30 Para un análisis en profundidad del contenido de la resolución citada puede acudirse a Matia Portilla, «Delitos flagrante e inviolabilidad domiciliaria. Comentario STC 341/1993», en *Revista española de Derecho Constitucional*, 1994, Año 14, núm. 42, págs. 197 a 217.

no se demuestra, y aparece vinculada a la prueba directa y no a la indirecta, circunstancial o indiciaria»(STS de 12 de septiembre de 2001 —F. J. 1.°—).

Asimismo, la STS de 20 de septiembre de 2006 (F. J. 6.°), afirmó que «la flagrancia se condiciona a la doble exigencia de que el delito sea directamente percibido por alguien mientras se halla en vía de ejecución y que, precisamente, la salvaguarda del bien jurídico en riesgo haga necesaria de una intervención inmediata sobre esa realidad en curso, aunque la misma tenga que darse en perjuicio de un derecho constitucional como el representado por la intimidad domiciliaria[31]».

De esta forma, entre los requisitos jurisprudenciales que permiten vincular la flagrancia delictiva como causa directa habilitante para la afectación del domicilio figuran:

a) Inmediatez del hecho, es decir, que se está realizando o se acaba de cometer.

b) Relación directa del delincuente con el objeto, instrumentos o efectos del delito[32].

c) Percepción directa y no presuntiva, de la situación delictiva y

d) Necesidad de intervención urgente para evitar la consumación del delito o la desaparición de sus efectos (STS de 6 de junio de 2005 —F. J. 2.°—).

Por último, la acotación de la flagrancia delictiva en relación con la actuación policial inmediata sobre el domicilio[33], que será también desarrollada con ocasión del análisis del art. 553 LECrim[34], así como las posibles situaciones de cuasiflagrancia que sostiene tal precepto, prevé un margen de

31 Véase también la STS de 30 de junio de 2010 (F. J. 2.°).

32 Notas de inmediatez temporal y personal requeridas en el ya derogado art. 779 LECrim.

33 Mención especial merece la consideración de determinados espacios destinados a la materialización de los delitos contra la salud pública de baja escala. En efecto, existen situaciones donde un edificio, completo o en parte, se destina a la distribución, adquisición y posterior consumo de sustancias prohibidas, sin que tales dependencias se destinen como morada de las personas que en un momento concreto allí se encuentran. Por tanto, teniendo en cuenta el fin que se destinan tales dependencias como las actividades que en su interior se realizan no es posible afirmar su consideración como domicilio ni disponer de la especial protección constitucional que dispensa el art. 18.2 CE (STS 82/1994 de 28 enero —F. J. 1.°—). Se debe tener presenten que son los propios distribuidores de baja escala de sustancias prohibidas los que, con carácter general, invitan el acceso a tales enclaves, incluso si las personas a las que se les facilita el acceso a tales dependencias resultan ser miembros de las Fuerzas y Cuerpos de Seguridad que desarrollan un operativo secreto (STS 2774/1993 de 9 diciembre —F. J. 3.°—).

34 Asimismo, tratan el concepto de flagrancia los arts. 262, 273, 490.2, 751 y 962.1 todos LECrim.

apreciación gubernativa inicial posteriormente sometido al control judicial conforme los parámetros comentados[35].

3.3. La intervención pública penal sobre el domicilio desarrollada en el marco de una investigación penal por causa de terrorismo

La actual normativa procesal penal ante al fenómeno del terrorismo trae causa en la Ley Orgánica 4/1988, de 25 de mayo, de reforma de la Ley de Enjuiciamiento Criminal.

Dicha normativa, supuso la consolidación, *sui generis*, de medidas excepcionales restrictivas de derechos fundamentales, configurando el estatuto básico del detenido por causa de terrorismo, y desarrollando las previsiones contenidas en el art. 55.2 CE[36], en cuanto habilita la adopción de una serie de medidas suspensivas cuyos fines se concretan, por un lado, en facilitar las investigaciones relativas a la actuación de bandas armadas o elementos terroristas y, por otro lado, en limitar las facultades legislativas y gubernativas en la lucha contra el terrorismo[37].

De esta forma, el art. 553 LECrim recoge el desarrollo orgánico previsto constitucionalmente, disponiéndose la suspensión inicial de la garantía judicial que informa el derecho a la inviolabilidad domiciliaria, bajo una serie de supuestos y cuando se trate de la persecución de delitos cometidos por persona integrada o relacionada con bandas armadas o individuos terroristas o rebeldes (art. 384 bis LECrim).

Entre los presupuestos que informan la decisión gubernativa de limitar el derecho fundamental a la inviolabilidad domiciliaria se encuentra la concurrencia de una excepcional o urgente necesidad, cuya presencia se convierte en requisito ineludible que fundamenta su adopción, al objeto de practicar las oportunas detenciones. Junto a ello, se ha de añadir la especialidad delictiva para la cual se prevén tales medidas, debiendo acudirse a las reglas generales que informan la práctica de la entrada y el registro en los casos en que no operasen tales premisas.

---

35 Sobre la concurrencia de la flagrancia aparente puede verse la STS 1159/2003, de 15 de septiembre.

36 Asimismo, el art. 55.1 CE habilita la posibilidad de suspender la garantía judicial que informa el derecho a la inviolabilidad domiciliaria cuando se acuerde la declaración del estado de excepción o de sitio, conforme las previsiones de los arts. 13 y 17 de la Ley Orgánica 4/1981, de 1 de junio, de los estados de alarma, excepción y sitio.

37 Sobre las características del citado precepto constitucional suspensivo puede verse Remotti Carbonell, *Constitución y medidas contra el terrorismo: la suspensión individual de derechos y garantías*, *ob. cit.*, págs. 292 y ss. y Requejo Rodríguez, «¿Suspensión o supresión de los derechos fundamentales?», en *Revista de Derecho Político*, 2001, núm. 51, págs. 106 a 137.

Por último, del registro efectuado, conforme a lo establecido en el párrafo anterior, se dará cuenta inmediata al Juez competente, con indicación de las causas que lo motivaron y de los resultados obtenidos en el mismo, con especial referencia a las detenciones que, en su caso, se hubieran practicado. Asimismo, se indicarán las personas que hayan intervenido y los incidentes ocurridos.

3.4. La intervención en domicilio con finalización asistencial

Obviamente la intervención domiciliaria está más que justificada en caso de entradas en domicilio con una finalidad asistencial. Como afirma De Llera Suárez - Barcena[38], «los vínculos de solidaridad entre ciudadanos han determinado desde antiguo que el Derecho permita la entrada en domicilios privados de personas ajenas con el fin de refugiarse de algún peligro grave o de prestar auxilio a los moradores».

No obstante, aunque tales previsiones no se encuentran en el contenido estricto del art. 18.2 CE, la cuestión queda resuelta en el art. 15 de la Ley 4/2015, de 30 de marzo, de protección de la seguridad ciudadana. De esta forma, se legitima la entrada en domicilios por parte de las Fuerzas y Cuerpos de Seguridad del Estado al objeto de evitar daños inminentes y graves a las personas y a las cosas, en supuestos de catástrofe, calamidad, ruina inminente u otros semejantes de extrema y urgente necesidad. Legitimación que, vistos los supuestos habilitantes planteados, podrá no solo hacerse extensivos a otras profesiones, como por ejemplo bomberos[39], sino que, en determinadas circunstancias, a cualquier persona que trate de evitar los perjuicios descritos.

4. La entrada y registro en los espacios públicos

Continúa el precepto objeto de análisis principal estableciendo que para enclaves diferentes al domicilio, y con la misma finalidad descrita anteriormente, para la entrada en edificios ocupados por organismos oficiales o entidades públicas, no será preciso el consentimiento de la autoridad o funcionario que los tuviere a su cargo.

---

38 de Llera Suárez - Barcena, «La entrada en lugar cerrado. Noción y posibles fines de la diligencia», en *El Proceso penal*, Tirant Online, 2000, (ref. de 29 de noviembre de 2023), disponible en Web: www.tirantonline.com.

39 Junto a las normas sectoriales aplicables, deben tomarse en consideración futura dos Proyectos de larga tramitación respecto de la promulgación de una Ley del sector de los Servicios de Prevención, Extinción de Incendios y Salvamento y una Ley del Estatuto Básico de Bomberos Forestales, ambas de ámbito nacional.

De esta forma, tendrán la consideración de espacios públicos aquellos enumerados en el art. 546 LECrim, a saber:

- Los que estuvieren destinados a cualquier servicio oficial, militar o civil del Estado, de la provincia o del Municipio (o la Comunidad Autónoma), aunque habiten allí los encargados de dicho servicio o los de la conservación y custodia del edificio o lugar.
- Los que estuvieren destinados a cualquier establecimiento de reunión o recreo, fueren o no lícitos.
- Cualesquiera otros edificios o lugares cerrados que no constituyeren domicilio de un particular con arreglo a lo dispuesto en el art. 554 LECrim.
- Los buques del Estado.

A tales enclaves no les resultaría de aplicación la especial protección constitucional que dispensa la inviolabilidad del domicilio, precisamente, al no reunir los elementos funcionales configuradores de la morada. Ahora bien, no es posible admitir que todas las actividades que se desarrollan en tales espacios no tengan encaje, bajo determinados supuestos, en el ámbito de protección del más amplio derecho a la intimidad (art. 18.1 CE).

En el primero y último de los supuestos, vista la especial vinculación de los espacios enumerados a los poderes públicos y la naturaleza igualmente pública de las actividades que en su interior se desarrollan, resulta lógico admitir que su afectación y la de los objetos, documentos o instrumentos que se hallen en su interior, pueda producirse por la propia autoridad pública sin mayores esfuerzos argumentales[40]. Misma identidad de razón respecto de entidades privadas vinculadas a la prestación de servicios públicos en cuanto a las labores de control e inspección que sobre sus actividades pudieran realizar los poderes públicos (STS 457/1999 de 19 junio (—F. J. 9.°—), puesto que aunque el despacho en un edificio público pueda estar restringido a la utilización personal y, en ocasiones, exclusiva de un empleado público, el propio interés público al que está vinculado el inmueble en último término, veta que pueda construirse una expectativa razonable y fundada de absoluta y permanente exclusión (STS de 14 de octubre de 2019 —F. J. 6.°—).

En los dos siguientes supuestos, por el contrario, el diseño jurisprudencial de la protección jurídica de tales enclaves resulta ciertamente restrictiva. La premisa inicial parte de la base de que aquellos lugares en que se desenvuelven actividades comerciales o de recreo, solamente están tuteladas por las

40 Particularmente sensible resulta la cuestión de la efectiva garantía del derecho a la inviolabilidad domiciliaria tanto en el ámbito castrense como en las propias escuelas de formación policial. En tal sentido puede verse la STC 189/2004, de 2 de noviembre, así como García Martínez, «Protección constitucional del derecho a la inviolabilidad domiciliaria en el ámbito castrense», en *Revista de Estudios Jurídicos*, Universidad de Jaén, 2015, núm. 15, págs. 1 a 43.

normas que protegen la libertad de actuación o la propiedad (SSTS de 10 mayo, de 16 septiembre, de 22 octubre, de 27 de noviembre de 1993 y de 21 de febrero de 1994). En otras palabras, se ha entendido que la nota de la apertura o no al público se configura como criterio decisorio de la extensión protectora domiciliaria en relación con los locales en que se ejercitan actividades profesionales o negociales (STS 457/1999, de 19 junio —F. J. 9.°—) o bien, que algunos locales de negocios o despachos profesionales, en los que la actividad del titular se desarrolla sin admitir libremente el acceso a terceros, pueden formar parte de su ámbito de privacidad e intimidad, extendiéndose a ellos el concepto de domicilio (STS 797/1994, de 14 abril, —F. J. 2.°—).

Como puede fácilmente intuirse, se fija el ámbito de protección en el mero espacio susceptible de intervención y en las funciones comerciales abiertas al público que en su interior se desarrollan, negándose lógicamente su naturaleza domiciliaria, pues así lo dispone expresamente la propia LECrim.

Ahora bien, que deba producirse una menor intensidad en el grado de protección constitucional de tales enclaves no implica negar que puedan existir espacios susceptibles de incardinarse en el más amplio derecho a la intimidad (art. 18.1 CE), vinculado al libre desarrollo de la personalidad (art. 10.1 CE), y que puede extenderse a otros ámbitos o lugares cerrados ajenos al concepto de morada o residencia, concretándose en la posibilidad de cada ciudadano de erigir ámbitos privados para desarrollar actividades o guardar documentos u objetos excluyendo la observación de los demás, como pueden ser los archivos o cajones de su propia mesa de trabajo (STS 1406/2003 de 29 octubre, —F. J. 4.°—)[41].

Por tanto, también deberán articularse los estándares constitucionales de protección procesal para con los espacios públicos y las actividades que se realizan en su interior, y muy particularmente, la concurrencia de suficientes elementos de juicio que justifican la intervención pública en el marco de una investigación penal[42]. Lógicamente, si tales espacios no se encuentran amparados por la protección constitucional del domicilio tampoco resultan aplicables las reglas procesales que la LECrim prevé para los registros domiciliarios (STS de 27 de noviembre 1993), y muy particularmente, la necesaria concurrencia de resolución judicial habilitante y debidamente motivada.

En efecto, el art. 546 LECrim establece la competencia ordinaria del juez o tribunal que conozca de la causa para decretar la entrada y registro, de día o de noche, en todos los edificios y lugares públicos, sea cualquiera el territorio en que radiquen, cuando hubiere indicios de encontrarse allí el procesado o

41 Aspectos que han sido satisfactoriamente resueltas a favor de la garantía del derecho a la intimidad personal en vía civil, como se desarrolla en la STC 18/2015, de 16 de febrero (F. J. 5.°).

42 Cuestión diferente sería la afectación administrativa de los espacios públicos.

efectos o instrumentos del delito, o libros, papeles u otros objetos que puedan servir para su descubrimiento y comprobación.

Por tanto, la Jurisprudencia ha dispuesto la competencia exclusivamente judicial para la intervención penal pública en los referidos espacios si ya existiera causa penal abierta, mientras que, en caso contrario, se habilita la actuación gubernativa de intervención (STS 1164/2000 de 26 junio, —F. J. 3.º—)[43].

Ahora bien, pueden sucederse momentos intermedios entre una y otra opción, donde la actuación gubernativa sobre el espacio público se torne inmediata, por aplicación del art. 553 LECrim. No tendría ningún sentido que se previese un régimen excepcional de intervención sobre el domicilio, y que, sin embargo, vistas la concurrencia de las mismas circunstancias que habilitan dicha operativa, no pudiera resultar de aplicación por tratarse de espacios públicos.

De esta forma, establece el art. 564 LECrim que para la intervención en el primer y tercero de los supuestos planteados el Juez oficiará a la autoridad o jefe de que aquéllos dependan en la misma población Si éste no contestare en el término que se le fije en el oficio, se notificará el auto en que se disponga la entrada y registro al encargado de la conservación o custodia del edificio o lugar en que se hubiere de entrar y registrar. Por su parte, si se tratare de buques del Estado, las comunicaciones se dirigirán a los comandantes respectivos. Ahora bien, cuando el edificio o lugar fueren de los comprendidos en el segundo supuesto, la notificación se hará a la persona que se halle al frente del establecimiento de reunión o recreo, o a quien haga sus veces si aquél estuviere ausente (art. 564 LECrim).

Por último, se regulan las particularidades inherentes a la intervención sobre determinados espacios púbicos especialmente protegidos como por ejemplo, respecto de los Cuerpos Legisladores (art. 548 LECrim), los espacios protegidos por el Derecho Internacional Público (art. 30 de la Convención de Viena de 1961, sobre Relaciones Diplomáticas y art. 31 de la Convención de Viena de 1963 sobre Relaciones Consulares en relación con los arts. 559 a 562 LECrim), o los templos y lugares de culto (art. 549 LECrim).

V. La conformación de acta o atestado policial

El apartado cuarto del precepto analizado ordena la remisión, sin dilación, del acta o atestado que instruyan las Fuerzas y Cuerpos de Seguridad cuando entren en un domicilio particular, a la autoridad judicial competente. Lógicamente, tales planteamientos vincularán las actuaciones sobre el domicilio legitimadas mediante la prestación de consentimiento del titular o morador del inmueble.

43 La referida sentencia indica que conforme el citado art. 546 LECrim dicha resolución judicial habilitante para la intervención sobre espacios públicos no tendría necesariamente que revestir forma de auto ni disponer de un especifica motivación.

Así mismo, también es necesario referenciar los diferentes supuestos previstos en el art. 553 LECrim, siempre teniendo en cuenta las circunstancias concurrentes, que impiden la paralización de la operativa policial y la inmediata remisión al juzgado competente para continuar las actuaciones, particularmente en materia de registros y su oportuna documentación.

La documentación y remisión de lo actuado permite el oportuno control judicial sobre la medida limitativa del derecho fundamental a la inviolabilidad domiciliaria y los resultados obtenidos, en correlación con la inmediatez prevista también en los arts. 284.1 y 292 LECrim.

CAPÍTULO 4

IDENTIFICACIÓN DE PERSONAS, RESTRICCIÓN DEL TRÁNSITO Y CONTROLES EN LAS VÍAS PÚBLICAS

Miguel Bustos Rubio
Profesor Titular de Derecho Penal
Universidad Internacional de La Rioja

I. Identificación de personas

1. Introducción

El extenso artículo 16 de la Ley Orgánica 4/2015, de 30 de marzo, de protección de la seguridad ciudadana (en lo que sigue, LOPSC) determina y delimita los presupuestos necesarios para que, en el cumplimiento de las funciones de indagación y prevención delictiva, y para la sanción de infracciones (bien administrativas, bien delictivas) las Fuerzas y Cuerpos de Seguridad puedan requerir la identificación de personas.

En concreto el precepto determina lo siguiente: «1. En el cumplimiento de sus funciones de indagación y prevención delictiva, así como para la sanción de infracciones penales y administrativas, los agentes de las Fuerzas y Cuerpos de Seguridad podrán requerir la identificación de las personas en los siguientes supuestos: a) Cuando existan indicios de que han podido participar en la comisión de una infracción. b) Cuando, en atención a las circunstancias concurrentes, se considere razonablemente necesario que acrediten su identidad para prevenir la comisión de un delito. En estos supuestos, los agentes podrán realizar las comprobaciones necesarias en la vía pública o en el lugar donde se hubiese hecho el requerimiento, incluida la identificación de las personas cuyo rostro no sea visible total o parcialmente por utilizar cualquier tipo de prenda u objeto que lo cubra, impidiendo o dificultando la identificación, cuando fuere preciso a los efectos indicados. En la práctica de la identificación se respetarán estrictamente los principios de proporcionalidad, igualdad de trato y no discriminación por razón de nacimiento, nacionalidad, origen racial o étnico, sexo, religión o creencias, edad, discapacidad, orientación o identidad sexual, opinión o cualquier otra condición o circunstancia personal o social. 2. Cuando no fuera posible la identificación por cualquier medio, incluida la vía telemática o telefónica, o si la persona se negase a identificarse, los agentes, para impedir la comisión de un delito o al objeto de sancionar una infracción, podrán requerir a quienes no pudieran ser identificados a que les acompañen a las dependencias policiales más próximas en las que se disponga de los medios adecuados para la práctica de esta diligencia, a los solos efectos de su identificación y por el tiempo estrictamente necesario, que en ningún caso podrá superar las seis horas. La persona a la que se solicite que se identifique será informada de modo inmediato y comprensible de las razones de dicha solicitud, así como, en su caso, del requerimiento para que acompañe a los agentes a las dependencias policiales. 3. En las dependencias a que se hace referencia en el apartado 2 se llevará un libro-registro en el que sólo se practicarán asientos relacionados con la seguridad ciudadana. Constarán en él las diligencias de identificación practicadas, así como los motivos, circunstancias y duración de las mismas, y sólo podrán ser comunicados sus datos a la autoridad judicial competente y al Ministerio Fiscal. El órgano competente de la Administración remitirá mensualmente al Ministerio Fiscal extracto de las diligencias de identificación con expresión del tiempo utilizado en cada una. Los asientos de este libro-registro se cancelarán de oficio a los tres años. 4. A las personas desplazadas a dependencias policiales a efectos de identificación, se les deberá expedir a su salida un volante acreditativo del tiempo de permanencia en ellas, la causa y la identidad de los agentes actuantes. 5. En los casos de resistencia o negativa a identificarse o a colaborar en las comprobaciones o prácticas de identificación, se estará a lo dispuesto en el Código Penal, en la Ley de Enjuiciamiento Criminal y, en su caso, en esta Ley».

En este breve comentario someteremos al filtro de la Constitución Española el art. 16 LOPSC anotando algunas ideas derivadas de esa imbricación y señalando, en su caso, algunos espacios de mejora[1].

2. Presupuestos para la identificación de personas

El primer apartado del art. 16 LOPSC recoge los presupuestos que dan origen y posibilidad a la identificación de personas por parte de los agentes

1 Ampliamente, *cfr.*: La Spina, E.: »Ley Orgánica 4/2015 sobre protección de la seguridad ciudadana», en *Anales de Derecho,* vol. 34, n.° 2, 2016, pp. 3 y ss.

de las Fuerzas y Cuerpos de Seguridad, señalando que dicha identificación procede en dos tipos de situaciones.

Por un lado, cuando se constate que existan indicios de que esas personas han podido participar en la comisión de una infracción, que en la norma no se discrimina, por lo que a priori puede tratarse tanto de una infracción administrativa como una infracción penal. Nótese que en todo caso se habla de *indicios,* pues la suposición es siempre indiciaria, aun debiendo constatarse de manera objetiva. A *sensu contrario* resultará que queda vedada cualquier tipo de exigencia de identificación si no existen tales indicios objetivos, excluyéndose las meras suposiciones de carácter subjetivo, y por supuesto todo requerimiento para la identificación de personas que resulte completamente arbitrario, azaroso o caprichoso. Por «indicio» se puede entender cualquier elemento material, señal, vestigio, huella o circunstancia que sea susceptible de conducir al agente, a través de la deducción, al conocimiento de otro hecho del que no se tiene un conocimiento directo. No se trata todavía de una «prueba» sino de un cúmulo de hechos que, por deducción racional, sirven para generar un indicio suficiente, sin llegar a constituir todavía un medio de prueba directa.

Por otro lado, cuando, atendidas las circunstancias concomitantes al hecho, los agentes consideren razonablemente necesario que se acredite la identidad para prevenir la comisión de un delito. Este presupuesto realmente se apoya en la necesidad de identificación derivada de la necesidad de evitación de la comisión de un tipo delictivo (queda excluida ahora la posibilidad de identificación para evitar posibles infracciones de carácter administrativo). La exclusión de la posibilidad de comisión de infracciones administrativas en este apartado de la norma responde a la doctrina constitucional dimanante de la STC 341/1993, de 18 de noviembre, que resolvió las cuestiones de inconstitucionalidad promovidas frente a determinados preceptos de la LOPSC, estableciendo que «la privación de libertad con fines de identificación sólo podrá afectar a personas no identificadas de las que razonable y fundadamente pueda presumirse que se hallan en disposición actual de cometer un ilícito penal [...] o a aquellas, igualmente no identificables, que hayan incurrido ya en una infracción administrativa». En este presupuesto, contrariamente a lo que ocurre con el anterior, sí resulta imprescindible la realización de un juicio razonable de necesidad por parte de los agentes de la autoridad, lo que implica que tampoco aquí la exigencia de identificación resultará discrecional (mucho menos arbitraria), si bien realmente el juicio de constatación es mucho más laxo que en aquél primer presupuesto[2].

2 Ampliamente, *vid.*: Lasagabaster Herrarte, I.: «La identificación de personas por la policía: su regulación en la Ley de seguridad ciudadana», en Lasagabaster Herrarte, I., Arrese Iriondo, M. N., y Cubero Marcos, J. I. (coords.), VV. AA.: *Seguridad ciudadana y derechos fundamentales,* Ed. Atelier, Barcelona, 2022, pp. 115 y ss.

El precepto continúa señalando que los agentes, ante tales presupuestos, podrán realizar las comprobaciones que resulten necesarias, bien en *vía pública,* bien en *cualquier lugar donde haya tenido lugar el requerimiento* (por ejemplo, un local o un domicilio) permitiéndose también la identificación de las personas cuyo rostro no sea visible total o parcialmente por utilizar cualquier tipo de prenda u objeto que lo cubra, impidiendo o dificultando la identificación, cuando fuere preciso. Esto último puede, en ocasiones, determinar algún tipo de conflicto con el ejercicio de otros derechos fundamentales o libertades públicas (como, por ejemplo, el uso de *hiyab* por parte de personas con determinadas creencias religiosas), cuyo conflicto habrá de ser examinado y resuelto casuísticamente, si bien parece que desde la norma se hace prevalecer en este tipo de casos un interés (la seguridad ciudadana) frente a otros (uso de prendas de ropa derivadas de creencias religiosas). Siendo esto así, y como decimos siempre atendiéndose a las concretas y particulares circunstancias del caso, puede decirse que ya desde la norma se está apuntando a una resolución de dicho conflicto en favor de la seguridad ciudadana.

Seguramente por tal razón el legislador incorpora expresamente y a renglón seguido que «en la práctica de la identificación se respetarán estrictamente los principios de proporcionalidad, igualdad de trato y no discriminación por razón de nacimiento, nacionalidad, origen racial o étnico, sexo, religión o creencias, edad, discapacidad, orientación o identidad sexual, opinión o cualquier otra condición o circunstancia personal o social», lo que no es sino el reflejo del derecho a la igualdad del art. 14 de la Constitución Española, que determina que los españoles son iguales ante la ley, sin que pueda prevalecer discriminación alguna por razón de nacimiento, raza, sexo, religión, opinión o cualquier otra condición o circunstancia personal o social. De ahí que, como se dijo, el respeto por estos principios deba permanecer incólume en la práctica de la identificación, lo que reclama un examen particularizado de cada caso sin que se puedan establecer baremos apriorísticos. En palabras de Bilbao Ubillos «destaca por sus implicaciones prácticas la referencia a la nacionalidad y al origen racial o étnico como motivos de discriminación expresamente prohibidos. En su discurso de presentación, el ministro del Interior presumió de que por primera vez una norma con rango de ley prohibía las identificaciones indiscriminadas y las basadas en perfiles étnicos. Se da respuesta así a una demanda formulada por numerosos organismos, que consideraban insuficiente la prohibición de este tipo de redadas en la Circular 2/2012 de la Dirección General de la Policía[3]».

Por su parte, el art. 9.2 LOPSC determina que para el cumplimiento de los fines de la identificación las personas obligadas a obtener el Documento Nacional de Identidad (esto es, mayores de catorce años, según determina el art. 9,1 de la misma norma) están obligados igualmente a exhibirlo y permitir

3 Bilbao Ubillos, J. M.: «La llamada *Ley Mordaza*: la Ley Orgánica 4/2015, de protección de la seguridad ciudadana», en *Teoría y Realidad Constitucional*, n.º 36, 2015, p. 231.

la comprobación de sus datos ante los agentes de la autoridad. Por tanto, el DNI es el instrumento o medio idóneo y necesario para la identificación de los ciudadanos ante las autoridades[4].

3. Actuación ante la imposibilidad de identificación: la *retención*

Por su parte, el art. 16.2 LOPSC determina que en el supuesto de no resultar posible la identificación del sujeto por cualquier medio (incluidas las vías telemáticas o telefónicas), o ante la negativa a la identificación por parte del ciudadano requerido, los agentes de las Fuerzas y Cuerpos de Seguridad podrán requerir a estas personas a acompañarles a dependencias policiales (a las *más próximas*) en las que se disponga de los medios adecuados para el ejercicio de esta diligencia. Es lo que se conoce como diligencia de *retención* policial, que no es idéntica a la *detención,* más tradicional.

Esta posibilidad, sin embargo, cuenta con dos grupos de límites[5].

Por un lado, solo es posible tal requerimiento cuando la actuación sea imprescindible «para impedir la comisión de un delito o al objeto de sancionar una infracción». Elementos nuevamente de carácter objetivo que deberán concurrir, y en su caso poder acreditarse, para requerir al ciudadano a acudir a dependencias policiales. De nuevo el precepto establece una condición mixta-alternativa, pudiéndose tratar de un delito o de una infracción de carácter administrativo, si bien con el importante matiz de que mediante esta diligencia el delito puede ser *impedido,* mientras que en el caso de la infracción administrativa la diligencia se dirige a que esta sea *sancionada.*

Por otro lado, tal requerimiento solo es posible a los únicos efectos de identificación de la persona, y por el tiempo estrictamente necesario, que según determina la LOPSC no podrá superar nunca el máximo de seis horas. Se trata de un elemento que, en un claro paralelismo con la diligencia de la *detención*, establece que el traslado y permanencia de la persona requerida a identificarse a dependencias policiales solo debe durar el tiempo estrictamente necesario para lograr la identificación y, como máximo, seis horas. No es que el límite lo constituyan esas seis horas: el límite es el tiempo mínimo imprescindible y necesario para identificar al individuo, y como tope, esas seis horas. Si antes del transcurso de esas seis horas era ya posible identifi-

---

4 Tras la aprobación de esta LOPSC en el año 2015 se termina así con la anterior posibilidad de negativa a entregar el DNI a las autoridades alegando que se trata de un documento personal e intransferible. Ahora la propia LOPSC determina la obligación de exhibición ante los agentes de la autoridad. *Cfr.*: Bilbao Ubillos, *op. cit.,* p. 228.

5 Para algunos autores, como Bilbao Ubillos, *op. cit.*, p. 231, este traslado a dependencias policiales se ve revestido de mayores garantías en el texto de la ley de 2015. Sobre esta idea volveremos de inmediato, tras estudiar el régimen normativo aplicable.

car al ciudadano, el requerimiento debe cesar, y cualquier retención adicional en dependencias policiales (salvo que la misma responda a otros hechos, o salvo que se convierta en una *detención*, que tiene su propia duración máxima) supondrá un exceso en el ejercicio de esta práctica. Si bien el Anteproyecto de la LOPSC del año 2015 no preveía este límite horario expreso, tras la recomendación contenida en la STC 341/1993 se produjo dicha incorporación, entendiendo el Tribunal Constitucional en dicha sentencia que el tiempo mínimo indispensable debía «completarse con la determinación de un límite horario máximo expreso. Dicho límite pudiere fijarse en seis horas, período en el que, hoy y habida cuenta de los medios con que se cuenta, se pueden realizar con holgura las operaciones de identificación».

En cualquier caso, el precepto protege los derechos de información de la persona requerida, que ha de ser informada inmediatamente, y de forma comprensible, de las razones del requerimiento de acompañamiento a los agentes a las dependencias policiales. Este extremo tampoco se recogía en la anterior regulación (en la Ley del año 1992), y nuevamente es fruto de la consolidada jurisprudencia del Tribunal Constitucional, que en su STC 341/1993 ya dispuso que «el requerido a acompañar a la fuerza pública debe ser informado, de modo inmediato y comprensible, de las razones de tal requerimiento».

En términos generales resulta mucho más acertada (y más coherente con los axiomas que se desprenden de nuestra Constitución Española) la actual regulación frente a la anterior del año 1992. Utilizando las palabras de Andreu Llovet la norma «introduce los supuestos en los que se puede requerir la identificación de las personas y los principios que deben respetarse en la práctica de la identificación. Asimismo, en el caso de que no pudiera identificarse el ciudadano por ningún medio y fuera necesario el traslado a las dependencias policiales más próximas, la LOPSC incorpora un tiempo máximo de permanencia en ellas de 6 horas, así como la expedición obligatoria de un volante acreditativo en el que debe constar el tiempo de permanencia en ellas, la causa y la identidad de los agentes actuantes», por lo que para la autora se «mejora la regulación anterior»[6].

4. La llevanza del libro-registro y la información al ciudadano

Por su parte, el art. 16.3 LOPSC determina la obligación de que en dependencias policiales se lleve un libro-registro en el que se realicen los asientos relacionados con la seguridad ciudadana.

6 Andreu Llovet, R.: «Reflexiones críticas acerca de la Ley Orgánica 4/2015, de 30 de marzo, de protección de la seguridad ciudadana», en *Revista CEF Legal*, n.º 181, p. 62.

En este libro-registro han de anotarse las diligencias de investigación que se hayan practicado, los motivos, circunstancias y duración de estas. Dichos datos solo pueden ser comunicados, en su caso, a la autoridad judicial o al Ministerio Fiscal, algo que se determina en la propia ley y que queda también conectado con la salvaguarda de los derechos a la protección de datos e información personal de los ciudadanos.

Se han de remitir mensualmente al Ministerio Fiscal los extractos de las diligencias de identificación practicadas por la dependencia policial en cuestión, expresando el tiempo de duración en cada una de ellas, lo que supone una nueva garantía de control (en este caso administrativo) de esta práctica.

Los asientos que se practican en este libro-registro deben cancelarse transcurridos tres años desde la práctica de la diligencia. Esa cancelación se produce de oficio, esto es, sin necesidad de que transcurrido el tiempo indicado el ciudadano identificado deba acudir a solicitar expresamente la cancelación del registro de su identificación. Una nueva forma de salvaguardar los derechos del sujeto requerido, al no perpetuarse en el tiempo la constancia de su traslado a dependencias policiales, con el consiguiente riesgo de estigmatización que de ello se dimanaría.

Igualmente dispone el art. 16.4 LOPSC que a las personas que sean llevadas a dependencias policiales a los efectos de identificación se les debe expedir, al término, un volante acreditativo del tiempo que han permanecido en dichas dependencias, señalándose en el mismo la causa que motivó dicha diligencia y la identidad de los agentes intervinientes. Este elemento constituye prueba de la práctica de esta diligencia y de quién actuó la misma, lo que a todos los efectos servirá al ciudadano para que, llegado el caso y si lo desea, pueda reclamar por la misma si considera que, en algún momento o circunstancia, se han visto vulnerados sus derechos.

5. Resistencia o negativa a la identificación

En los supuestos de resistencia o negativa a la identificación, por parte del ciudadano requerido, o bien a colaborar en las comprobaciones o prácticas necesarias para la identificación, el art. 16.5 LOPSC dispone que habrá de estarse a lo dispuesto en la normativa aplicable, bien sea el Código Penal (en caso de comisión de un delito), en la Ley de Enjuiciamiento Criminal (por ejemplo, en lo que corresponde a la práctica de una *detención*), o en su caso a la propia Ley de Seguridad Ciudadana (que relaciona una serie de sanciones administrativas aplicables; su régimen sancionador se encuentra en los arts. 30 y siguientes LOPSC[7]).

---

7 Ampliamente, *vid.*: MARTÍN FERNÁNDEZ, C.: «El régimen sancionador de la Ley de Seguridad Ciudadana y su adecuación a la Constitución: a propósito de las SSTC 172/2020, de

En estos casos, la resistencia o negativa puede alumbrar la comisión de algún tipo de delito (especialmente los arts. 550 y 556 CP, en lo relativo a los delitos de atentado contra la autoridad o sus agentes, resistencia y/o desobediencia), con la consecuente práctica de ulteriores diligencias y actuaciones policiales (determinadas en la Ley de Enjuiciamiento Criminal, como se dijo). Por lo demás, también pueden resultar aplicables, como se ha expuesto, las normas sancionadoras previstas en la propia LOPSC, que en su art. 36.6 determina como infracción grave «la desobediencia o la resistencia a la autoridad o a sus agentes en el ejercicio de sus funciones, cuando no sean constitutivas de delito, así como la negativa a identificarse a requerimiento de la autoridad o de sus agentes o la alegación de datos falsos o inexactos en los procesos de identificación».

Al hilo de esto último hay que señalar que el art. 39 LOPSC determina que las infracciones calificadas como graves, como la señalada, conllevan una multa de 601 a 30.000 euros. Esto supuso en su momento críticas doctrinales que apuntaron que, a pesar de la desaparición de preceptos del Código Penal relativos a ciertos actos de resistencia o atentado a la autoridad (hasta entonces considerados faltas) realmente se producía un recrudecimiento de la sanción cuantitativa con esta LOPSC del año 2015, y consecuentemente un endurecimiento de la respuesta sancionatoria[8]. Así, por ejemplo, mientras el antiguo artículo 634 del Código Penal castigaba con pena de multa de 10 a 60 días una falta contra el orden público, actualmente, como vemos, idéntica situación puede llegar a alcanzar los 30.000 euros (límite que jamás alcanzaría la pena de multa según dispone el art. 50.4 CP, que determina un máximo de 400 euros por cuota diaria en el sistema que conocemos como «días-multa», al menos para el caso de las personas físicas). Tal situación, como indicase en aquél instante la doctrina[9], puede generar un auténtico *efecto desaliento* en el ejercicio de según qué Derechos Fundamentales del ciudadano, tal y como por otra parte ya ha dispuesto en varias ocasiones el Tribunal Constitucional en su jurisprudencia. Sirva de ejemplo la STC 88/2003, de 19 de mayo, en la que puede leerse que «la dimensión objetiva de los derechos fundamentales, su carácter de elementos esenciales del Ordena-

---

19 de noviembre, y 13/2021, de 28 de enero», en *Revista de Administración Pública*, n.º 216, pp. 223 y ss.

8 Sobre la desproporción en las sanciones de la LOPSC *vid.*: Blasco Díaz, J.L.: «Seguridad ciudadana y potestad sancionadora», en Cuerda Arnau, M. L. y García Amado, J. A. (dirs.), VV. AA.: *Protección jurídica del orden público, la paz pública y la seguridad ciudadana,* Ed. Tirant lo Blanch, Valencia, 2016, pp. 20 y ss.

9 Tildando a esta regulación, por este y otros motivos, de «derecho sancionador del enemigo», *cfr.*: Presno Linera, M. A.: «El primer anteproyecto de Ley Orgánica para la protección de la seguridad ciudadana», en *Teoría y Realidad Constitucional*, n.º 34, 2014, p. 285. En los mismos términos y en similar discusión, *vid.*: Rivero Ortega, R.: «La nueva Ley Orgánica de Seguridad Ciudadana: ¿Estado de prevención o Derecho administrativo del enemigo?», *Ars Iuris Salmanticensis,* vol. 3, 2015 pp. 11-16.

miento jurídico permite afirmar que no basta con la constatación de que la conducta sancionada sobrepasa las fronteras de la protección constitucional del derecho, sino que ha de garantizarse que la reacción frente a dicha extralimitación no pueda producir por su severidad, un sacrificio innecesario o desproporcionado de la libertad de la que privan, o un efecto [...] disuasor o desalentador del ejercicio de los derechos fundamentales implicados en la conducta sancionada[10]».

II. Restricción del tránsito y controles en las vías públicas

1. Introducción

El artículo 17 de la Ley Orgánica 4/2015 de la Ley Orgánica 4/2015, de 30 de marzo, de protección de la seguridad ciudadana (en lo que sigue, LOPSC) contempla los supuestos en los que los agentes de las Fuerzas y Cuerpos de Seguridad están capacitados para limitar o restringir la circulación o la permanencia en lugares públicos y establecer zonas de seguridad, así como los requisitos para la ejecución de controles en las vías públicas.

En concreto, el precepto reza como sigue: «1. Los agentes de las Fuerzas y Cuerpos de Seguridad podrán limitar o restringir la circulación o permanencia en vías o lugares públicos y establecer zonas de seguridad en supuestos de alteración de la seguridad ciudadana o de la pacífica convivencia, o cuando existan indicios racionales de que pueda producirse dicha alteración, por el tiempo imprescindible para su mantenimiento o restablecimiento. Asimismo podrán ocupar preventivamente los efectos o instrumentos susceptibles de ser utilizados para acciones ilegales, dándoles el destino que legalmente proceda. 2. Para la prevención de delitos de especial gravedad o generadores de alarma social, así como para el descubrimiento y detención de quienes hubieran participado en su comisión y proceder a la recogida de los instrumentos, efectos o pruebas, se podrán establecer controles en las vías, lugares o establecimientos públicos, siempre que resulte indispensable proceder a la identificación de personas que se encuentren en ellos, al registro de vehículos o al control superficial de efectos personales».

Si bien estos preceptos del actual art. 17 son fiel reflejo de la anterior legislación sobre seguridad ciudadana[11], a continuación se comentarán someramente las dos prácticas apuntadas, relativas a (I) la restricción de la circulación o permanencia en vías y lugares públicos, y (II) el establecimiento de

10 *Vid.* también STC 104/2011, de 20 de junio, y STC 136/1999, de 20 de julio.

11 Bilbao Ubillos, *op. cit.*, pp. 232-233.

controles en vías, lugares o establecimientos públicos para la identificación, registro y control.

2. Restricción de la circulación

En primer término, el art. 17,1 LOPSC dispone la facultad y la competencia de los agentes de la autoridad para *limitar* o *restringir* la circulación o la permanencia en vías o lugares públicos, así como para establecer las llamadas «zonas de seguridad» en ciertos supuestos[12].

Primero, cuando se produzca alteración de la seguridad ciudadana o de la pacífica convivencia. En estos supuestos parece clara la existencia de un presupuesto objetivo de carácter básico que resulta habilitante para que se delimiten ciertos Derechos Fundamentales, especialmente el de la libertad deambulatoria (y de lo dispuesto en el art. 17 de la Constitución Española[13]), que se identifica con la existencia de una alteración de la seguridad ciudadana o bien de la *pacífica convivencia,* término este último a nuestro juicio mucho más laxo a los efectos de aplicar esta restricción o contención de carácter policial, y por ello hasta cierto punto indeterminado (lo que propicia un mayor estado de inseguridad jurídica a la hora de aplicar la medida, haciéndose en todo caso necesario un análisis casuístico y particularizado de la situación)[14]. En cualquier caso, y sea como fuere, sin esta habilitación legal expresa hubiera resultado imposible (salvo supuestos puntuales de estado de necesidad) la restricción de la circulación ciudadana, pues se estarían coartando o limitando discrecionalmente, como se ha dicho, Derechos Fundamentales como el ya mentado a la libertad pero también a la libre circulación que dispone el art. 19,1 CE, que determina que «los españoles tienen derecho a elegir libremente su residencia y a circular por el territorio nacional. Asimismo, tienen derecho a entrar y salir libremente de España en los términos que la ley establezca. Este derecho no podrá ser limitado por motivos políticos o ideológicos». La habilitación legal expresa contenida en este

---

12 Ampliamente, cfr.: Cubero Marcos, J. I.: «Restricción del tránsito, controles y registros en las vías públicas», en Lasagabaster Herrarte, I., Arrese Iriondo, M. N., y Cubero Marcos, J. I. (coords.), VV. AA.: *Seguridad ciudadana y derechos fundamentales*, Ed. Atelier, Barcelona, 2022, pp. 147 y ss.

13 En concreto, dispone el art. 17,1 CE que «toda persona tiene derecho a la libertad y a la seguridad. Nadie puede ser privado de su libertad, sino con la observancia de lo establecido en este artículo y en los casos y en la forma previstos en la ley».

14 Sobre la terminología próxima o cercana a la *pacífica convivencia* y otras, puede verse: Portilla Contreras, G.: «La contrarrevolución preventiva emprendida por el Derecho penal y administrativo para hacer frente a los movimientos de protesta y desobediencia civil», en Cuerda Arnau, M. L. y García Amado, J. A. (dirs.), VV. AA.: *Protección jurídica del orden público, la paz pública y la seguridad ciudadana,* Ed. Tirant lo Blanch, Valencia, 2016, pp. 60 y ss.

art. 17 LOPSC es esencial, pues, a los efectos de poder delimitar, mediante causa justificada, el ejercicio de tales Derechos[15].

Y segundo, cuando existan *indicios racionales* de que pueda producirse dicha alteración de la seguridad ciudadana o de la pacífica convivencia. Este es, seguramente, uno de los mayores cambios operados en materia de seguridad ciudadana respecto de la legislación anterior (*ex* art. 19 de la Ley del año 1992), que vuelve a ampliar la facultad de restricción de la libre circulación que está siendo comentada. Y ello porque en la anterior legislación esta medida solo se permitía en casos de efectiva alteración del orden público o de la pacífica convivencia, mientras que ahora, tras la entrada en vigor de la ley de 2015, puede adoptarse también ante la existencia de indicios *racionales* (y en todo caso existentes y objetivos) de que pueda producirse esa alteración. Como señala Bilbao Ubillos «se amplía su ámbito de aplicación y se deja un cierto margen de apreciación discrecional a la policía»[16]. Para Andreu Llovet «no cabe descuidar que se introduce un riesgo de lesión de la libertad deambulatoria (art. 19 CE) si esos indicios no se encuentran debidamente fundados en hechos determinados y datos objetivos»[17]. Sin embargo, ante esto opone Bilbao Ubillos que esta objeción fue examinada por el Consell de Garanties Estatutàries de Catalunya en su Dictamen 7/2015, de 4 de junio sobre la LOPSC, llegando a la conclusión de que «la expresión "indicios racionales" acota suficientemente la habilitación a la policía, porque los "indicios"» para poder justificar la adecuación de dichas actuaciones deben reunir principalmente dos requisitos: deben ser accesibles para terceros y deben proporcionar una base real de la que se pueda inferir que se ha perpetrado un delito o que se perpetrará. Por lo tanto, no pueden basarse en valoraciones globales de la persona o en circunstancias anímicas ni en meras hipótesis subjetivas, sino que consisten en buenas razones o fuertes presunciones de que las infracciones están a punto de cometerse». Son, en consecuencia, restricciones «razonables, proporcionadas a la finalidad y a la protección de otros bienes[18]».

En cualquiera de estos dos casos, la limitación o restricción y el establecimiento de zonas de seguridad deberá durar el tiempo imprescindible para su mantenimiento o restablecimiento. No podemos olvidar que estamos ante una restricción del ejercicio de Derechos Fundamentales, por lo que resulta obvio que tal actuación no puede dilatarse en el tiempo, resultando la mínima duración imprescindible la única admisible en este tipo de supuestos. En este caso, a diferencia de lo dispuesto en el caso de la *retención* de personas del art. 16 LOPSC anteriormente comentado, no es posible, ni acertado,

---

15 Bilbao Ubillos, *op. cit.,* p. 233.

16 *Ibidem*.

17 Andreu Llovet, *op. cit.,* p. 62.

18 *Cfr.*: Bilbao Ubillos, *op. cit.,* p. 233.

establecer un límite horario o temporal máximo para la duración de esta restricción, pues apriorísticamente resultaría del todo imposible, y siempre inexacto, ante la multitud de circunstancias de alteración del orden público (o de la *pacífica convivencia* aludida) que pueden acontecer en la práctica, resultando, pensamos, mejor opción esta disposición normativa empleada por el legislador.

Por lo demás, el precepto faculta también a los agentes de las Fuerzas y Cuerpos de Seguridad para ocupar con carácter *preventivo* los efectos o instrumentos que puedan ser susceptibles de utilización para acciones ilegales, permitiéndose asimismo darles el destino que legalmente proceda. Se trata de una facultad de carácter cautelar que permite a los agentes de la autoridad confiscar todos aquellos efectos o instrumentos que puedan emplearse en la comisión de acciones ilegales (no solo delitos: también infracciones de carácter administrativo), cuya ocupación podrá resultar finalmente definitiva (confiscación) si el hecho de portar esos efectos o instrumentos constituye ya de por sí un delito (por ejemplo, tenencia ilícita de armas). Dependiendo del caso el destino legal de dichos efectos o instrumentos varía[19].

3. Establecimiento de controles

Por su parte, el art. 17,2 LOPSC determina que en supuestos de delitos de especial gravedad o generadores de *alarma social,* y para su oportuna prevención, y también para el descubrimiento y detención de los sujetos que hubieran participado en su comisión, así como para recoger instrumentos o pruebas necesarios, los agentes podrán establecer controles en las vías o lugares públicos cuando ello resulte *indispensable* para proceder a identificar a las personas que en ellos se encuentren, al registro de vehículos o bien al control *superficial* de los efectos personales.

Una primera crítica que nos merece esta regulación normativa es la que conlleva el empleo de la expresión *alarma social,* muy denostada ya en el seno de nuestra jurisprudencia y en la literatura científica cuando se trata de llevar a cabo alguna diligencia o intervención policial. Nuestro Tribunal Constitucional ya tuvo ocasión de prohibir el recurso a la «alarma social» como fundamento para el establecimiento de la medida cautelar de prisión provisional. La reforma de esta institución llevada a cabo en el año 2003 ya determinó que dicha medida solo podría decretarse con las finalidades procesales de «asegurar la presencia del imputado en el proceso», «evitar la ocultación, alteración o destrucción de las fuentes de prueba» o «evitar que el imputado pueda actuar contra bienes jurídicos de la víctima»[20]. Si

---

19 *Vid.*: Cubero Marcos, *op. cit.,* pp. 190 y ss.

20 Butrón Baliña, P. M.: «Incidencia de la alarma social en la adopción de la prisión provisional: comentario a la sentencia del Tribunal Constitucional 98/1997, de 20 de mayo», en

queda constitucionalmente vedado el recurso a esta terminología relativa a la «alarma social» para decidir *judicialmente* sobre la imposición de una medida cautelar, con mayor motivo debería quedar extramuros de la norma dicha expresión cuando se trata de acordar una intervención de carácter *administrativo* (policial). En todo caso, nótese que el precepto permite el empleo de este tipo de controles de manera alternativa (o bien ante delitos de especial gravedad, o bien por alarma social) y no acumulativa. Por lo demás, el recurso a esta expresión tan vaga y carente de límites ciertos (en todo caso, de apreciación altamente subjetiva) nos parece rechazable por la inseguridad jurídica que se desprende de ella. Amén de que no resulta comparable equiparar desde la letra de la ley los *delitos de especial gravedad* (cuya determinación, incluso, es objetiva, a la luz de lo dispuesto en el propio Código Penal) con los supuestos que generen *alarma social* (pues, por ejemplo, un delito menos grave puede también generar, en según qué casos, un gran grado de alarma social). Pero como decimos, al tratarse de una posibilidad alternativa, en la práctica será posible justificar la intervención acudiendo a la concurrencia de uno u otro requisito.

Por lo demás, acotar esta intervención a supuestos de especial gravedad, y solo de carácter delictivo, resulta lógico a albur de los principios que deben inspirar esta normativa, y especialmente es coherente con el principio de proporcionalidad. Cáigase en la cuenta de que esta actuación se dirige a llevar a cabo elementos de averiguación: identificar y detener a los autores de dichos delitos, o en su caso recabar pruebas e instrumentos necesarios para el esclarecimiento de los hechos.

Dichos controles se pueden llevar a cabo en vías, lugares o establecimientos públicos (si fueren privados sería necesaria, en su caso, la correspondiente autorización judicial), cuando sean *indispensables* para identificar personas, registrar vehículos o controlar, de forma superficial, efectos personales. Resulta digno de encomio que el legislador haya dispuesto en este punto la condición de *indispensable,* esto es que no se puedan dispensar en el caso concreto tales controles. Nuevamente se hará necesario un examen particular, circunstancial y racional del supuesto de hecho, que deberá quedar inspirado en este punto por el criterio de la proporcionalidad, y más en particular por la mínima intervención como fundamento de este tipo de actuaciones que, como se dijo más arriba, limitan el ejercicio de la libre circulación de personas.

Por último, cabe señalar, tanto para el supuesto contenido en el art. 17.1 como en el art. 17.2 LOPSC, que a diferencia de lo que incorporaba el Anteproyecto de Ley Orgánica en el sentido de poner en inmediato conocimiento del Ministerio Fiscal y del juez el resultado de estas diligencias, la Ley de 2015 finalmente aprobada prescindió de tal previsión, aludiéndose al hecho

Revista General de Derecho, n.º 643, 1998, pp. 4251 y ss.

de que las autoridades judiciales y fiscales suelen optar porque esta información quede en dependencias policiales, ordenándose su remisión solamente en caso de ser necesitada. A nuestro juicio, hubiera resultado mejor opción la remisión de oficio del resultado de dichas diligencias, poniéndose las mismas en conocimiento de la autoridad juridicial competente y del Ministerio Fiscal como forma de supervisión de la correcta actuación policial que, como decimos, limita en la práctica el ejercicio de Derechos Fundamentales y Libertades Públicas[21].

21 *Vid.*: Informe de Amnistía Internacional «Preocupaciones y recomendaciones de Amnistía Internacional sobre la propuesta de reforma de la Ley Orgánica de Protección de la Seguridad Ciudadana», de fecha 10 de febrero de 2022.

CAPÍTULO 5

LOS REGISTROS CORPORALES Y SOBRE BIENES. DISPOSICIONES COMUNES

Domingo Dorado Picón
Letrado de la Administración de Justicia.
Prof. Asociado Derecho Procesal - UPO

I. Introducción

En el presente capítulo se hará una visión general de la regulación que contiene la Ley Orgánica 4/2015, de 30 de marzo, de protección de la seguridad ciudadana[1] (LOPSC) en los artículos 18, 19 y 20, acerca de las comprobaciones y los registros en lugares públicos, de los registros corporales externos, comúnmente denominados «cacheos», así como de los requisitos comunes que deben cumplirse en la práctica de estas actuaciones por parte de los miembros de las fuerzas y cuerpos de seguridad del Estado. Todo ello partiendo del examen de su propia regulación legal y teniendo muy en cuenta la jurisprudencia recaída por parte del Tribunal Constitucional.

Se comenzará con una exposición de la regulación anterior y vigente de los registros sobre bienes y sobre personas, para tener una visión completa de la modificación y ampliación de los supuestos previstos legalmente que habilitan a los miembros de los distintos cuerpos policiales para su práctica.

Al haber sido objeto el artículo 20 LOPSC de dos recursos de inconstitucionalidad, resueltos por sendas sentencias del Tribunal Constitucional, se hará una exposición pormenorizada de sus contenidos, por la extraordinaria

1 Ley Orgánica 4/2015, de 30 de marzo, de protección de la seguridad ciudadana. «BOE» núm. 77, de 31/03/2015.

y exquisita pormenorización que se hace en ella del cumplimiento de todos los presupuestos constitucionales habilitantes para que un registro policial sea eficaz.

También se hará una mención a las recomendaciones efectuadas por la Comisión de Venecia tras haber analizado la LOPSC.

Al final, se hará una breve conclusión de lo que a continuación pasaremos a exponer.

II. La regulación en la Ley Orgánica 4/2015 y en su antecesora de 1992. Sus conexiones con otras normas

Antes de la aprobación de la LOPSC, su antecesora, la Ley Orgánica 1/1992, de 21 de febrero, sobre Protección de la Seguridad Ciudadana[2], contenía respecto a los temas que se tratan en este capítulo, dos artículos, el 18 y el 19, cuyos contenidos eran los siguientes:

«**Artículo 18**.

Los agentes de la autoridad podrán realizar, en todo caso comprobaciones necesarias para impedir que en las vías, lugares y establecimientos públicos se porten o utilicen ilegalmente armas, procediendo a su ocupación. Podrán proceder a la ocupación temporal incluso de las que se lleven con licencia o permiso y de cualesquiera otros medios de agresión, si se estima necesario, con objeto de prevenir la comisión de cualquier delito, o cuando exista peligro para la seguridad de las personas o de las cosas».

«**Artículo 19**.

1. Los agentes de las Fuerzas y Cuerpos de Seguridad podrán limitar o restringir por el tiempo imprescindible la circulación y permanencia en vías o lugares públicos en supuestos de alteración del orden, la seguridad ciudadana o la pacífica convivencia, cuando fuere necesario para su restablecimiento. Asimismo podrán ocupar preventivamente los efectos o instrumentos susceptibles de ser utilizados para acciones ilegales, dándoles el destino que legalmente proceda.

2. Para el descubrimiento y detención de los partícipes en un hecho delictivo causante de grave alarma social y para la recogida de los instrumentos, efectos o pruebas del mismo, se podrán establecer controles en las vías, lugares o establecimientos públicos, en la medida indispensable a los fines de este apartado, al objeto de proceder a la identificación de las personas que transiten o se encuentren en ellos, al registro de los vehículos y al control superficial de los efectos personales con el fin de comprobar que no se portan sustancias o instrumentos prohibidos o peligrosos. El resultado de la diligencia se pondrá de inmediato en conocimiento del Ministerio Fiscal».

---

2 Ley Orgánica 1/1992, de 21 de febrero, sobre Protección de la Seguridad Ciudadana. «BOE» núm. 46, de 22/02/1992. [disposición derogada]

De la lectura de ambos preceptos, se vislumbra una cierta parquedad en su contenido, por cuanto no se hacía una definición concreta y lo suficientemente justificada de las figuras que regulaba, sobre todo del registro corporal, al que no dedicaba más que un inciso —control superficial de efectos personales—, habiendo sido la totalidad de la ley reinterpretada por vía jurisprudencial hasta tal extremo que motivó su sustitución por la actual LOPSC. Esta, partiendo del contenido de la ley de 1992, amplía y desarrolla los supuestos en que procede la comprobación y registro en lugares públicos y, sobre todo, los registros corporales, los cuales son regulados por primera vez, en detalle, en un texto legal, introduciendo la justificación necesaria para poder desarrollar la actividad descrita por parte de los miembros de los cuerpos y fuerzas de seguridad del Estado y estableciendo los requisitos mínimos para proceder a su actuación, lo que se convierte en reglas de proceder.

Veamos cuál es la regulación contenida en la vigente LOPSC.

En relación con los registros policiales en lugares públicos, el artículo 18 de la LOPSC dice así:

> «Comprobaciones y registros en lugares públicos.
>
> 1. Los agentes de la autoridad podrán practicar las comprobaciones en las personas, bienes y vehículos que sean necesarias para impedir que en las vías, lugares y establecimientos públicos se porten o utilicen ilegalmente armas, explosivos, sustancias peligrosas u otros objetos, instrumentos o medios que generen un riesgo potencialmente grave para las personas, susceptibles de ser utilizados para la comisión de un delito o alterar la seguridad ciudadana, cuando tengan indicios de su eventual presencia en dichos lugares, procediendo, en su caso, a su intervención. A tal fin, los ciudadanos tienen el deber de colaborar y no obstaculizar la labor de los agentes de la autoridad en el ejercicio de sus funciones.
>
> 2. Los agentes de la autoridad podrán proceder a la ocupación temporal de cualesquiera objetos, instrumentos o medios de agresión, incluso de las armas que se porten con licencia, permiso o autorización si se estima necesario, con objeto de prevenir la comisión de cualquier delito, o cuando exista peligro para la seguridad de las personas o de los bienes».

El artículo 19 reza de la siguiente manera:

> «Disposiciones comunes a las diligencias de identificación, registro y comprobación.
>
> 1. Las diligencias de identificación, registro y comprobación practicadas por los agentes de las Fuerzas y Cuerpos de Seguridad con ocasión de actuaciones realizadas conforme a lo dispuesto en esta sección no estarán sujetas a las mismas formalidades que la detención.
>
> 2. La aprehensión durante las diligencias de identificación, registro y comprobación de armas, drogas tóxicas, estupefacientes, sustancias psicotrópicas u otros efectos procedentes de un delito o infracción administrativa se hará constar en el acta correspondiente, que habrá de ser firmada por el interesado; si éste se negara a firmarla, se dejará constancia expresa de su negativa. El acta que se

extienda gozará de presunción de veracidad de los hechos en ella consignados, salvo prueba en contrario».

Y el artículo 20 dice:

«Registros corporales externos.

1. Podrá practicarse el registro corporal externo y superficial de la persona cuando existan indicios racionales para suponer que puede conducir al hallazgo de instrumentos, efectos u otros objetos relevantes para el ejercicio de las funciones de indagación y prevención que encomiendan las leyes a las Fuerzas y Cuerpos de Seguridad.

2. Salvo que exista una situación de urgencia por riesgo grave e inminente para los agentes:

a) El registro se realizará por un agente del mismo sexo que la persona sobre la que se practique esta diligencia.

b) Y si exigiera dejar a la vista partes del cuerpo normalmente cubiertas por ropa, se efectuará en un lugar reservado y fuera de la vista de terceros. Se dejará constancia escrita de esta diligencia, de sus causas y de la identidad del agente que la adoptó.

3. Los registros corporales externos respetarán los principios del apartado 1 del artículo 16, así como el de injerencia mínima, y se realizarán del modo que cause el menor perjuicio a la intimidad y dignidad de la persona afectada, que será informada de modo inmediato y comprensible de las razones de su realización.

4. Los registros a los que se refiere este artículo podrán llevarse a cabo contra la voluntad del afectado, adoptando las medidas de compulsión indispensables, conforme a los principios de idoneidad, necesidad y proporcionalidad».

Los principios que conforme al apartado 1 del artículo 16 deben respetarse en los registros corporales, son los de proporcionalidad, igualdad de trato y no discriminación por razón de nacimiento, nacionalidad, origen racial o étnico, sexo, religión o creencias, edad, discapacidad, orientación o identidad sexual, opinión o cualquier otra condición o circunstancia personal o social.

Simplemente de la lectura de los tres artículos transcritos, se observa que cuando el artículo 18 regula la posibilidad de comprobación en las personas, no dice nada al respecto del cómo efectuar tal comprobación, por lo que habrá que acudir para llenar esta laguna al contenido del artículo 20, previsto precisamente para el registro de personas. Y si leemos con detenimiento el contenido del artículo 19, se observa en el mismo se refiere a las diligencias que se contienen (sic) en esta sección. Se está refiriendo, lógicamente, a la sección 1.ª del Capítulo III, que lleva por título «Potestades generales de policía de seguridad», y que abarca los artículos 14 a 22, ambos inclusive.

También es posible apreciar, en primer lugar, la falta de sistemática que se aprecia en la colocación del artículo 19, pues siendo de aplicación su contenido a los artículos 14 a 18 y 20 a 22, el mismo debiera haberse incardinado bien al principio bien al final de la sección. Y en segundo lugar, que sus disposiciones comunes también son de aplicación a los supuestos previstos en el artículo 20 acerca de los registros corporales externos, por dos razones: La primera porque el artículo 20 está dentro de la sección 1.ª; y la segunda, porque como se adelantó, este precepto complementa al artículo 18 en cuanto a la comprobación sobre las personas.

De ahí, como se apuntó más arriba, que surja la necesidad de cohonestación del contenido de los tres preceptos analizados para su estudio en conjunto, si bien haciendo las puntualizaciones oportunas respecto de cada uno de ellos.

Además, teniendo en cuenta los presupuestos habilitantes para la actuación de los agentes policiales en la práctica de registros sobre bienes, vehículos y personas, que se contienen en los artículos que tratamos (prevención, investigación y descubrimiento de delitos y aprehensión de efectos), no podemos obviar el contenido del artículo 11.1 de la Ley Orgánica 2/1986, de 13 de marzo, de Fuerzas y Cuerpos de Seguridad[3] (LOFCS), cuyo contenido es el siguiente:

> «1. Las Fuerzas y Cuerpos de Seguridad del Estado tienen como misión proteger el libre ejercicio de los derechos y libertades y garantizar la seguridad ciudadana mediante el desempeño de las siguientes funciones:
>
> a) Velar por el cumplimiento de las Leyes y disposiciones generales, ejecutando las órdenes que reciban de las Autoridades, en el ámbito de sus respectivas competencias.
>
> b) Auxiliar y proteger a las personas y asegurar la conservación y custodia de los bienes que se encuentren en situación de peligro por cualquier causa.
>
> c) Vigilar y proteger los edificios e instalaciones públicos que lo requieran.
>
> d) Velar por la protección y seguridad de altas personalidades.
>
> e) Mantener y restablecer, en su caso, el orden y la seguridad ciudadana.
>
> f) Prevenir la comisión de actos delictivos.
>
> g) Investigar los delitos para descubrir y detener a los presuntos culpables, asegurar los instrumentos, efectos y pruebas del delito, poniéndolos a disposición del Juez o Tribunal competente y elaborar los informes técnicos y periciales procedentes.
>
> h) Captar, recibir y analizar cuantos datos tengan interés para el orden y la seguridad pública, y estudiar, planificar y ejecutar los métodos y técnicas de prevención de la delincuencia.
>
> i) Colaborar con los servicios de protección civil en los casos de grave riesgo, catástrofe, o calamidad pública, en los términos que se establezcan en la legislación de protección civil».

3 Ley Orgánica 2/1986, de 13 de marzo, de Fuerzas y Cuerpos de Seguridad. «BOE» núm. 63, de 14/03/1986.

A la vista de su contenido, podemos colegir que la actuación policial permitida por los artículos 18 y 20 LOPSC, coincide en parte con la recogida en el artículo 11 LOFCS, por lo que queda establecida la necesidad de cohonestar también ambas normas a la hora de entender la actuación permitida por la primera de las leyes citadas.

Y con base en esta finalidad preventiva e investigadora del delito, no podemos obviar tampoco las implicaciones procesales que pueden tener las actuaciones policiales previstas en los artículos 18 y 20 LOPSC, en relación con las contenidas en el artículo 11.1 LOFCS., pues teniendo en cuenta el contenido del artículo 299 de la Ley de Enjuiciamiento Criminal[4], en cuanto define en qué consiste la fase de investigación o instrucción judicial procesal (sumario), nos viene a decir que «(c)onstituyen el sumario las actuaciones encaminadas a preparar el juicio y practicadas para averiguar y hacer constar la perpetración de los delitos con todas las circunstancias que puedan influir en su calificación y la culpabilidad de los delincuentes»; y, al efecto, el artículo 282 dispone que «(l) a Policía Judicial tiene por objeto y será obligación de todos los que la componen, averiguar los delitos públicos que se cometieren en su territorio o demarcación; practicar, según sus atribuciones, las diligencias necesarias para comprobarlos y descubrir a los delincuentes, y recoger todos los efectos, instrumentos o pruebas del delito de cuya desaparición hubiere peligro, poniéndolos a disposición de la autoridad judicial».

Queda patente, de la lectura de los preceptos transcritos, que las actuaciones policiales previstas en los artículos 18 y 20 LOPSC guardan también relación con las actuaciones policiales que pueden servir de base para la iniciación del proceso penal.

Esta cohonestación de normas fue puesta de manifiesto también por el Tribunal Constitucional en su Sentencia 172/2020, a la que luego nos referiremos en el siguiente epígrafe.

Como se dijo en la introducción del presente capítulo, su finalidad es hacer un estudio constitucional sobre la materia tratada en los artículos comentados, y de ahí que en los epígrafes siguientes hagamos el análisis de las dos sentencias dictadas por el Tribunal Constitucional resolviendo sendos recursos de inconstitucionalidad presentados frente al, entre otros, artículo 20 LOPSC.

III. La STC 172/2020 y la constitucionalidad del artículo 20.2 LOPSC

La STC 172/2020, de 19 de noviembre de 2020[5], resolvió el recurso de inconstitucionalidad número 2896-2015, promovido por noventa y siete dipu-

4 Real Decreto de 14 de septiembre de 1882 por el que se aprueba la Ley de Enjuiciamiento Criminal.
«Gaceta de Madrid» núm. 260, de 17/09/1882.

5 BOE número 332, de 22/12/2020.

tados y diputadas del Grupo Parlamentario Socialista, once del Grupo Parlamentario La Izquierda Plural [Izquierda Unida (IU), Iniciativa per Catalunya Verds-Esquerra Unida i Alternativa (ICV-EUiA) y Chunta Aragonesista (CHA)], cuatro del Grupo Parlamentario Unión Progreso y Democracia y dos del Grupo Parlamentario Mixto del Congreso de los Diputados, contra, entre otros, el artículo 20.2 de la LOPSC, al regular los registros corporales externos.

Los motivos en los que se fundamentaba el recurso de inconstitucionalidad del artículo 20.2, por entender que resultaban vulnerados los artículos 10.1 (derecho a la dignidad de la persona), 15 (derecho a la integridad física y moral) y 18.1 (derecho a la intimidad personal) de la Constitución Española (CE), eran los siguientes:

- Al permitirse el registro corporal externo y superficial —que incluso puede consistir en un desnudo total o parcial—, sin los requisitos y garantías exigidos por la Constitución y plasmados en la doctrina del Tribunal Constitucional, concurre la vulneración porque no se exige que el resultado de la diligencia en cuestión se ponga en conocimiento del Ministerio Fiscal ni del juez, bastando con dejar constancia escrita de la misma, de sus causas y de la identidad del agente que la adoptó, faltando la debida proporcionalidad entre el registro previsto y el fin que se persigue, por lo que en ningún caso pueden resultar arbitrarios o inmotivados, ya que de otro modo se lesiona el artículo 18 CE, en íntima conexión con los artículos 10.1 y 15 CE.
- Analizado el conflicto jurídico entre la garantía de la seguridad ciudadana y la intromisión en la intimidad personal del sometido a registro, los registros que se autorizan en la norma impugnada no pueden justificarse en el mantenimiento del orden y la seguridad ciudadana, cuya protección se invoca (se citan las SSTC 57/1994, de 28 de febrero, FJ 6; 218/2002, de 25 de noviembre, FJ 4, y 17/2013, de 31 de enero, FJ 14). Por primera vez en nuestro ordenamiento jurídico y en el ámbito de las relaciones de sujeción general, el precepto impugnado permite, según los recurrentes, el registro corporal sin que se exija la concurrencia de razones de urgencia y necesidad, así como de los requisitos de proporcionalidad y razonabilidad.

Estos eran, en síntesis, los motivos aducidos por los recurrentes constitucionales por los que entendían la inconstitucionalidad del artículo 20.2 LOPSC.

El Tribunal Constitucional da respuesta a la pretensión de inconstitucionalidad a través del Fundamento Jurídico 4 de su sentencia, pero haciendo antes unas consideraciones previas en el fundamento 3, sobre los conceptos de seguridad pública y seguridad ciudadana. Nosotros, en este apartado, nos centraremos exclusivamente en el análisis del fundamento 4.

Viene a decir el Tribunal, que «(l)a lectura del precepto controvertido pone de relieve que estamos ante la regulación de la práctica de los registros corporales externos y superficiales sobre las personas, fijando como presupuesto habilitante la existencia de "indicios racionales" para suponer que pueden conducir al hallazgo de instrumentos, efectos u otros objetos relevantes en el ejercicio de las funciones policiales de indagación y prevención (apartado 1). La forma de llevar a cabo estos registros se regula en el apartado 2 —objeto de impugnación—, si bien las condiciones previstas para su práctica se pueden excepcionar cuando "exista una situación de urgencia por riesgo grave e inminente para los agentes". En el apartado 3, se explicitan los principios que han de respetar, en todo caso, los registros corporales; a saber, además de los previstos en el art. 16.1 LOPSC —proporcionalidad, igualdad de trato y no discriminación por cualquier condición o circunstancia personal o social—, los principios de injerencia mínima y de menor perjuicio a la intimidad y dignidad de la persona afectada. Por último, se prevé, en el apartado 4, la posibilidad de utilizar la compulsión en caso de tener que practicarse contra la voluntad del afectado, adoptando las medidas indispensables conforme a los principios de idoneidad, necesidad y proporcionalidad».

Como el cuestionamiento de inconstitucionalidad del precepto se basaba en la posibilidad de practicar registros corporales externos que pudieran consistir, incluso, en un desnudo total o parcial sin la exigencia de razones de urgencia y necesidad que los ampararan, y sin la concurrencia de los principios de proporcionalidad y razonabilidad exigidos para su práctica, continúa diciendo el tribunal que «(l)os argumentos expuestos nos sitúan ante la cuestión principal que consiste en determinar si los registros corporales externos previstos en el art. 20.2 LOPSC entrañan o no, tal como están configurados, una lesión del derecho a la intimidad personal ex art. 18.1 CE y, eventualmente, de los derechos a la dignidad de la persona (art. 10.1 CE) y a la integridad física y moral (art. 15 CE)», y por ello el Tribunal entiende que el examen de la cuestión planteada debe partir del recordatorio de la doctrina fijada al respecto del contenido del derecho a la intimidad personal.

De esta forma, continúa diciendo que el derecho a la intimidad personal del artículo 18 CE, «es el principal derecho afectado por cualquier medida de injerencia o de inspección corporal, operando como canon de constitucionalidad. Doctrina que, en lo que se refiere a los registros corporales o cacheos, tiene su referente en la STC 207/1996, de 16 de diciembre, seguida, entre otras, en las SSTC 25/2005, de 14 de febrero, y 206/2007, de 24 de septiembre».

Partiendo de esta base, el propio Tribunal realiza una exégesis de su doctrina sobre la definición de los registros corporales, manifestando al respecto que «(l)as inspecciones y registros corporales son aquellas que —según hemos declarado— "consisten en cualquier género de reconocimiento del cuerpo humano, bien sea para la determinación del imputado (diligencias de reconocimiento en rueda, exámenes dactiloscópicos o antropomórficos, etc.) o de circunstancias relativas a la comisión del hecho punible (electrocardiogramas, exámenes ginecológicos, etc.) o para el descubrimiento del objeto del delito (inspecciones anales o vaginales, etc.)", pudiendo, por ello, "verse afectado el derecho fundamental a la intimidad corporal (art. 18.1 CE) si recaen sobre partes íntimas del cuerpo, como fue el caso examinado en la STC 37/1989 (examen ginecológico), o inciden en la privacidad" [STC 207/1996, FJ 2 a)]. Y ello, por oposición a las llamadas por la doctrina intervenciones corporales "consistentes en la extracción del cuerpo de determinados elementos externos o internos para ser sometidos a informe pericial (análisis de sangre, orina, pelos, uñas, biopsias, etc.) o en su exposición a radiaciones (rayos X, TAC, resonancias magnéticas, etc.), con objeto también de averiguar determinadas circunstancias relativas a la comisión del hecho punible o a la participación en él del imputado", pues en estos casos "el derecho que se verá por regla general afectado es el derecho a la integridad física (art. 15 CE), en tanto implican una lesión o menoscabo del cuerpo, siquiera sea de su apariencia externa" [STC 207/1996, FJ 2 b)]».

Partiendo de esta definición, «los registros o inspecciones corporales pueden afectar al derecho fundamental a la intimidad (art. 18.1 CE), en una doble vertiente: como derecho a la intimidad corporal y, desde una perspectiva más amplia, como derecho a la intimidad personal, del que aquel forma parte (STC 37/1989, de 15 de febrero, FJ 7). El derecho a la intimidad corporal objeto de protección constitucional "no es una entidad física, sino cultural, y determinada, en consecuencia, por el criterio dominante en nuestra cultura sobre el recato corporal, de tal modo que no pueden entenderse como intromisiones forzadas en la intimidad aquellas actuaciones que, por las partes del cuerpo sobre las que se operan o por los instrumentos mediante los que se realizan, no constituyen, según un sano criterio, violación del pudor o del recato de la persona" [por todas, STC 57/1994, de 28 de febrero, FJ 5 B)]. Así, en aplicación de esta doctrina, hemos considerado que "resulta indudable que el desnudo integral de la persona incide en el ámbito de su intimidad corporal constitucionalmente protegido, según el criterio social dominante en nuestra cultura" (STC 196/2006, de 3 de julio, FJ 5), y que "incluso encontrándose en una relación de sujeción especial [ámbito penitenciario], una persona, contra su voluntad, no puede verse en la situación de exponer y exhibir su cuerpo desnudo ante otra persona, pues ello quebrantaría su intimidad corporal" (STC 57/1994, FJ 7)».

Luego de relacionar el derecho a la intimidad personal con el de la dignidad de la persona, al implicar «la existencia de un ámbito propio y reservado frente a la acción y el conocimiento de los demás, necesario, según las pautas de nuestra cultura, para mantener una calidad mínima de la vida humana (SSTC 231/1988, de 2 de diciembre; 197/1991, de 17 de octubre; 20/1992, de 14 de febrero; 219/1992, de 3 de diciembre; 142/1993, de 22 de abril; 117/1994, de 25 de abril, y 143/1994, de 9 de mayo), y referido preferentemente a la esfera, estrictamente personal, de la vida privada o de lo íntimo (SSTC 142/1993, de 22 de abril, y 143/1994, de 9 de mayo)» [STC 207/1996, de 16 de diciembre, FJ 3 B), seguida en STC 25/2005, de 14 de febrero, FJ 6), llega el Tribunal a la conclusión de que los registros corporales externos y superficiales cuya regulación se contiene en el artículo 20 LOPSC no vulneran o afectan al derecho a la integridad física de la persona, aunque sí, si el registro corporal dejara a la vista partes del cuerpo normalmente cubiertas por ropa, pudiera afectar al derecho a la intimidad de la persona, en su vertiente de derecho a la intimidad corporal del artículo 18 CE.

Pero el propio Tribunal matiza que «como hemos declarado reiteradamente no estamos ante derechos que podamos considerar absolutos, ni toda afectación a los mismos se ha de calificar constitucionalmente injustificada o irrazonable», pues «(e)l derecho a la intimidad en su doble dimensión, corporal y personal, no es absoluto "pues cede ante intereses constitucionalmente relevantes, siempre que el recorte que haya de experimentar se revele como necesario para lograr el fin legítimo previsto, sea proporcionado para alcanzarlo y, en todo caso, sea respetuoso con el contenido esencial del derecho" (STC 25/2005, de 14 de febrero, FJ 6); o dicho en otros términos, que "el recorte que aquel haya de experimentar esté fundado en una previsión legal que tenga justificación constitucional y que sea proporcionada", o bien "que exista un consentimiento eficaz que lo autorice" (STC 206/2007, de 24 de septiembre, FJ 5). Precisando la anterior doctrina, la jurisprudencia constitucional, establece como requisitos que proporcionan una justificación constitucional objetiva y razonable a la injerencia en el derecho a la intimidad: a) la existencia de un fin constitucionalmente legítimo; b) que exista una previsión legal específica de la medida limitativa del derecho, no pudiendo ser autorizada la misma solo por la vía reglamentaria (principio de legalidad); c) que, como regla general, se acuerde mediante resolución judicial motivada —aunque sin descartar la posibilidad de que, en determinados casos, por acreditadas razones de urgencia y necesidad, y con la conveniente habilitación legislativa, tales actuaciones pudieran ser dispuestas por la policía judicial—; y d) que sea idónea, necesaria y proporcionada para la consecución del fin perseguido (STC 206/2007, de 24 de septiembre, FJ 6; con cita de las SSTC 207/1996, de 16 de diciembre, FJ 4; 234/1997, de 18 de diciembre, FJ 9; 70/2002, de 3 de abril, FJ 10, y 25/2005, de 14 de febrero, FJ 6)».

Una vez que el Tribunal termina de exponer cuál es su doctrina constitucional al respecto de la vulneración o no del derecho a la intimidad personal, en relación con los derechos a la integridad física y a la dignidad de la persona, realiza un examen sobre si el precepto sometido a control constitucional, el artículo 20.2 LOPSC, conculca o no el artículo 18 CE, es decir, si el precepto cumple las exigencias constitucionales emanadas de la doctrina resumida anteriormente expuesta o no, para llegar a la conclusión de la constitucionalidad o no del precepto.

Para ello, el Tribunal entiende necesaria hacer una lectura sistemática del precepto, cohonestando el contenido del apartado 2 del artículo 20 con el resto del contenido del mismo artículo, pero también con el contenido del artículo 18, en cuanto regula el registro personal superficial y el registro de bienes, todo ello puesto en relación con los fines generales que persigue la LOPSC, las funciones propias de los cuerpos y fuerzas de seguridad del Estado, reguladas en la LOFCS y en la propia Ley de Enjuiciamiento Criminal cuando regula las funciones de los agentes de la autoridad en cuanto integrantes de la policía judicial.

Y así, luego de dar por sentado que la práctica de registros corporales externos y superficiales pueden ser limitativos de la intimidad personal en cuanto pueden limitar la intimidad corporal, justifica su cobertura constitucional en «razones justificadas de interés general convenientemente previstas por la ley; esto es, en un fin constitucionalmente legítimo, fijado de forma específica y determinada en una norma con rango de ley [STC 207/1996, FJ 4 A) y B)]».

A partir de esta premisa, entiende el Tribunal que siendo uno de los fines de la LOPSC según el artículo 3.c), el de la preservación de la seguridad y convivencia ciudadana, la práctica de los registros corporales externos prevista en apartado 1 del artículo 20, basada en la existencia de indicios racionales, que permitan encontrar instrumentos, efectos u otros objetos que puedan resultar relevantes para el desarrollo de las funciones de indagación y prevención de los delitos que están legalmente encomendadas a los cuerpos y fuerzas de seguridad, tiene como finalidad preservar la seguridad ciudadana, por lo que el artículo 20.1 persigue el fin previsto en el artículo 3.c), pero también el fin previsto en el artículo 3.h), esto es, la prevención de la comisión de delitos e infracciones administrativas.

Pero, además, el Tribunal, en su hilo argumentativo, recuerda que la práctica de los registros corporales externos también tiene cobertura legal en la LOFCS, por cuanto en su artículo 11 se dispone que las fuerzas y cuerpos de seguridad del Estado tienen como misión proteger el libre ejercicio de los derechos y libertades y garantizar la seguridad ciudadana, mediante el desempeño, entre otras, de las funciones de prevenir la comisión de actos delictivos y de investigar los delitos para descubrir y detener a los presuntos culpables, asegurar los instrumentos, efectos y pruebas del delito, poniéndolos a disposición del Juez o Tribunal competente y elaborar los informes técnicos y periciales procedentes (artículo 11.f) y g) LOFCS).

Y como esa actuación policial, el registro corporal, tiene como misión la evitación o investigación del delito, el Tribunal también hace entrar en juego en su argumentación a la Ley de Enjuiciamiento Criminal, diciendo al respecto que «(a) mayor abundamiento, esta medida tiene también cobertura legal en el art. 282 de la Ley de enjuiciamiento criminal, cuando establece que la policía judicial tiene la obligación de investigar los delitos y practicar "las diligencias necesarias para comprobarlos y descubrir a los delincuentes, y recoger todos los efectos, instrumentos o pruebas del delito de cuya desaparición hubiere peligro, poniéndolos a disposición de la autoridad judicial"».

Una vez el Tribunal ha zanjado la cuestión relativa al amparo constitucional del registro corporal por no vulneración del artículo 18 CE, realiza el estudio comparativo entre los registros corporales externos y superficiales, previstos en el artículo 20.1 LOPSC y los registros corporales previstos en el apartado 2, y más concretamente, en la letra b), para llegar a la conclusión de que el precepto no ampara el «desnudo integral» en la práctica del registro corporal. Así, comienza definiendo el registro corporal externo y superficial como «la modalidad más leve o menos invasiva de la intimidad personal», o como «la práctica de cacheos corporales consistentes en la exploración superficial externa del cuerpo y vestiduras e indumentaria, o de otros objetos personales».

Sin embargo, respecto a los registros corporales previstos en el apartado 2 b), que fueron específicamente objeto de impugnación constitucional, en cuanto en el precepto se prevé la posibilidad de que tales registros corporales puedan implicar el dejar a la vista partes del cuerpo normalmente cubiertas por ropa, disponiendo a tales efectos que su práctica se llevará a cabo en lugar reservado y fuera de la vista de terceros, el Tribunal considera que «se permite, por tanto, el desnudo parcial de las personas afectadas por el registro corporal o cacheo», y que «el art. 20 LOPSC no ampara o cubre (...) los supuestos de desnudo integral de las personas afectadas por los registros corporales», por lo que hay que «excluir que nos hallemos ante una intervención tan invasiva de la intimidad corporal como sería la realización de cacheos con desnudo integral de los afectados (cuestión abordada en relación con el ámbito penitenciario en la STC 57/1994, de 28 de febrero, FJ 6, y confirmada, entre otras, por las SSTC 204/2000, de 24 de julio, FJ 4; 218/2002, de 25 de noviembre, FJ 4; 196/2006, de 3 de julio, FJ 5, o 171/2013, de 7 de octubre, FJ 4)».

Una vez descartada por el Tribunal la posibilidad de que el contenido del artículo 20.2.b) LOPSC ampare el «desnudo integral» en los registros corporales, comienza con el estudio sobre si se cumple o no el requisito o principio de proporcionalidad en el precepto, como último de sus argumentos para la decisión a adoptar.

Primero, recuerda el Tribunal que es doctrina constitucional reiterada que «cualquier medida restrictiva de derechos fundamentales, entre ellas las que supongan la injerencia en el derecho a la intimidad, viene determinada por la estricta observancia del principio de proporcionalidad», lo que se constituye en «una exigencia común y constante para la constitucionalidad» de tales medidas, por cuanto es «un principio que cabe inferir de determinados preceptos constitucionales, siendo en el ámbito de los derechos fundamentales en el que normalmente y de forma muy particular resulta aplicable, y como tal opera como un criterio de interpretación que permite enjuiciar las posibles vulneraciones de concretas normas constitucionales (STC 215/2016, de 15 de diciembre, FJ 8)».

Continúa diciendo que «para comprobar si una medida restrictiva del derecho fundamental a la intimidad personal y/o corporal, como la prevista en el art. 20.2 b) LOPSC, supera el juicio de proporcionalidad, será preciso que cumpla tres condiciones: "idoneidad de la medida para alcanzar el fin constitucionalmente legítimo perseguido (juicio de idoneidad), que la misma resulte necesaria o imprescindible para ello, esto es, que no existan otras medidas menos gravosas que, sin imponer sacrificio alguno de derechos fundamentales o con un sacrificio menor, sean igualmente aptas para dicho fin (juicio de necesidad), y, por último, que se deriven de su aplicación más beneficios o ventajas para el interés general que perjuicios sobre otros bienes o intereses en conflicto o, dicho de otro modo, que el sacrificio impuesto al derecho fundamental no resulte desmedido en relación con la gravedad de los hechos y las sospechas existentes (juicio de proporcionalidad en sentido estricto)" (STC 206/2007, FJ 6)».

Es decir, que según la exégesis de la propia doctrina del Tribunal, para que una medida como el registro corporal pueda ser considerada como proporcional, debe cumplir a su vez con otros tres requisitos: idoneidad, necesidad y ponderación de los derechos puestos en juego con la finalidad de preservar los intereses generales que se pretende conseguir.

Así, el Tribunal considera que el presupuesto habilitante para practicar el cacheo, aunque pueda dejar a la vista partes del cuerpo normalmente cubiertas por ropa, lo que puede «implicar una violación del pudor o del recato de la persona», no es otro que la existencia de indicios racionales que puedan conducir al hallazgo de instrumentos, efectos u objetos relevantes para el cumplimiento de las funciones policiales de indagación o prevención, atribuidas con carácter general en las leyes a las Fuerzas y Cuerpos de Seguridad del Estado, conforme se dispone el artículo 20.1 LOPSC.

Asimismo, continúa argumentando el Tribunal, el artículo 18.1 LOPSC habilita a los agentes policiales a practicar, además de en bienes o vehículos, en las personas registros cuya finalidad sea aprehender armas, explosivos, objetos, instrumentos, etc., susceptibles de ser utilizados en la comisión de un delito o para alterar la seguridad ciudadana, y dicha actuación encuentra su cobertura en la posible «existencia de una amenaza concreta o de un comportamiento objetivamente peligroso que, razonablemente, sea susceptible de provocar un perjuicio real para la seguridad ciudadana y, en concreto, atentar contra los derechos y libertades individuales y colectivos o alterar el normal funcionamiento de las instituciones públicas», conforme al artículo 4.3 LOPSC. Dicha actuación, en todo caso, deberá practicarse cuando exclusivamente, conforme dispone el artículo 16.1 LOPSC (al que se remite expresamente el artículo 20.3), sea necesaria bien para realizar funciones de indagación y prevención delictiva, bien para sancionar infracciones penales y administrativas.

Conectando las funciones de indagación y prevención de los artículos 20.1 y 16.1 con los hechos y circunstancias del artículo 18.1, el Tribunal concluye que «se podrá proceder a la práctica de registros corporales externos y superficiales, que incluso puedan conllevar el desnudo parcial, cuando existan indicios racionales de que se porten los citados objetos y puedan ser utilizados con la finalidad de cometer un delito o infracción, o de alterar la seguridad ciudadana. Actuación que de este modo satisface la observancia del principio de proporcionalidad, al responder a un fin legítimo —la prevención de la comisión de delitos o infracciones administrativas y la preservación de la seguridad y convivencia ciudadana—, resultando idónea y necesaria para su consecución».

A renglón seguido, remarcando que el precepto puesto en tela de juicio de constitucionalidad en cuanto al registro corporal se refiere, debe hacerse con cumplimiento de los principios de injerencia mínima, de menor perjuicio a la intimidad y dignidad de la persona afectada, y de idoneidad, necesidad y proporcionalidad, igualdad de trato y no discriminación, el Tribunal recuerda que, además, el registro o cacheo será practicado por agente del mismo sexo y en lugar reservado y fuera de la vista de terceros, «minimizando con ello la injerencia en la intimidad de la persona», conforme se dispone en el artículo 20.2.

Para finalizar, como uno de los argumentos vertidos en el recurso era el de que la diligencia de registro corporal no debía ponerse inmediatamente en conocimiento del Ministerio Fiscal ni del Juez, el Tribunal zanja la cuestión diciendo:

> «Los recurrentes reprochan también al precepto que no exija poner en conocimiento del Ministerio Fiscal o de la autoridad judicial la diligencia de registro corporal con "desnudo parcial" practicada; limitándose a disponer que aquella sea objeto de constancia escrita, indicando sus causas y la identidad del agente. Esta tacha de inconstitucionalidad, si bien resulta irrelevante a la vista de las consideraciones expuestas, no puede, en todo caso, ser aceptada conforme a nuestra doctrina consolidada. En relación con la práctica de diligencias limitativas del ámbito constitucionalmente protegido del derecho a la intimidad "en la STC 37/1989, de 15 de febrero, dijimos que era 'solo posible por decisión judicial' (fundamento jurídico 7), aunque sin descartar la posibilidad de que, en determinados casos, y con la conveniente habilitación legislativa (que en tal caso no se daba), tales actuaciones pudieran ser dispuestas por la policía judicial (fundamento jurídico 8)", debiendo, en todo caso, motivarse a los efectos de "plasmar el juicio de ponderación entre el derecho fundamental afectado y el interés constitucionalmente protegido y perseguido, del cual se evidencie la necesidad de la adopción de la medida (SSTC 37/1989, de 15 de febrero y 7/1994, de 17 de enero, entre otras)" [STC 207/1996, de 16 de diciembre, FJ 4 C) y D)]».

La conclusión final a la que llega el Tribunal Constitucional es que el artículo 20.2.b) de la LOPSC, no vulnera el derecho a la intimidad corporal del art. 18.1 CE, desestimando, por ello, su inconstitucionalidad.

IV. La STC 13/2021 y la constitucionalidad del artículo 20 LOPSC

La STC 13/2021, de 28 de enero de 2021[6], resolvió el recurso de inconstitucionalidad 3848-2015, interpuesto por el Parlamento de Cataluña en rela-

6 BOE número 46, de 23/02/2021.

ción con diversos preceptos de la Ley Orgánica 4/2015, de 30 de marzo, de protección de la seguridad ciudadana, contra, entre otros, el artículo 20 de la LOPSC, al completo.

Los motivos en los que se fundamentaba el recurso de inconstitucionalidad del artículo 20, por entender que resultaba vulnerados el artículos 18.1 (derecho a la intimidad personal en su vertiente de derecho a la intimidad corporal) de la Constitución Española (CE), eran los siguientes:

- El recurrente, haciendo una distinción entre las intervenciones corporales (en las que se extraen determinados elementos externos o internos del cuerpo humano) y las inspecciones y registros corporales (reconocimientos del cuerpo humanos sin ocasionar lesión en él), entiende que estas últimas, según doctrina constitucional, pueden afectar al derecho de intimidad en general o, más precisamente, a la intimidad corporal, cuyo ámbito constitucionalmente protegido viene determinado por el criterio dominante en nuestra cultura sobre el recato personal. Por tanto, esa injerencia solo será constitucionalmente lícita cuando tenga (a) una finalidad constitucionalmente legítima, constituida por «razones justificadas de interés general» convenientemente previstas por la Ley, (b) esté prevista y determinada expresamente por una norma con rango de ley y (c) sea proporcional al fin de que se trate.
- La parte recurrente entiende que el artículo 20 LOPSC utiliza términos imprecisos y sujetos a discrecionalidad, tanto en la determinación de la causa habilitante del cacheo personal como de la situación que justifica la no aplicación de las formalidades requeridas por el apartado 2 para la realización del registro, pues la injerencia así regulada en el precepto no cumple con los requisitos exigidos por la jurisprudencia constitucional (STC 169/2001, de 16 de julio) y europea (STEDH de 12 de enero de 2010, asunto Gillan y Quinton c. Reino Unido): existencia de una finalidad constitucionalmente legítima y suficiencia de la previsión legal habilitante. Por tanto, esa injerencia no puede ser considerada como legítima. Por ello, la definición de la finalidad que se pretende alcanzar con su aplicación es imprecisa, en la medida que permite una actuación excesivamente discrecional, o incluso arbitraria, de los agentes de la autoridad, basada en meras suposiciones personales y subjetivas. De la misma forma, esta actuación puede dirigirse a la búsqueda de una categoría amplísima de objetos, que no se especifican ni por su naturaleza, ni por su peligrosidad. Igualmente, el precepto analizado carece de los elementos que la jurisprudencia constitucional exige para delimitar este tipo de intervenciones, como por ejemplo que sean excepcionales o puedan llevarse a cabo de forma individualizada, según las circunstancias de cada caso.

Y, finalmente, ambos apartados, 1 y 2, presentan una total indeterminación con respecto a una cuestión tan esencial como el grado de afectación sobre la intimidad personal que permiten los registros corporales que regulan y que, a pesar de que se califican de externos y superficiales, pueden comportar desnudar parcialmente a una persona.

- Por último, se alegaba por el recurrente, que la inconstitucionalidad predicada respecto de los apartados 1 y 2 del artículo 20, debe proyectarse a la totalidad del precepto, incluidos sus apartados 3 y 4.

El Tribunal Constitucional da respuesta a esta impugnación a través de los fundamentos jurídicos 2 y 3 de la sentencia que analizamos.

En el fundamento 2, el Tribunal hace una reseña a la incidencia en este proceso de la precedente STC 172/2020, dictada para resolver el recurso de inconstitucionalidad número 2896-2015, interpuesto por un conjunto de más de cincuenta diputados y diputadas contra una serie de preceptos de la Ley Orgánica de protección de la seguridad ciudadana, pues algunos de los preceptos allí recurridos también son objeto de impugnación en este proceso constitucional, y en buena parte incluso por los mismos motivos. Por esta circunstancia, en relación con la impugnación del artículo 20 LOPSC, hace referencia al fundamento jurídico 4, apartado b) de dicha sentencia, en relación con la doctrina constitucional sobre el derecho a la intimidad, indicando la relevancia de lo expuesto en dicho fundamento para la resolución de este nuevo recurso.

La sentencia dedica el fundamento jurídico 3 a dar respuesta a la impugnación del artículo 20 LOPSC.

En primer lugar, el Tribunal, se remite a lo argumentado en la STC 172/2020, en el fundamento jurídico 4 (expuesto en el epígrafe anterior), en relación con (a) la restricción del derecho a la intimidad personal, (b) la doctrina constitucional sobre el derecho a la intimidad personal y/o corporal del artículo 18.1 CE, (c) la habilitación legal a los cuerpos policiales contenida en el artículo 20 LOPSC, (d) la satisfacción de la observancia del principio de proporcionalidad, por responder a un fin legítimo como es la prevención de delitos o de infracciones administrativas y la preservación de la seguridad y convivencia ciudadana, siendo, por tanto, una actuación idónea y necesaria, y (e) al contenido normativo que debe atribuirse al precepto impugnado y en lo que hace a la doctrina constitucional reiterada sobre la incidencia de los registros corporales en el derecho a la intimidad, en relación con actividades insertas en actuaciones de investigación, extrapolables, en sus líneas esenciales, a las actuaciones que el artículo 20 LOPSC habilita a realizar a las fuerzas y cuerpos de seguridad en su función de policía administrativa de seguridad.

Con esta remisión a lo dicho en la STC 172/2020, el Tribunal da respuesta al primer motivo argumentado para el recurso de inconstitucionalidad que resuelve, desestimando la impugnación así formulada.

A continuación, pasa a exponer sus argumentos en relación con el segundo de los motivos impugnatorios, o sea, «la utilización de términos imprecisos y sujetos a discrecionalidad, tanto en la determinación de la causa habilitante del cacheo personal como de la situación que justifica la no aplicación de las formalidades requeridas por el apartado 2 para la realización del registro», lo que conlleva a entender que la injerencia así regulada en el precepto no cumple con el requisito de suficiencia de la previsión legal habilitante, impuesto por la jurisprudencia constitucional y por la europea.

En consecuencia, dice el Tribunal, «resulta controvertida en este proceso la «calidad de la ley» de la restricción sobre el derecho a la intimidad que se regula en el artículo 20 en cuanto a (i) la causa habilitante del cacheo y en especial la finalidad que lo posibilita; (ii) la situación que justifica la no aplicación de las formalidades requeridas por el apartado 2 para la realización del registro; (iii) la naturaleza de los objetos cuya búsqueda habilita el registro; y (iv) el tipo de registro y su grado de afectación a la intimidad».

El Tribunal optó por examinar por separado cada uno de estos aspectos reseñados.

En relación con el primero de los aspectos que pudieran afectar a la calidad de la ley (la causa habilitante del cacheo y en especial la finalidad que lo posibilita), el Tribunal, luego de transcribir el contenido del apartado 1 del artículo 20 LOPSC, entiende que «(e)sta norma no autoriza al agente policial a ejercer el poder de registro siempre que lo juzgue oportuno conforme a su criterio subjetivo», sino que, «por el contrario, [el precepto remite] a que el registro corporal se utilice solo cuando "existan indicios racionales", con lo que sujeta la decisión de practicarlo a un parámetro de razonabilidad objetiva verificable en cada caso concreto y convierte esa medida de intervención en suficientemente previsible, alejándola del peligro de uso arbitrario que tendría si dependiera enteramente del criterio subjetivo de los agentes de policía». Por tanto, llega a la conclusión de que «la restricción al derecho a la intimidad en que el registro corporal externo consiste está prevista en una norma de rango legal como es el artículo 20.1 LOPSC y, además, este precepto legal determina el alcance de dicha restricción con precisión bastante como para que su uso no sea imprevisible para los titulares del mencionado derecho fundamental».

En cuanto al segundo de los aspectos que pudieran afectar a la calidad de la ley (la situación que justifica la no aplicación de las formalidades requeridas por el apartado 2 para la realización del registro), el Tribunal argumenta que el apartado 2 del artículo 20 LOPSC, al establecer como causa habilitante para proceder al registro sin las salvaguardas previstas en el mismo (que se practique por persona del mismo sexo y en lugar reservado), la existencia de una situación de urgencia por riesgo grave e inminente para los agentes, satisface los cánones exigidos para salvar la calidad de ley puesta en duda, por cuanto «que esta norma supone una restricción adicional de la intimidad del registrado que se somete a la concurrencia de una "situación de urgencia por riesgo", presupuesto que actúa, no como una apreciación subjetiva del agente, sino como parámetro interpretable con arreglo a un criterio de racionalidad objetiva verificable en cada caso concreto», al suponer «una restricción más intensa del derecho a la intimidad».

Y respecto de los otros dos elementos (la naturaleza de los objetos cuya búsqueda habilita el registro y el tipo de registro y su grado de afectación a la intimidad), el Tribunal vuelve a recurrir a lo argumentado en la STC 172/2020, en la que estableció que «el artículo 20 LOPSC no ampara o cubre [...] los supuestos de desnudo integral [FJ 4 c)] y ha afirmado que los objetos cuya búsqueda justifica la práctica del registro se determinan por referencia al artículo 18 LOPSC», por lo que, «así entendida la limitación del derecho a la intimidad, el artículo 20 LOPSC es acorde con el requerimiento constitucional de que la ley defina con precisión suficiente las restricciones de los derechos fundamentales».

Por tales argumentaciones, el Tribunal desestima también la impugnación en este punto.

Y por último, en cuanto al tercer motivo de impugnación formulado, en relación con la totalidad del artículo 20, incluidos sus apartados 3 y 4, LOPSC, el Tribunal hace una somera argumentación al respecto, diciendo, simplemente, que «(p)rocede también desestimar la impugnación de los apartados 3 y 4 en tanto que su único fundamento es la conexión con los anteriores apartados, en los cuales no se ha constatado ninguna de las intromisiones ilegítimas alegadas».

El Tribunal declara, por desestimación de la impugnación, la constitucionalidad completa del artículo 20 LOPSC.

V. El informe de la Comisión de Venecia

La Comisión Europea para la Democracia a través del Derecho[7] —más conocida como Comisión de Venecia, donde se reúne— es un órgano asesor del Consejo de Europa en materia constitucional.

La función de la Comisión de Venecia del Consejo de Europa es proporcionar asesoramiento jurídico a sus Estados miembros y, en particular, ayudar a quienes deseen adecuar sus estructuras jurídicas e institucionales a las normas y experiencias internacionales en materia de democracia, derechos humanos y el estado de derecho.

La Comisión de Venecia adoptó la «OPINIÓN SOBRE LA LEY DE SEGURIDAD CIUDADANA»[8], en su 126.ª Sesión Plenaria celebrada los días 20 y 21 de marzo de 2021 (en adelante, la Opinión).

El Comité de Seguimiento de la Asamblea Parlamentaria del Consejo de Europa, por carta de 9 de octubre de 2015, solicitó un dictamen de la Comisión de Venecia sobre la Ley Orgánica sobre Seguridad Ciudadana (CDL-REF(2021)021). La preparación de esta opinión se aplazó a causa de las

7 https://www.venice.coe.int/WebForms/pages/?p=01_Presentation&lang=EN (31/01/2024)

8 https://www.venice.coe.int/webforms/documents/?pdf=CDL-AD(2021)004-e (31/01/2024)

elecciones y en espera del examen de varias disposiciones de la Ley por el Tribunal Constitucional de España. Una vez éste dictó sus dos sentencias, antes analizadas, la Comisión reanudó sus trabajos y finalmente se adoptó la Opinión que ahora se comenta, centrándonos en lo que se refiere, sobre todo, a los registros públicos y corporales.

En su introducción, la Comisión reconoce que la LOPSC, como sustituta de su antecesora de 1992, aunque ambas «comparten una estructura muy similar y cubren las mismas áreas de interacción entre la policía y la sociedad», «es mucho más extensa y detallada (que la de 1992) al describir las competencias de la policía» y «establece reglas para los registros corporales externos».

Después de un extenso estudio pormenorizado sobre los aspectos de la LOPSC que la propia Comisión de Venecia reputa como más relevantes, por ser «las disposiciones que han atraído más atención a nivel interno», la Opinión concluye que:

- La mayor parte de las cuestiones analizadas por la Comisión «han sido abordadas en dos sentencias del Tribunal Constitucional de España, de 19 de noviembre de 2020 y de 28 de enero de 2021», pero, «(s) in embargo, la Comisión opina que si una norma legal conduce a abusos en la práctica, esta norma debe modificarse, circunscribirse o acompañarse de salvaguardias adicionales, incluso si en teoría es constitucionalmente aceptable», y por ello, «alienta al legislador (español) a llevar a cabo una evaluación en profundidad del funcionamiento práctico de la Ley y su impacto en los derechos humanos y las libertades», y considera que «(d)ado el "potencial represivo" de esta Ley, dicha revisión debería realizarse periódicamente».
- «La LOPSC contiene una serie de disposiciones abiertas que confieren a la policía amplios poderes, pero no indican en qué situaciones se pueden utilizar esos poderes ni qué tipo de medidas puede tomar la policía», y aunque «reconoce que no es inusual que la legislación prevea un poder general para la policía para tomar las medidas necesarias para mantener el orden en los lugares públicos», recuerda que «la claridad y la previsibilidad de la ley garantizan un trato igualitario y no arbitrario y la seguridad jurídica (entendida como la previsibilidad de la acción del Estado)». Por ello «recomienda que esos (...) poderes coercitivos de la policía se describan en la Ley con mayor precisión».
- «La Comisión de Venecia también recomienda adoptar regulaciones detalladas a nivel sublegislativo, que reflejen la jurisprudencia constitucional reciente y sirvan como guía para la policía en su trabajo diario. También es importante fortalecer el "mecanismo de seguimiento" interno dentro de la propia policía, que ayude a identificar patrones de uso de los poderes policiales, detectar abusos (como controles de identidad arbitrarios, elaboración de perfiles discriminatorios, etc.), facilitar la posterior implementación interna o inspecciones externas

de las fuerzas policiales y, en última instancia, permitir al Parlamento analizar la práctica del uso de poderes coercitivos y modificar la legislación en consecuencia. También puede ser necesario reforzar los mecanismos existentes de control judicial de la acción policial y hacerlos más eficientes y accesibles».

- La Comisión de Venecia también hace una recomendación específica en lo que respecta a los artículos 18 y 20 (controles personales y registros corporales externos en lugares públicos), en el sentido de que «la Ley debería vincularlos a la finalidad de descubrir y prevenir delitos de cierta gravedad y prever que, por regla general, se realicen sobre la base de una sospecha individualizada. En cuanto a los registros indiscriminados/aleatorios, su uso debe limitarse y acompañarse de garantías procesales, incluidos mecanismos de seguimiento adecuados».
- Por último, la Comisión de Venecia termina concluyendo que «espera que estas recomendaciones sean útiles en los debates parlamentarios sobre posibles modificaciones de la LOPSC» y «a disposición de las autoridades españolas y de la Asamblea Parlamentaria». para mayor asistencia en este asunto.

VI. Conclusiones

Después de haber expuesto la regulación contenida en los artículos 18 a 20 LOPSC, se ha puesto de manifiesto la necesidad de coordinar su contenido con lo dispuesto en el artículo 11 LOFCS y su posible implicación a efectos procesales por la función que a la policía judicial le confiere el artículo 282 de la Ley de Enjuiciamiento Criminal.

Y tras el examen y análisis de las SSTC 172/2020 y 13/2021, resolviendo sendos recursos de inconstitucionalidad planteados respecto al artículo 20 LOPSC, si bien el Tribunal Constitucional extiende su fundamentación al artículo 18, podemos concluir, brevemente, lo siguiente:

- Los artículos 18 y 20 LOPSC contienen un presupuesto legal habilitante suficiente para que los miembros de las fuerzas y cuerpos de seguridad puedan practicar registros tanto en bienes, vehículos o personas, llenando el requisito constitucional de la «calidad de ley».
- Los preceptos aludidos no contienen términos imprecisos ni indeterminados, sino precisos y determinados.
- Respetando los principios y presupuestos previstos en ambos preceptos, tiene suficiente cobertura legal la práctica de los registros sobre bienes, sobre vehículos y sobre las personas, sin que por tal motivo se produzca una injerencia tal que suponga una intromisión ilegítima en el derecho a la intimidad personal, no vulnerándose, *a priori*, el artículo 18.1 de la Constitución Española.

CAPÍTULO 6

LA ADOPCIÓN DE MEDIDAS EXTRAORDINARIAS EN LA LEY DE SEGURIDAD CIUDADANA

Estefanía Navarrete Corral
Profesora de Derecho penal
Universidad Pablo de Olavide

I. Introducción

La definición del derecho a la seguridad presenta unos contornos difusos que generalmente se presentan entrelazados respecto de los diferentes ámbitos de actuación donde opera. Como señala Bergalli[1], «la Constitución española adopta dos conceptos de seguridad: uno amplio y otro restringido. El primero puede verificarse en el Título Primero, Capítulo Tercero "De los principios rectores de la política social y económica". El segundo concepto de seguridad es el restringido, que se limita a la protección de la denominada como seguridad ciudadana la cual, como derecho de los ciudadanos, corresponde proteger a la misión de las Fuerzas y Cuerpos de Seguridad, bajo la dependencia del Gobierno».

La jurisprudencia constitucional ha acotado el concepto de seguridad en cuanto «la actividad dirigida a la protección de personas y bienes (seguridad en sentido estricto) y al mantenimiento de la tranquilidad u orden ciudadano, que son finalidades inseparables y mutuamente condicionadas» STC 33/1982,

1 Bergalli, «Libertad y seguridad: un equilibrio extraviado en la modernidad tardía» en *El Derecho ante la globalización y el terrorismo, «Cedant Arma Togae»*, (Coords. Losano y Muñoz Conde), Valencia, Tirant lo Blanch, 2004, págs. 65 y ss.

de 8 de junio (F. J. 3.º), admitiendo la indisoluble relación existente entre la seguridad ciudadana y la garantía del mantenimiento del orden público (STC 325/1994, de 12 diciembre —F. J. 2.º—)[2].

De esta forma, la propia Exposición de Motivos de la normativa objeto de análisis entiende la seguridad ciudadana, derecho prestacional cuya articulación corresponde implementar al propio Estado, como la garantía de que los derechos y libertades reconocidos y amparados por las constituciones democráticas puedan ser ejercidos libremente por la ciudadanía y no meras declaraciones formales carentes de eficacia jurídica. En este sentido, la seguridad ciudadana se configura como uno de los elementos esenciales del Estado de Derecho.

Asimismo, se admite la antes mencionada interrelación respectos de los conceptos de seguridad ciudadana (artículo 104.1 CE), así como el de seguridad pública (artículo 149.1.29.ª CE), admitiéndose la interpretación conjunta y sinónima en cuanto la actividad dirigida a la protección de personas y bienes y al mantenimiento de la tranquilidad ciudadana.

II. Medidas de seguridad extraordinarias

Las medidas de seguridad extraordinarias se enmarcan dentro del Capítulo III de título «Actuaciones para el mantenimiento y restablecimiento de la seguridad» ciudadana, Sección primera que regula las potestades generales de policía de seguridad, disponiendo el artículo 21 Ley Orgánica 4/2015, de 30 de marzo, de protección de la seguridad ciudadana:

> «Las autoridades competentes podrán acordar, como medidas de seguridad extraordinarias, el cierre o desalojo de locales o establecimientos, la prohibición del paso, la evacuación de inmuebles o espacios públicos debidamente acotados, o el depósito de explosivos u otras sustancias susceptibles de ser empleadas como tales, en situaciones de emergencia que las hagan imprescindibles y durante el tiempo estrictamente necesario para garantizar la seguridad ciudadana. Dichas medidas podrán adoptarse por los agentes de la autoridad si la urgencia de la situación lo hiciera imprescindible, incluso mediante órdenes verbales.
>
> A los efectos de este artículo, se entiende por emergencia aquella situación de riesgo sobrevenida por un evento que pone en peligro inminente a personas o bienes y exige una actuación rápida por parte de la autoridad o de sus agentes para evitarla o mitigar sus efectos».

Tales medidas presentan una indudable naturaleza preventiva en cumplimiento de las potestades administrativas de ordenación policial para la

2 Para un análisis extenso de la materia puede consultarse Sánchez Gómez, *El derecho de defensa en la investigación de los delitos de terrorismo*, Aranzadi, Pamplona, 2017, págs. 62 y ss.

garantía del orden público y la protección de los derechos fundamentales de la ciudadanía.

Asimismo, pueden también configurarse como actuaciones idóneas para la prevención y persecución de hechos delictivos, permitiendo una mayor eficacia de la operativa policial desplegada en una concreta investigación penal o bien en el marco de las potestades sancionadoras de la propia Administración Pública.

A tal fin, la adopción de tales medidas lógicamente afecta el normal ejercicio de determinados derechos fundamentales, entre los que cabe destacar la libertad ambulatoria, el derecho a la intimidad, el derecho de reunión o incluso la propia posibilidad de ejercitar actos de culto[3], entre otros, por lo que su legitimidad dependerá de la previa observancia de los denominados principios rectores que deben presidir las medidas de naturaleza pública que limitan derechos fundamentales.

De esta forma, la medida vendrá presidida por una previa valoración positiva de la necesidad de su excepcional adopción (STS de 24 de abril de 2003 —F. J. 2.º—)., su idoneidad para alcanzar el fin previsto en su acuerdo STC 54/1996, de 26 de marzo —F. J. 7.º—), su proporcionalidad estricta, precisamente, en garantía de los derechos fundamentales susceptibles de afectación como consecuencia de las medidas adoptadas, su temporalidad[4] y una vez valoradas las específicas circunstancias concurrentes (STC 202/2001, de 15 de octubre —F. J. 2.º—)[5].

En efecto, fundamento de la legítima adopción de las medidas extraordinarias comentadas será la concurrencia de una situación de emergencia que hace imprescindible su articulación, es decir, una situación de riesgo sobrevenida por un evento que pone en peligro inminente a personas o bienes y exige una actuación rápida por parte de la autoridad o de sus agentes para evitarla o mitigar sus efectos. El concepto emergencia, además, se conjuga con la necesaria y rápida actuación policial, ante situaciones de urgencia,

3 Al respecto, puede consultarse Sánchez Gómez, «El recurso contencioso administrativo ante la inidoneidad del régimen sancionador previsto para la celebración de actos de culto no permitidos en tiempos de COVID-19», en *El impacto del COVID 19 en la libertad religiosa y de conciencia* (Contreras Mazarío, Dir.), Tirant lo Blanch, Valencia, 2021, págs. 249 a 271.

4 No obstante, la normativa de referencia promulgada en tiempos de pandemia COVID, previa declaración de un controvertido estado de alarma, permitió la adopción temporal prolongada de según qué medidas donde la previa valoración de los principios rectores y su aplicación a las diferentes situaciones normativamente previstas se resuelve de manera directa por el propio articulado del Real Decreto 463/2020, de 14 de marzo, por el que se declara el estado de alarma para la gestión de la situación de crisis sanitaria ocasionada por el COVID-19, cuya vigencia ya se encuentra derogada.

5 Sobre la articulación de tales principios rectores puede consultarse Sánchez Gómez, *El derecho de defensa en la investigación de los delitos de terrorismo*, *ob. cit.*, págs. 327 y ss.

pudiendo incluso procederse mediante ordenes verbales para llevar a efectos las medidas extraordinarias aplicables.

Por tanto, es posible afirmar como la referencia al tiempo estrictamente indispensable, junto a los criterios de valoración de una situación de urgente necesidad o emergencia, permite afirmar la perspectiva casuística que preside la adopción de las medidas extraordinarias.

Por último, la propia Exposición de Motivos de la Ley Orgánica 4/2015, de 30 de marzo, de protección de la seguridad ciudadana introduce principios de obligada consideración aun cuando inicialmente no previstos de manera expresa en el artículo comentado, al disponer que el capítulo III habilita a las autoridades competentes para acordar distintas actuaciones dirigidas al mantenimiento y, en su caso, al restablecimiento de la tranquilidad ciudadana en supuestos de inseguridad pública, regulando con precisión los presupuestos, los fines y los requisitos para realizar estas diligencias, de acuerdo con los principios, entre otros, de proporcionalidad, injerencia mínima y no discriminación.

III. Referencias bibliográficas

Bergalli, «Libertad y seguridad: un equilibrio extraviado en la modernidad tardía» en *El Derecho ante la globalización y el terrorismo, «Cedant Arma Togae»*, (Coords. Losano y Muñoz Conde), Valencia, Tirant lo Blanch, 2004, págs. 65 y ss.

Sánchez Gómez, *El derecho de defensa en la investigación de los delitos de terrorismo*, Aranzadi, Pamplona, 2017.

Sánchez Gómez, «El recurso contencioso administrativo ante la inidoneidad del régimen sancionador previsto para la celebración de actos de culto no permitidos en tiempos de COVID-19», en *El impacto del COVID 19 en la libertad religiosa y de conciencia* (Contreras Mazarío, Dir.), Tirant lo Blanch, Valencia, 2021, págs. 249 a 271.

CAPÍTULO 7

GRABACIÓN DE PERSONAS: ¿PROTECCIÓN DE SU SEGURIDAD O DESPROTECCIÓN DE SU INTIMIDAD?

Ignacio Navarro Mejía
Letrado de las Cortes Generales

Artículo 22. Uso de videocámaras.

La autoridad gubernativa y, en su caso, las Fuerzas y Cuerpos de Seguridad podrán proceder a la grabación de personas, lugares u objetos mediante cámaras de videovigilancia fijas o móviles legalmente autorizadas, de acuerdo con la legislación vigente en la materia.

I. Introducción

El precepto que es objeto de este comentario se integra en la sección 1.ª, «Potestades generales de policía de seguridad», del capítulo III, «Actuaciones para el mantenimiento y restablecimiento de la seguridad ciudadana», de la Ley Orgánica 4/2015, de 30 de marzo, de protección de la seguridad ciudadana (LOPSC). El preámbulo de esta ley, al referirse al contenido de este capítulo, no hace expresa referencia a la herramienta contemplada en su artículo 22, esto es, la grabación por las autoridades mediante cámaras de videovigilancia. Pero la relaciona con otras medidas reguladas en el mismo capítulo, al justificar las comprobaciones y registros en lugares públicos y los controles en la vía pública, a cuyo comentario específico nos remitimos. En esta alusión, reconoce que estas potestades de policía de seguridad pueden afectar a los derechos de los ciudadanos, por lo que, para garantizarlos, aquellas están condicionadas por determinados requisitos.

Sin embargo, estos requisitos no aparecen recogidos en este artículo 22, más allá de una remisión a la legislación vigente en la materia. La interpretación del precepto, por tanto, no puede limitarse a un criterio sistemático de relación con el preámbulo u otros artículos que integran esta compleja ley, sino que exige tener en cuenta lo establecido en otra legislación. Y es al seguir esta remisión cuando se advierte el marco condicionante, en protección de los derechos de las personas, que limita su grabación mediante cámaras de videovigilancia. Aunque este artículo también reconoce la grabación de lugares u objetos, es en la grabación de personas donde se manifiesta el principal conflicto con el derecho fundamental, que, por lo demás, es el enfoque que guía este comentario.

En efecto, el artículo 22 de la LOPSC puede plantear varios interrogantes, a los que nos referiremos de forma tangencial. Pero el que más nos interesa es el relativo a la protección de los derechos fundamentales de los ciudadanos afectados, en particular los que tienen que ver con su intimidad, lo que de inmediato suscita el conflicto en estos términos: la protección de la seguridad ciudadana contra la protección del derecho afectado, por lo que, en cierta medida, aquella protección genera al mismo tiempo una desprotección de los ciudadanos cuya imagen es grabada y, al entrar en juego su derecho fundamental, la ponderación entre ambas dimensiones cobra un especial relieve y debe ajustarse a los principios que ha ido concretando la jurisprudencia del Tribunal Constitucional.

Este comentario no puede, por tanto, dejar de acudir a dicha jurisprudencia, sin olvidar las resoluciones que puedan existir a nivel europeo, del mismo modo que la remisión a la legislación vigente tampoco puede omitir la existencia de normativa europea sobre la materia. Así pues, una vez identificado el conflicto principal, que mediatiza la interpretación y los límites de aplicación de la herramienta regulada en el mencionado artículo 22 de la LOPSC, el comentario se estructurará en tres grandes partes: una para explicar doctrinalmente el conflicto señalado, otra centrada en la normativa aplicable y, en fin, la última sobre su jurisprudencia, con mayor énfasis en la española, en ambos casos, pero sin olvidar la comunitaria. En este análisis doctrinal, normativo y jurisprudencial, intentaremos arrojar luz sobre el necesario equilibrio entre permitir la grabación mediante cámaras de videovigilancia, en aras de la seguridad ciudadana, y proteger sus derechos fundamentales, en especial los derechos a la intimidad, a la propia imagen y a la protección de datos.

II. Análisis doctrinal

El conflicto entre la seguridad ciudadana, en particular mediante sistemas de videovigilancia, y los derechos personales, como son el derecho a la intimidad y sus derivados, ya ha sido puesto de relieve por varios autores[1].

1 Una de las primeras obras específicas al respecto es la de ARZOZ SANTISTEBAN, X. (2010), *Videovigilancia, seguridad ciudadana y derechos fundamentales*, Pamplona: Thomson Reuters. Otro artículo posterior que resume estas aportaciones es el de la profesora NIEVES DE

Se suele partir de las concepciones sobre la seguridad pública expuestas por uno de nuestros maestros del Derecho administrativo, Luciano PAREJO ALFONSO[2], para resaltar enseguida sus limitaciones, si bien estas consideraciones generales exceden del marco de este comentario. Aquí procede partir directamente de la incidencia de la utilización de cámaras de videovigilancia sobre los derechos de los ciudadanos.

Que la videovigilancia incide en los derechos de los ciudadanos cuya imagen es grabada es algo consustancial a la propia utilización de estos sistemas de seguridad, ya que, al captar la imagen de los ciudadanos, esta deja de ser propia suya y se quiebra su ámbito de privacidad[3]. Sin embargo, esta incidencia varía según el sujeto responsable de la videovigilancia, su capacidad u otras características técnicas, el espacio público o privado y su finalidad[4]. Es especialmente importante concretar el espacio afectado, pues según su naturaleza será distinto el régimen jurídico, en particular según la videovigilancia tenga lugar en un espacio público en sentido estricto, o en un espacio privado accesible o no al público, como se detallará más abajo. Pues bien, incluso en lugares públicos resultan afectados los derechos personales, tales como los de intimidad o a la propia imagen[5], más inherentes a la vida privada[6], y es en este espacio donde precisamente el conflicto requiere de un análisis más riguroso.

LA SERNA BILBAO, M. (2016), «Seguridad ciudadana y los sistemas de videovigilancia. Límites, garantías y regulación», *IUSTA*, N.º 45, julio-diciembre de 2016, pp. 129-163. También es muy ilustrativo el trabajo de DE LA IGLESIA CHAMARRO, A. (2017), *Videovigilancia, espacio público y derechos fundamentales*, en ALÁEZ CORRAL, B. (coord.), *Conflictos de derechos fundamentales en el espacio público*, Madrid: Marcial Pons, pp. 37-67.

2 Véase en este sentido PAREJO ALFONSO, L. (2008), *Seguridad y policía de seguridad*, Valencia: Tirant Lo Blanch.

3 Esta afectación es evidente por el efecto de injerencia o intrusión de la videovigilancia, aunque su otro efecto potencial, de inhibición del ejercicio de derechos, puede afectar a otros, como destaca DE LA IGLESIA CHAMARRO (2017), *op. cit.,* pp. 46-47. Y añade (p. 48), «la actividad de videovigilancia tendría incidencia restrictiva en el derecho a la propia imagen, como acto que pone la imagen a disposición de un tercero».

4 DE LA IGLESIA CHAMARRO (2017), *op. cit.*, p. 37.

5 Estos se reconocen en el artículo 18 de nuestra Constitución, cuya literalidad procede ya transcribir:
1. Se garantiza el derecho al honor, a la intimidad personal y familiar y a la propia imagen.
2. El domicilio es inviolable. Ninguna entrada o registro podrá hacerse en él sin consentimiento del titular o resolución judicial, salvo en caso de flagrante delito.
3. Se garantiza el secreto de las comunicaciones y, en especial, de las postales, telegráficas y telefónicas, salvo resolución judicial.
4. La ley limitará el uso de la informática para garantizar el honor y la intimidad personal y familiar de los ciudadanos y el pleno ejercicio de sus derechos.

6 DE LA IGLESIA CHAMARRO (2017), *op. cit.*, pp. 44-45. Como resume esta autora, «la vida privada no desaparece en el espacio público frente a la captación, registro y difusión de datos». Se habla al respecto de una expectativa de reserva en el espacio público. Por lo

Una vez se reconoce que la videovigilancia entra necesariamente en conflicto con estos derechos personales, tal conflicto determina la existencia de límites respectivos[7]. En efecto, todo conflicto entre derechos o intereses exige una ponderación, y ya en tempranas SSTC como la 26/1981, de 17 de julio, la 13/1985, de 31 de enero, o la 37/1989, de 15 de febrero, se ha exigido siempre el respeto del principio de proporcionalidad al limitarse un derecho fundamental, como es aquí uno de los contemplados en el artículo 18 de nuestra Constitución (en cuya jurisprudencia más específica, relativa a la videovigilancia, entraremos más abajo). Tal principio depende de un juicio de idoneidad, de necesidad (en conexión con el riesgo o peligro que está en la base de la regulación sobre la seguridad pública), de intervención mínima y uno estricto de proporcionalidad o equilibrio de la medida adoptada[8]. En cualquier caso, pese a estas garantías, si el titular del derecho afectado entiende que este ha sido vulnerado por la actuación pública, puede recurrir en última instancia al Tribunal Constitucional por la vía del recurso de amparo, medio de protección específico para los derechos fundamentales[9].

Los límites, por un lado, de la videovigilancia, impiden que esta pueda cobrar un carácter discrecional o expansivo, justificado por la prevención de riesgos para la ciudadanía. Esa expansión[10] vendría potenciada tanto por el creciente riesgo de la sociedad moderna como por el desarrollo tecnológico de los sistemas de videovigilancia, con cámaras y dispositivos cada vez más avanzados en la grabación, almacenamiento y tratamiento de la imagen (y sonido) de los ciudadanos. Tal incidencia debe, por tanto, estar limitada, y para garantizar la vigencia y eficacia de estos límites, los mismos deben venir contemplados en la ley. La sujeción de las autoridades que recurren a la videovigilancia al principio de legalidad, como cualquier ciudadano, se acentúa con la regulación exhaustiva de las condiciones o requisitos en que tal vigilancia puede efectuarse.

---

demás, nuestro Tribunal Constitucional ha confirmado en numerosas sentencias, así entre otras STC 12/2012, de 30 de enero, que la protección del derecho a la intimidad no se reduce al ámbito doméstico o privado.

7 Es muy oportuno el resumen que realiza en este punto Miranda Gonçalves, R. (2021), *El principio de proporcionalidad en los derechos fundamentales: un análisis sobre la videovigilancia masiva*, en Fernández Rodríguez, J. J. (coord.), Democracia y seguridad: Respuestas para avanzar en el sistema público, Valencia: Tirant lo Blanch, pp. 426 ss.

8 Así lo sintetiza Nieves de la Serna Bilbao (2016), *op. cit.*, pp. 152-153. De forma más genérica, para todo tipo de derecho, lo adelanta Miranda Gonçalves (2021), *op. cit.*, p. 427.

9 Así el artículo 53.2 de nuestra Constitución establece que *Cualquier ciudadano podrá recabar la tutela de las libertades y derechos reconocidos en el artículo 14 y la Sección primera del Capítulo segundo ante los Tribunales ordinarios por un procedimiento basado en los principios de preferencia y sumariedad y, en su caso, a través del recurso de amparo ante el Tribunal Constitucional. Este último recurso será aplicable a la objeción de conciencia reconocida en el artículo 30*, incluyendo por tanto los derechos del artículo 18.

10 Bien resumida en Arzoz Santisteban (2010), *op. cit.*, pp. 21 ss.

Por otro lado, los derechos afectados se ven limitados por intereses generales o razones de orden público. Fuera de circunstancias excepcionales o de emergencia, estas limitaciones no pueden ser de cualquier alcance ni forma, como hemos adelantado, sino que exigen atender al caso concreto y partir del principio de legalidad[11]. Por tanto, cuando la videovigilancia se ajusta a sus condiciones y requisitos fijados en la ley, no se considera una intromisión ilegítima en el derecho a la intimidad o a la propia imagen[12], y entonces estos se limitan en su ejercicio, debiendo asumir su titular que en su intimidad o su imagen pueden incidir las videocámaras. En cuanto al derecho a la protección de datos personales, derivado del artículo 18.4 de la Constitución[13], resulta limitado de una manera más compleja, pues el desarrollo posterior de la grabación puede incidir en este otro derecho con múltiples dimensiones y quedar más constreñido su ejercicio[14]. La afectación a uno u otro derecho fundamental determina en fin que toda esta regulación, en cuanto pueda

11 MIRANDA GONÇALVES (2021), *op. cit.*, p. 427.

12 Como apunta DE LA IGLESIA CHAMARRO (2017), *op. cit.*, p. 48, «la previsión legal y el régimen de garantías de la ley sustituye en este caso al consentimiento» del titular del derecho.

13 El mismo se considera un derecho fundamental independiente con esta somera previsión, conforme a la STC 292/2000, de 30 de noviembre. Esta advierte en sus fundamentos jurídicos 6 y 7, respectivamente, que *«el objeto de protección del derecho fundamental a la protección de datos no se reduce sólo a los datos íntimos de la persona, sino a cualquier tipo de dato personal, sea o no íntimo, cuyo conocimiento o empleo por terceros pueda afectar a sus derechos [...] También por ello, el que los datos sean de carácter personal no significa que sólo tengan protección los relativos a la vida privada o íntima de la persona, sino que los datos amparados son todos aquellos que identifiquen o permitan la identificación de la persona»* y que *«el contenido del derecho fundamental a la protección de datos consiste en un poder de disposición y de control sobre los datos personales que faculta a la persona para decidir cuáles de esos datos proporcionar a un tercero, sea el Estado o un particular, o cuáles puede este tercero recabar, y que también permite al individuo saber quién posee esos datos personales y para qué [...] Y ese derecho a consentir el conocimiento y el tratamiento, informático o no, de los datos personales, requiere como complementos indispensables, por un lado, la facultad de saber en todo momento quién dispone de esos datos personales y a qué uso los está sometiendo, y, por otro lado, el poder oponerse a esa posesión y usos»*.

14 MIRANDA GONÇALVES (2021), *op. cit.*, p. 432 observa en efecto que «la videovigilancia, cuando se hace cumpliendo con las garantías que pauta la ley, no vulnera el derecho a la intimidad personal ni tampoco la dignidad de la persona. Ahora bien, es importante mencionar que dependiendo de cómo se haga y qué se haga con el contenido de las grabaciones sí puede resultar ilegal, pues las imágenes grabadas en soporte físico son datos de carácter personal y necesitan un tratamiento adecuado». Como ya advirtió ARZOZ SANTISTEBAN (2010), *op. cit.*, p. 21, «la videovigilancia no sólo plantea los problemas —"antiguos"— relativos a la captación de imágenes y sonidos de personas individualizadas o individualizables en lugares públicos, sino también los problemas —"nuevos"— derivados de la protección de datos de carácter personal». Añade en cualquier caso este autor (p. 137) que, en lo que afecta también a este derecho, «la relevancia iusfundamental de la videovigilancia dependerá del tipo de dispositivo utilizado», pues los hay que no captan datos de carácter personal, al no permitir identificar personas concretas.

incidir en su contenido esencial, deba tener rango de ley orgánica[15]. Esto anticipa, en el análisis normativo que abordaremos seguidamente, su manifestación en varias leyes de esta naturaleza.

III. Análisis normativo

Como adelantábamos, el análisis normativo para la comprensión del artículo de referencia afronta una legislación más o menos dispersa, que excede de los límites internos de nuestro ordenamiento jurídico y que encuentra su desarrollo en otras normas de rango reglamentario. Con todo, destacaremos aquí esencialmente las principales normas con rango de ley aplicables, en nuestro Derecho interno, no sin antes atender siquiera brevemente a las fuentes del Derecho de la Unión Europea, pues estas se transponen o ejecutan luego en nuestro ordenamiento y sientan las bases de esta legislación.

1. Normativa europea

El Derecho de la Unión Europea se divide en primario, integrado sustancialmente por los tratados y la Carta de los Derechos Fundamentales de la Unión Europea, y secundario, con disposiciones de desarrollo aprobadas por las instituciones europeas. Atendiendo a esta conocida división, cabe comprobar primero si las normas del Derecho primario hacen referencia a la videovigilancia. Ni en el Tratado de la Unión Europea ni en el Tratado de Funcionamiento de la Unión Europa hay precepto alguno al respecto, ni en la citada Carta, aunque esta última sí reconoce expresamente el derecho al respeto a la vida privada y familiar, en su artículo 7, y a la protección de datos de carácter personal, en su artículo 8 (este también en el citado Tratado de Funcionamiento, en su artículo 16). Serán entonces las disposiciones del Derecho derivado las que concreten cómo estos derechos pueden ser afectados por la videovigilancia.

Antes de entrar en las mismas, con todo, hay que mencionar el Convenio Europeo de Derechos Humanos, que no es una norma del Derecho de la Unión, pero no es ajena al mismo, pues a tal convenio se remite la antes citada Carta, en su artículo 52, sobre el alcance e interpretación de los dere-

15 Cabe recordar que el artículo 81.1 de nuestra Constitución establece que *«son leyes orgánicas las relativas al desarrollo de los derechos fundamentales y de las libertades públicas, las que aprueben los Estatutos de Autonomía y el régimen electoral general y las demás previstas en la Constitución»*. El Tribunal Constitucional, partiendo de su sentencia 76/1983, de 5 de agosto, ha precisado que esta reserva de ley orgánica, en cuanto a la materia de los derechos fundamentales, se concreta en el contenido esencial de los regulados en la sección 1.ª del capítulo segundo del título I, incluyendo por tanto los del artículo 18.

chos y principios[16]. En relación con el respeto a la vida privada y familiar, hay que tener en cuenta entonces la más detallada regulación del artículo 8.2 de este Convenio, según el cual «*No podrá haber injerencia de la autoridad pública en el ejercicio de este derecho sino en tanto en cuanto esta injerencia esté prevista por la ley y constituya una medida que, en una sociedad democrática, sea necesaria para la seguridad nacional, la seguridad pública, el bienestar económico del país, la defensa del orden y la prevención de las infracciones penales, la protección de la salud o de la moral, o la protección de los derechos y las libertades de los demás*».

Aunque aquí tampoco se contempla expresamente la videovigilancia, este precepto sí la acoge en su ámbito de aplicación, pues su razón de ser es precisamente la seguridad pública y la prevención de infracciones, con injerencia en tal derecho personal, siguiendo la previsión legal. Y ello ha motivado varias resoluciones del Tribunal Europeo de Derechos Humanos, a las que haremos referencia más abajo. Volviendo en todo caso al Derecho de la Unión, la norma de referencia es actualmente el Reglamento (UE) 2016/679, del Parlamento Europeo y del Consejo, de 27 de abril de 2016, relativo a la protección de las personas físicas en lo que respecta al tratamiento de datos personales y a la libre circulación de estos datos y por el que se deroga la Directiva 95/46/CE, también conocido como Reglamento general de protección de datos, en lo que afecta al derecho a la protección de datos personales, destacando sus considerandos el reto del uso de estos datos por la autoridad pública gracias a los avances tecnológicos.

Con todo, no se regula ahí expresamente la videovigilancia por las autoridades, si bien su utilización deberá ajustarse a aquellos principios y límites en todo lo que afecte a la protección de datos[17]. Lo mismo ocurre con la Directiva (UE) 2016/680, del Parlamento Europeo y del Consejo, de 27 de abril de 2016, relativa a la protección de las personas físicas en lo que respecta al tratamiento de datos personales por parte de las autoridades competentes para fines de prevención, investigación, detección o enjuiciamiento de infracciones penales o de ejecución de sanciones penales, y a la libre circulación de dichos datos y por la que se deroga la Decisión Marco 2008/977/JAI del Consejo, aunque esta sí menciona expresamente la videovigilancia en el considerando 26, para recordar que esta actividad se incluye en su ámbito de

16 Interpretación del Convenio a la que también debe acudirse en nuestro ordenamiento en relación con los derechos del artículo 18 de nuestra Constitución, conforme a su artículo 10.2, según el cual: *Las normas relativas a los derechos fundamentales y a las libertades que la Constitución reconoce se interpretarán de conformidad con la Declaración Universal de Derechos Humanos y los tratados y acuerdos internacionales sobre las mismas materias ratificados por España*.

17 Al respecto destacan los principios relativos al tratamiento enumerados en el artículo 5 de este Reglamento, que son los de «licitud, lealtad y transparencia», «limitación de la finalidad», «minimización de datos», «exactitud», «limitación del plazo de conservación», «integridad y confidencialidad» y «responsabilidad proactiva».

aplicación. Tal norma, como veremos, ha sido recientemente transpuesta en nuestro ordenamiento jurídico.

Al margen de estas normas generales de referencia, y de otras más específicas sobre la videovigilancia que afectan a sectores concretos (más allá de la videovigilancia como herramienta general a disposición de las autoridades para la seguridad ciudadana), cabe llamar la atención sobre el nuevo marco regulatorio pendiente de aprobación sobre el impacto de la inteligencia artificial. A la fecha de redacción de este comentario solo se puede anticipar, y aún no se conoce el detalle del texto, pero no puede dejar de mencionarse. En concreto, existe un proyecto de Reglamento de Inteligencia Artificial, que incluye previsiones sobre el uso de esta tecnología con fines de vigilancia policial y el necesario respeto a los derechos fundamentales afectados. Es oportuna tal regulación específica, pues la videovigilancia, siguiendo la evolución tecnológica, se ve igualmente potenciada por la inteligencia artificial y la mayor medida en que puede tener acceso a la imagen y los datos de los ciudadanos grabados, más allá de la mera grabación[18].

2. Legislación española

La remisión del artículo 22 de la LOPSC a la «legislación vigente en la materia» exige atender principalmente a la Ley Orgánica 4/1997, de 4 de agosto, por la que se regula la utilización de videocámaras por las Fuerzas y Cuerpos de Seguridad en lugares públicos, ya que regula específicamente esta materia. Cabe destacar que el artículo 1 de esta ley, en su segundo párrafo, recoge lo siguiente: *«Asimismo, esta norma establece específicamente el régimen de garantías de los derechos fundamentales y libertades públicas de los ciudadanos que habrá de respetarse ineludiblemente en las sucesivas fases de autorización, grabación y uso de las imágenes y sonidos obtenidos conjuntamente por las videocámaras»*. De entrada, se reconoce pues que esta grabación afecta a tales derechos, y la referencia a las *«videocámaras»* no excluye la utilización de otros medios técnicos análogos con la misma afectación[19].

A continuación, el artículo 2 de esta ley dispone lo siguiente:

> «1. La captación, reproducción y tratamiento de imágenes y sonidos, en los términos previstos en esta Ley, así como las actividades preparatorias, no se considerarán intromisiones ilegítimas en el derecho al honor, a la intimidad personal y familiar y a la propia imagen, a los efectos de lo establecido en el artículo 2.2 de la Ley Orgánica 1/1982, de 5 de mayo.

---

18 Algo ya anticipado, entre otros, por ARZOZ SANTISTEBAN (2010), *op. cit.*, pp. 46ss, al observar el paso de la videovigilancia a la tecnovigilancia. El uso de la inteligencia artificial en la videovigilancia aumenta las posibilidades de identificación y manipulación de la imagen de las personas grabadas.

19 NIEVES DE LA SERNA BILBAO (2016), *op. cit.*, pp. 143-143.

2. Sin perjuicio de las disposiciones específicas contenidas en la presente Ley, el tratamiento automatizado de las imágenes y sonidos se regirá por lo dispuesto en la Ley Orgánica 5/1992, de 29 de octubre, de Regulación del Tratamiento Automatizado de los Datos de Carácter Personal».

Este precepto exige a su vez recordar que el artículo 2.2 de la Ley Orgánica 1/1982 al que se remite contempla, en lo que aquí interesa, que *«No se apreciará la existencia de intromisión ilegítima en el ámbito protegido cuando estuviere expresamente autorizada por Ley»*. Y es que esta potestad de policía, para su ejercicio, depende precisamente de su autorización legal, conforme al propio artículo 22 de la LOPSC y como desarrolla la citada Ley Orgánica 4/1997. Es interesante además observar que, con arreglo a esta última, tal actividad se ciñe a lugares públicos, mientras que los derechos amparados por el artículo 18 de nuestra Constitución tienen su mayor desarrollo en el ámbito privado, si bien, como ya hemos adelantado, tienen asimismo efectividad en el espacio público. Por tanto, la Ley Orgánica 4/1997 delimita el ámbito de aplicación de la herramienta contemplada más genéricamente en el artículo 22 que aquí comentamos[20].

En cuanto al principio de legalidad, determina las garantías que debe respetar el uso de estas cámaras por las fuerzas de seguridad, en particular la autorización administrativa[21] y la intervención de las llamadas Comisiones de Garantías de la Videovigilancia[22]. Pero en la regulación de la Ley Orgánica 4/1997 interesa sobre todo recoger lo previsto en su artículo 6, según el cual:

«1. La utilización de videocámaras estará presidida por el principio de proporcionalidad, en su doble versión de idoneidad y de intervención mínima.

2. La idoneidad determina que sólo podrá emplearse la videocámara cuando resulte adecuado, en una situación concreta, para el mantenimiento de la seguridad ciudadana, de conformidad con lo dispuesto en esta Ley.

3. La intervención mínima exige la ponderación, en cada caso, entre la finalidad pretendida y la posible afectación por la utilización de la videocámara al derecho al honor, a la propia imagen y a la intimidad de las personas.

20 Enumerar todos los supuestos y excepciones de este ámbito de aplicación excede de los límites de este comentario, pero cabe precisar que, al ceñirse a lugares públicos, la utilización de cámaras de videovigilancia con fines de seguridad no queda sujeta a esta legislación no solo cuando se da en lugares privados, sino también en otros lugares expuestos o accesibles al público cuando su finalidad no es esa protección de la seguridad ciudadana, y también se excluye *a priori*, a estos efectos, la utilización de cámaras de videovigilancia para controlar el tráfico.

21 de la Iglesia Chamarro (2017), *op. cit.,* p. 56 apunta que se establece una «administrativización del sistema frente al modelo de control judicial», aunque, critica esta autora (p. 60), la reserva de jurisdicción podría ser más razonable ante la incidencia de estas tecnologías en los derechos fundamentales.

22 Estas no vienen expresamente reguladas en la Ley Orgánica 4/1997, sino en el Real Decreto 596/1999, de 16 de abril, por el que se aprueba el Reglamento de desarrollo y ejecución de aquella.

4. La utilización de videocámaras exigirá la existencia de un razonable riesgo para la seguridad ciudadana, en el caso de las fijas, o de un peligro concreto, en el caso de las móviles.

5. No se podrán utilizar videocámaras para tomar imágenes ni sonidos del interior de las viviendas, ni de sus vestíbulos, salvo consentimiento del titular o autorización judicial, ni de los lugares incluidos en el artículo 1 de esta Ley cuando se afecte de forma directa y grave a la intimidad de las personas, así como tampoco para grabar conversaciones de naturaleza estrictamente privada. Las imágenes y sonidos obtenidos accidentalmente en estos casos deberán ser destruidas inmediatamente, por quien tenga la responsabilidad de su custodia».

Partiendo del principio de proporcionalidad, ya comentado y anticipado en el apartado 1 de este precepto, se detallan pues los principales límites de la videovigilancia, autorizada legalmente, con fines de seguridad ciudadana, al afectar al derecho al honor, a la intimidad o a la propia imagen. Con todo, las prohibiciones del apartado 5 son más difíciles de concretar, por la referencia a la afección *«directa y grave»* a la intimidad o por el carácter *«estrictamente privado»* de las conversaciones que no cabe grabar, conceptos más indeterminados cuya interpretación dependerá de cada caso[23]. En cuanto al derecho a la protección de datos de carácter personal, derivado del antes citado artículo 18.4 de la Constitución, incide en él esta legislación, por el tratamiento de las imágenes y sonidos captados por las fuerzas y cuerpos de seguridad[24]. En efecto, no puede quedar fuera de la misma, ya que entonces tal derecho no sería garantizado en esta materia específica siguiendo el principio de reserva legal, sin perjuicio de la doble remisión existente entre esta ley y la legislación aplicable a la protección de datos[25].

De especial relevancia a estos efectos es la Ley Orgánica 3/2018, de 5 de diciembre, de Protección de Datos Personales y garantía de los derechos digitales, ya que contempla directamente la grabación de personas mediante videocámaras y es la ley que cumple en nuestro ordenamiento con el man-

---

23 Arzoz Santisteban (2010), *op. cit.,* p. 123, matiza que esta exclusión «no es capaz de eliminar el carácter de injerencia en el derecho fundamental a la intimidad que supone la utilización de videocámaras» y critica que esta Ley Orgánica 4/1997 parece identificar este derecho solo con «una determinada parcela de comportamientos privados», cuando también debe protegerse «un ámbito propio y reservado frente a la acción de los demás». Añade que «si la videovigilancia está automatizada no se ve cómo a efectos de grabación podrá distinguir el carácter íntimo o privado de las imágenes» o del sonido en su caso.

24 Tratamiento no automatizado, como precisa Arzoz Santisteban (2010), *op. cit.,* p. 151.

25 Arzoz Santisteban (2010), *op. cit.,* pp. 155 ss discute el reenvío recíproco existente entre la Ley Orgánica 4/1997 y la entonces vigente Ley Orgánica 5/1992, de 29 de octubre, de regulación del tratamiento automatizado de los datos de carácter personal (siguiendo el antes citado artículo 2.2 de aquella), lo que dificulta la identificación del régimen jurídico aplicable. Lo más procedente, como veremos que confirma la vigente Ley Orgánica 3/2018, es considerar de aplicación supletoria esta última.

dato del antes citado Reglamento (UE) 2016/679. En concreto, el artículo 22 de esta Ley Orgánica establece lo siguiente:

«1. Las personas físicas o jurídicas, públicas o privadas, podrán llevar a cabo el tratamiento de imágenes a través de sistemas de cámaras o videocámaras con la finalidad de preservar la seguridad de las personas y bienes, así como de sus instalaciones.

2. Solo podrán captarse imágenes de la vía pública en la medida en que resulte imprescindible para la finalidad mencionada en el apartado anterior.

No obstante, será posible la captación de la vía pública en una extensión superior cuando fuese necesario para garantizar la seguridad de bienes o instalaciones estratégicos o de infraestructuras vinculadas al transporte, sin que en ningún caso pueda suponer la captación de imágenes del interior de un domicilio privado.

3. Los datos serán suprimidos en el plazo máximo de un mes desde su captación, salvo cuando hubieran de ser conservados para acreditar la comisión de actos que atenten contra la integridad de personas, bienes o instalaciones. En tal caso, las imágenes deberán ser puestas a disposición de la autoridad competente en un plazo máximo de setenta y dos horas desde que se tuviera conocimiento de la existencia de la grabación.

No será de aplicación a estos tratamientos la obligación de bloqueo prevista en el artículo 32 de esta ley orgánica.

4. El deber de información previsto en el artículo 12 del Reglamento (UE) 2016/679 se entenderá cumplido mediante la colocación de un dispositivo informativo en lugar suficientemente visible identificando, al menos, la existencia del tratamiento, la identidad del responsable y la posibilidad de ejercitar los derechos previstos en los artículos 15 a 22 del Reglamento (UE) 2016/679. También podrá incluirse en el dispositivo informativo un código de conexión o dirección de internet a esta información.

En todo caso, el responsable del tratamiento deberá mantener a disposición de los afectados la información a la que se refiere el citado reglamento.

5. Al amparo del artículo 2.2.c) del Reglamento (UE) 2016/679, se considera excluido de su ámbito de aplicación el tratamiento por una persona física de imágenes que solamente capten el interior de su propio domicilio.

Esta exclusión no abarca el tratamiento realizado por una entidad de seguridad privada que hubiera sido contratada para la vigilancia de un domicilio y tuviese acceso a las imágenes.

6. El tratamiento de los datos personales procedentes de las imágenes y sonidos obtenidos mediante la utilización de cámaras y videocámaras por las Fuerzas y Cuerpos de Seguridad y por los órganos competentes para la vigilancia y control en los centros penitenciarios y para el control, regulación, vigilancia y disciplina del tráfico, se regirá por la legislación de transposición de la Directiva (UE) 2016/680, cuando el tratamiento tenga fines de prevención, investigación, detección o enjuiciamiento de infracciones penales o de ejecución de sanciones penales, incluidas la protección y la prevención frente a las amenazas contra la seguridad pública. Fuera de estos supuestos, dicho tratamiento se regirá por su legislación específica y supletoriamente por el Reglamento (UE) 2016/679 y la presente ley orgánica.

7. Lo regulado en el presente artículo se entiende sin perjuicio de lo previsto en la Ley 5/2014, de 4 de abril, de Seguridad Privada y sus disposiciones de desarrollo.

8. El tratamiento por el empleador de datos obtenidos a través de sistemas de cámaras o videocámaras se somete a lo dispuesto en el artículo 89 de esta ley orgánica».

Destaca de nuevo en este precepto el sometimiento de esta videovigilancia a varios límites, con un deber de información y unas restricciones de espacio (excluyendo, sobre todo, el domicilio), pero también con sujeción a los principios del antes citado artículo 5 del Reglamento general de protección de datos[26]. En cualquier caso, el apartado 6 se remite a la legislación de transposición de la Directiva (UE) 2016/680 cuando la videovigilancia se utilice por las fuerzas y cuerpos de seguridad, en particular, para la *«protección y la prevención frente a las amenazas contra la seguridad pública»*, que en otros supuestos se regirá por su legislación específica (por consiguiente, la antedicha Ley Orgánica 4/1997). Así pues, comprobamos el juego múltiple de remisiones a la hora de atender a la regulación aplicable a la utilización de la videovigilancia, según el sujeto, la finalidad y el espacio[27].

Por lo demás, la mencionada Directiva (UE) 2016/680 se ha transpuesto con la Ley Orgánica 7/2021, de 26 de mayo, de protección de datos personales tratados para fines de prevención, detección, investigación y enjuiciamiento de infracciones penales y de ejecución de sanciones penales, de la que cabe resaltar sus artículos 15 y 16:

«**Artículo 15. Sistemas de grabación de imágenes y sonido por las Fuerzas y Cuerpos de Seguridad**.

1. La captación, reproducción y tratamiento de datos personales por las Fuerzas y Cuerpos de Seguridad en los términos previstos en esta Ley Orgánica, así como las actividades preparatorias, no se considerarán intromisiones ilegítimas en el derecho al honor, a la intimidad personal y familiar y a la propia imagen, a los efectos de lo establecido en el artículo 2.2 de la Ley Orgánica 1/1982, de 5 de mayo, de protección civil del derecho al honor, a la intimidad personal y familiar y a la propia imagen.

2. En la instalación de sistemas de grabación de imágenes y sonidos se tendrán en cuenta, conforme al principio de proporcionalidad, los siguientes criterios: asegurar la protección de los edificios e instalaciones propias; asegurar la protección de edificios e instalaciones públicas y de sus accesos que estén bajo custodia; salvaguardar y proteger las instalaciones útiles para la seguridad nacional y pre-

26 MIRANDA GONÇALVES (2021), *op. cit.,* p. 434. Ello conecta además con la Instrucción 1/2006, de 8 de noviembre, de la Agencia Española de Protección de Datos, sobre el tratamiento de datos personales con fines de vigilancia a través de sistemas de cámaras o videocámaras, que recoge también el deber de información (artículo 3) y los principios de calidad, proporcionalidad y finalidad del tratamiento (artículo 4).

27 ARZOZ SANTISTEBAN (2010), *op. cit.,* pp. 155 ss, según lo señalado en la nota 25.

venir, detectar o investigar la comisión de infracciones penales y la protección y prevención frente a las amenazas contra la seguridad pública».

«**Artículo 16. Instalación de sistemas fijos**.

1. En las vías o lugares públicos donde se instalen videocámaras fijas, el responsable del tratamiento deberá realizar una valoración del citado principio de proporcionalidad en su doble versión de idoneidad e intervención mínima. Asimismo, deberá llevar a cabo un análisis de los riesgos o una evaluación de impacto de protección de datos relativo al tratamiento que se pretenda realizar, en función del nivel de perjuicio que se pueda derivar para la ciudadanía y de la finalidad perseguida.

Se entenderá por videocámara fija aquella anclada a un soporte fijo o fachada, aunque el sistema de grabación se pueda mover en cualquier dirección.

2. Esta disposición se aplicará asimismo cuando las Fuerzas y Cuerpos de Seguridad utilicen instalaciones fijas de videocámaras de las que no sean titulares y exista, por su parte, un control y dirección efectiva del proceso completo de tratamiento.

3. Estas instalaciones fijas de videocámaras no estarán sujetas al control preventivo de las entidades locales previsto en su legislación reguladora básica, ni al ejercicio de las competencias de las diferentes Administraciones públicas, sin perjuicio de que deban respetar los principios de la legislación vigente en cada ámbito material de la actuación administrativa.

4. Los propietarios y, en su caso, los titulares de derechos reales sobre los bienes afectados por estas instalaciones, o quienes los posean por cualquier título, están obligados a facilitar y permitir su instalación y mantenimiento, sin perjuicio de las indemnizaciones que procedan.

5. Los ciudadanos serán informados de manera clara y permanente de la existencia de estas videocámaras fijas, sin especificar su emplazamiento, así como de la autoridad responsable del tratamiento ante la que poder ejercer sus derechos».

Aquí advertimos que el artículo 15 retoma la exclusión de la intromisión ilegítima en los derechos del artículo 18 de la Constitución y la observancia del principio de proporcionalidad. Por su parte, el artículo 16, centrado en la instalación de videocámaras fijas, exige igualmente la valoración de dicho principio, entre otros requisitos que condicionan tal instalación: en particular, el análisis de los riesgos y el deber de información. Todo ello está en sintonía con los requisitos ya destacados y concuerda con el régimen de garantías que debe respetarse ante la afectación a los derechos por estos dispositivos, aun justificados en caso de investigaciones criminales. De hecho, en relación con estas, cabe transcribir el artículo 588 quinquies a (introducido por la Ley Orgánica 13/2015) de la Ley de Enjuiciamiento Criminal, aprobada por Real Decreto de 14 de septiembre de 1882:

«1. La Policía Judicial podrá obtener y grabar por cualquier medio técnico imágenes de la persona investigada cuando se encuentre en un lugar o espacio público, si ello fuera necesario para facilitar su identificación, para localizar los instrumentos o efectos del delito u obtener datos relevantes para el esclarecimiento de los hechos.

2. La medida podrá ser llevada a cabo aun cuando afecte a personas diferentes del investigado, siempre que de otro modo se reduzca de forma relevante la utilidad de la vigilancia o existan indicios fundados de la relación de dichas personas con el investigado y los hechos objeto de la investigación».

En fin, la legislación española sobre la videovigilancia va más allá de su uso por la autoridad en el espacio público, para incluir también la regulación de la seguridad privada, en la Ley 5/2014, de abril. Sin embargo, queda fuera del ámbito de aplicación del artículo 22 de la LOPSC, pues precisamente, conforme a su artículo 1, *«tiene por objeto regular la realización y la prestación por personas privadas», no directamente por las autoridades. Añade con todo este precepto que «Todas estas actividades tienen la consideración de complementarias y subordinadas respecto de la seguridad pública» y en su apartado 2 dispone que: «Asimismo, esta ley, en beneficio de la seguridad pública, establece el marco para la más eficiente coordinación de los servicios de seguridad privada con los de las Fuerzas y Cuerpos de Seguridad, de los que son complementarios»*.

Como adelantábamos, la delimitación entre los espacios afectados por la videovigilancia puede ser difusa. La Ley 5/2014 regula la videovigilancia por particulares en lugares privados de accesibilidad general o semipúblicos[28], lo que ya introduce una distinción parcial. La videovigilancia llevada a cabo por la autoridad gubernativa o por las fuerzas de seguridad en espacios públicos puede entonces extenderse a tales usos, en cuanto al alcance de las videocámaras instaladas, lo que explica el complemento con estas. En cualquier caso, el artículo 42.2 de esta Ley 5/2014 señala que *«No se podrán utilizar cámaras o videocámaras con fines de seguridad privada para tomar imágenes y sonidos de vías y espacios públicos o de acceso público salvo en los supuestos y en los términos y condiciones previstos en su normativa específica, previa autorización administrativa por el órgano competente en cada caso»*. Por tanto, cuando esta videovigilancia incida en el espacio público, se somete también a los requisitos antes comentados.

IV. Análisis jurisprudencial

Aunque ya hemos hecho alusión a alguna resolución judicial, imprescindible para la comprensión de los conceptos aquí tratados y su normativa, abordamos en este apartado un recuento sintético y parcial (de nuevo, por los límites del presente comentario y su objeto) de las sentencias más llamativas que han resuelto el conflicto entre la videovigilancia y el derecho a la intimidad (o en su caso a la propia imagen o a los datos personales). Dadas, a la vez, la insuficiencia y la complejidad de la normativa analizada, es esencial la labor del tribunal competente para interpretarla y atender al caso concreto,

28 De La Iglesia Chamarro (2017), *op. cit.*, p. 61.

y con esta labor jurisprudencial se ha podido comprender mejor su alcance y anticipar futuras resoluciones.

1. Jurisprudencia comunitaria

Del mismo modo que advertíamos en el análisis normativo, el nivel jurisprudencial, más allá del Derecho interno, destaca sobre todo por la obra del Tribunal Europeo de Derechos Humanos. En efecto, el Tribunal de Justicia de la Unión Europea apenas cuenta con algunas resoluciones en temas relacionados, como la sentencia de 11 de diciembre de 2014, asunto C-212/13, sobre las grabaciones que constituyen tratamientos de datos personales automatizados, la sentencia de 14 de febrero de 2019, asunto C-345/17, que señala que la grabación en video durante una declaración en comisaría y su posterior difusión puede constituir un tratamiento de datos personales con fines exclusivamente periodísticos[29], o la sentencia de 11 de diciembre de 2019, en el asunto C-708/18, sobre la videovigilancia en zonas comunes de un inmueble de uso residencial. No son resoluciones, con todo, relativas a la videovigilancia policial.

En cambio, más relevante es la sentencia del Tribunal Europeo de Derechos Humanos, en el asunto Peck c. Reino Unido, de 28 de enero de 2003, donde el demandante presentó una demanda por la vulneración de su intimidad y difusión de su imagen captada por una cámara de circuito cerrado de televisión y puesta a disposición de la autoridad policial. Ello guardaba cierta relación con una anterior sentencia del mismo tribunal, de 31 de enero de 1995, en el asunto Friedl c. Austria, aunque en tal caso la alegada vulneración de la intimidad derivaba de fotografías tomadas durante una manifestación pública, fotografías que no fueron tratadas ni permitieron identificar a personas concretas, por lo que se desestimó el recurso interpuesto. En cambio, en el caso que afectaba al señor Peck, sí se apreció una lesión de su derecho al respeto a la vida privada[30], ya que el ciudadano fue identificado y su imagen difundida más allá de lo justificado por razones de seguridad.

Mención especial merece también la sentencia del Tribunal Europeo de Derechos Humanos, en el asunto Perry c. Reino Unido, de 17 de julio de 2003. La clave reside de nuevo en la finalidad legítima o no de la grabación secreta, recordando aquí el tribunal que procede a efectos de una investigación penal solo si se ajusta al principio de legalidad. En cambio, debe excluirse cuando la grabación no está amparada por una expresa previsión legal y sustituye el procedimiento reglado de identificación de sospechosos. En relación con ello, en la sentencia de 28 de noviembre de 2017, en el

29 Lo que puede suponer excepciones a los principios generales de este tratamiento, conforme al artículo 85 del Reglamento general de protección de datos.

30 Conforme al antes citado artículo 8 del Convenio Europeo de Derechos Humanos.

asunto Antovic y Mirkovic c. Montenegro, este tribunal entendió que tampoco concurre una finalidad legítima que justifique la injerencia en el derecho a la intimidad o al respeto a la vida privada con videocámaras instaladas en un aula universitaria, ámbito público donde el derecho de los profesores se ve afectado si tal medida no responde a una de las finalidades de la correspondiente legislación de protección de datos personales.

2. Jurisprudencia constitucional

El Tribunal Constitucional ha tenido ocasión de pronunciarse sobre el uso de cámaras de videovigilancia sobre todo en el ámbito laboral, en concreto, sobre su instalación por el empleador en el lugar de trabajo. Así la STC 39/2016, de 3 de marzo, conoció de un recurso de amparo interpuesto por una trabajadora cuya imagen había sido captada por una de estas cámaras, por defender que ello vulneraba el derecho fundamental a la protección de datos de carácter personal. En ese caso, con todo, el tribunal entendió que no se había vulnerado este derecho, pues la trabajadora tenía conocimiento de la instalación de la videocámara, *«a través del correspondiente distintivo informativo» y las imágenes habían sido tratadas «para el control de la relación laboral»*. Esta STC expuso por lo demás que la instalación y uso de cámaras en este caso, como medida restrictiva de derechos fundamentales, respetaba el principio de proporcionalidad, y por ello desestimó el recurso de amparo interpuesto.

A esta STC se remite la posterior STC 119/2022, de 29 de septiembre, que expone lo siguiente en su fundamento jurídico 6: *«El consentimiento del titular de los datos y el consiguiente deber de información sobre su tratamiento se configuran como elementos determinantes del contenido esencial del derecho a la protección de los datos personales reconocido en el art. 18.4 CE. Por lo que se refiere a la instalación de sistemas de videovigilancia y la utilización de las imágenes para fines de control laboral, el tratamiento de esos datos no exige el consentimiento expreso del trabajador, porque se entiende implícito por la mera relación contractual. Pero, en todo caso, subsiste el deber de información del empresario, como garantía ineludible del citado derecho fundamental. En principio, este deber ha de cumplimentarse de forma previa, expresa, clara y concisa. Sin embargo, la norma permite que, en caso de flagrancia de una conducta ilícita, el deber de información se tenga por efectuado mediante la colocación en lugar visible de un distintivo que advierta sobre la existencia del sistema, su responsable y los derechos derivados del tratamiento de los datos»*.

Aunque estas sentencias también exceden de la vigilancia policial, pues se refieren a la videovigilancia en el lugar de trabajo por un empresario, observamos que los requisitos que la justifican son análogos, y han permitido al tribunal concretar cómo debe cumplirse en tales casos el principio de proporcionalidad y el deber de información, para que la videovigilancia no se considere una injerencia ilegal en alguno de los derechos reconocidos en el artículo 18 de nuestra Constitución. En cuanto al principio de proporcionalidad, también debe respetarse cuando alguno de estos derechos concurre con otro, por ejemplo, con el derecho a la información amparado por el artículo 20 de la Constitución[31], pues es frecuente que las imágenes tomadas de algunas personas en la vía pública, en particular por medios de comunicación, se justifiquen por la notoriedad o la relevancia pública de la persona afectada: en este sentido, entre otras, SSTC 139/2001, de 18 de junio, o 83/2002, de 22 de abril.

Volviendo en cualquier caso a la videovigilancia policial, que las valoraciones anteriores son extensibles a ella queda confirmado en una reciente STC, la 92/2023, de 11 de septiembre, que a su vez recopila la jurisprudencia ya existente sobre la materia. El supuesto parte aquí de la demanda interpuesta por un ciudadano condenado por un delito de tráfico de drogas tras las imágenes captadas por unas cámaras instaladas por la Guardia Urbana de Barcelona en el garaje de una comunidad de vecinos, sin autorización judicial. En este caso la videovigilancia se inscribe en una investigación criminal, se lleva a cabo por una autoridad pública y afecta al derecho a la intimidad del ciudadano. En cuanto al espacio, es un lugar cerrado de propiedad privada donde queda reforzada su expectativa de reserva. De entrada, no se trata pues de una videovigilancia en la vía pública, pero, en la medida en que entra en conflicto con la intimidad personal, debe enjuiciarse el cumplimiento de sus requisitos.

Al respecto cabe transcribir parte del fundamento jurídico 7 de esta STC, que empieza recordando que este derecho *«puede ceder ante otros derechos y bienes constitucionalmente relevantes, siempre que la limitación que haya de experimentar esté fundada en una previsión legal que tenga justificación constitucional, se revele necesaria para lograr un fin legítimo, sea proporcionada para alcanzarlo y, además, sea respetuosa con el contenido esencial del [...]. Por ello, "[n]o cabe negar la posibilidad de que en determinadas circunstancias, ciertamente excepcionales, existan derechos o bienes constitucionales que legitimen la captación e incluso la difusión de imágenes que supongan una intromisión en la intimidad personal o familiar de una persona" (STC 156/2001, FJ 4)».*

A partir de ahí, añade esta STC, *«reviste la naturaleza de fin constitucionalmente legítimo que puede permitir la injerencia en el derecho a la intimidad, "el interés público propio de la investigación de un delito, y, más en concreto,*

31 Este reconoce en su apartado 1.d) el derecho *a comunicar o recibir libremente información veraz por cualquier medio de difusión. La ley regulará el derecho a la cláusula de conciencia y al secreto profesional en el ejercicio de estas libertades*, añadiendo en su apartado 4 que *Estas libertades tienen su límite en el respeto a los derechos reconocidos en este Título, en los preceptos de las leyes que lo desarrollen y, especialmente, en el derecho al honor, a la intimidad, a la propia imagen y a la protección de la juventud y de la infancia.*

la determinación de hechos relevantes para el proceso penal" [...]. Pues, en efecto, "la persecución y castigo del delito constituye un bien digno de protección constitucional, a través del cual se defienden otros como la paz social y la seguridad ciudadana, bienes igualmente reconocidos en los arts. 10.1 y 104.1 CE"». En todo caso, insiste, «*la ley que autorice injerencias en los derechos fundamentales debe indicar con claridad el alcance de la discrecionalidad conferida a las autoridades competentes, así como la manera de su ejercicio*».

Sobre la habilitación legal o no para esta videovigilancia sin autorización judicial, la falta de esta última y el supuesto en cuestión exigen acudir al antes citado artículo 588 quinquies a de la Ley de Enjuiciamiento Criminal, pero este, advierte la STC en su fundamento jurídico 8, se refiere a la grabación «*en un lugar o espacio público*». Frente a la sentencia impugnada en este recurso de amparo, que defiende que tal espacio abarca todo lo que no configura el domicilio, entiende el Tribunal Constitucional que «*tal razonamiento no puede ser compartido, porque supone una interpretación extensiva del precepto legal que no se cohonesta con las exigencias de seguridad jurídica en el ámbito de los derechos fundamentales y las libertades públicas a las que se refiere la citada jurisprudencia constitucional*», *añadiendo que la noción de lugar o espacio público* «*tiene un sentido inequívoco, referido a ámbitos espaciales de uso por todo el público, sin restricciones*».

Esta STC 92/2023, estimatoria del recurso de amparo interpuesto, nos permite así comprobar el estricto respeto del principio de legalidad que debe guiar la videovigilancia por una autoridad pública. Aunque esta se ampare en un fin legítimo, como una investigación policial, su afectación a un derecho fundamental, como el de la intimidad personal, impide permitir su uso más allá de los supuestos expresamente recogidos en la ley. En este caso, el conflicto deriva, de nuevo, de la delimitación del espacio afectado por la videovigilancia, excediendo de la definición de espacio público (lo que también la excluiría si fuera aplicable la Ley Orgánica 4/1997), por lo que no resulta justificada su injerencia en el derecho a la intimidad y este se considera vulnerado. La resolución del conflicto exige ser especialmente garantista en la protección del derecho fundamental, de tal manera que no proceden interpretaciones (por ejemplo, analógicas) de la norma más allá de la mera observancia del cumplimiento de su tenor literal.

V. Conclusión

El artículo 22 de la LOPSC es parco en la regulación de la videovigilancia por la autoridad gubernativa y, en su caso, por las Fuerzas y Cuerpos de Seguridad. Esta videovigilancia está justificada, siguiendo el propósito de toda la LOPSC, en la seguridad ciudadana, en la protección de los bienes y derechos de los ciudadanos. Sin embargo, entra a su vez en conflicto con sus derechos fundamentales, y en particular hemos destacado sus eventuales vulneraciones de los derechos a la intimidad, a la propia imagen o a la protección de datos personales. Esta contraposición de intereses protegidos, en sentido amplio, exige atender a determinados principios y garantizar la estricta aplicación de la norma, según el caso, a la que por lo demás se remite este precepto.

Su comentario, como hemos visto, nos lleva así al análisis de otras leyes, teniendo en cuenta también sus valoraciones doctrinales y su aplicación por los tribunales al resolver tales conflictos. Los principios de legalidad y proporcionalidad están a la cabeza de toda esta regulación, interpretación y aplicación en el uso de videocámaras, partiendo de la Ley Orgánica 4/1997, de 4 de agosto, por la que se regula la utilización de videocámaras por las Fuerzas y Cuerpos de Seguridad en lugares públicos. El título de esta norma concreta el espacio de referencia, pero no solo conlleva su delimitación, sino también la de otros elementos, subjetivos y objetivos, implicados en el uso de la videovigilancia. Solo con estas concreciones se puede concluir si tal uso, aun afectando a los derechos personales del ciudadano, está justificado, o si el mismo excede de sus límites y supone una injerencia inconstitucional sobre aquellos. En todo caso, no puede priorizarse extensivamente una u otra dimensión, ya que, sin perjuicio de la especial protección que merecen los derechos fundamentales, la seguridad ciudadana también es un interés constitucionalmente protegido.

CAPÍTULO 8

EL EJERCICIO DEL DERECHO FUNDAMENTAL DE MANIFESTACIÓN A LA LUZ DE LA LEY ORGÁNICA DE PROTECCIÓN DE LA SEGURIDAD CIUDADANA

Antonio Dorado Sánchez
Abogado y politólogo
Doctor on Ciencias Sociales y Jurídicas
Asociado Principal en Cuatrecasas
Profesor de Derecho Constitucional en ISDE y UNIE

I. El derecho de manifestación y su limitación por parte de las fuerzas y cuerpos de seguridad del Estado

La LOPSC intenta dar una respuesta amplia y omnicomprensiva de todas aquellas situaciones en las que las intervenciones de las Fuerzas y Cuerpos de Seguridad del Estado («**FCSE**») se hacen necesarias. Por ello, se regulan una gran diversidad de materias: desde la videovigilancia al control de armas y material pirotécnico pasando por las labores de identificación persona. En todas estas situaciones, la intervención de la policía guarda un potencial riesgo de colisión con algún derecho constitucionalmente reconocido. Sin embargo, en pocas materias este «choque de trenes» entre el ejercicio de un derecho fundamental y la actuación de los FCSE es tan clara y potencialmente restrictiva como lo es el ámbito del ejercicio del derecho de manifestación.

En efecto, cualquier actuación policial en el contexto de una manifestación que no se limite a la mera tarea de acordonamiento del perímetro y observancia pasiva es susceptible de vulnerar, en abstracto, este derecho. Por esta razón, la LOPSC dedica una sección específica, la 2.ª del Capítulo III a regular esta cuestión estableciendo los límites de la actuación policial durante el transcurso de manifestaciones, lo cuales vendrán determinados por los propios límites intrínsecos que, como veremos, lleva aparejado este derecho fundamental consagrado en el artículo 21 de la Constitución Española («**CE**»)[1].

En este contexto, el ejercicio de este derecho, por un lado, y el concepto de intervención policial, por otro, ha venido siendo analizado tradicionalmente como elementos antagónicos. Sin embargo, este aparente carácter antagónico debe ser matizado ya que, como iremos desarrollando, puede ser analizado desde múltiples puntos de vista y, desde luego, en esta materia no caben generalizaciones ni intentar concluir la fórmula mágica que permita conocer exactamente cómo reaccionar ante cualquier situación, pues cada caso presentará una casuística y condiciones diferentes. Cada convocatoria, cada comportamiento humano y cada acción policial tienen detrás una compleja red de condicionantes subjetivos que van desde la posible provocación personal a los agentes de la autoridad, hasta la apreciación por parte de éstos de la concurrencia de los presupuestos habilitantes para su disolución.

No obstante, en toda esta madeja de percepciones y casuísticas, subyacen siempre dos cuestiones en permanente tensión: por un lado, el legítimo ejercicio del uso del derecho fundamental a la libertad de manifestación, su alcance y límites y, por otro, la facultad legalmente atribuida a las FCSE de actuar para garantizar el orden público y la seguridad ciudadana[2]. Esta tensión queda resumida en la propia misión que el artículo 11 de la Ley Orgánica 2/1986, de 13 de marzo, de Fuerzas y Cuerpos de Seguridad («**LOFCSE**») encomienda a las FCSE y que sirve de justificación para todas sus atribuciones: *«Las Fuerzas y Cuerpos de Seguridad del Estado tienen como misión proteger el libre ejercicio de los derechos y libertades y garantizar la seguridad ciudadana mediante el desempeño de las siguientes funciones (…)».*

Sin embargo, la pretendida armonía entre ambas facetas de la misión que dicho artículo encomienda a las FCSE —la defensa de los derechos fundamentales y el mantenimiento de la seguridad ciudadana— dista mucho de gozar de una convivencia pacífica en el ámbito del derecho de manifestación. De hecho, cada vez más podemos encontrar en los medios de comunicación

---

1 Artículo 21 Constitución Española de 1978: *«1. Se reconoce el derecho de reunión pacífica y sin armas. El ejercicio de este derecho no necesitará autorización previa. 2. En los casos de reuniones en lugares de tránsito público y manifestaciones se dará comunicación previa a la autoridad, que sólo podrá prohibirlas cuando existan razones fundadas de alteración del orden público, con peligro para personas o bienes».*

2 Artículos 11 y siguientes de la Ley Orgánica 2/1986, de 13 de marzo, de Fuerzas y Cuerpos de Seguridad.

voces discrepantes entres quienes piensan que en caso de que una manifestación comience a presentar signos de tensión que puedan desembocar en desórdenes públicos debe primar la seguridad ciudadana, y aquellos que creen que debe garantizarse en todo momento la libertad de los concurrentes a ejercer su legítimo derecho de manifestación. Con ello, no son pocas las voces que en los últimos años están abogando de manera creciente por una delimitación más precisa de los presupuestos habilitantes para las cargas policiales ante la propagación por internet de imágenes de diversas manifestaciones con finales violentos.

En definitiva, nos encontramos ante un conflicto no solo en permanente tensión sino que se ha constituido en uno de esos temas que, de manera recurrente, cada cierto tiempo siempre vuelve a primera línea del debate social y político a raíz de una intervención polémica o un estado de tensión social determinado[3]. En este sentido, el propio Defensor del Pueblo destacó en su Informe anual de 2019 a la evolución constante tanto de las quejas relativas a malos tratos policiales como por el incorrecto trato por parte de estos[4].

Concretamente, sobre el tema que nos ocupa, el mencionado informe destaca que:

> «Hay un debate social sobre la concreción de lo correcto en cuanto a la «proporcionalidad en el uso de la fuerza», no tanto cuando se ejerce pacíficamente el derecho de manifestación, sino cuando, a su vez, los ciudadanos ejercen resistencia pasiva o violencia activa ante una actuación legal de la policía. Baste pensar en los sucesos de Cataluña de la semana del 14 de octubre de 2019, en los que hubo una mayoría de manifestantes pacíficos y una minoría de manifestantes violentos.
>
> El Defensor del Pueblo considera necesario que exista un protocolo de actuación del uso de la fuerza principalmente en manifestaciones y concentraciones de personas en la vía pública, en el cual se proporcione a los funcionarios de policía, principalmente a los que formen parte de las Unidades de Intervención Policial,

---

3 Gran polémica se suscitó a nivel nacional con la difusión de las imágenes de las intervenciones policiales en el dispositivo desplegado el 1 de octubre de 2017 para impedir el pretendido referéndum de independencia de Cataluña (como ejemplo, véase: *«Un juez investiga a 67 policías por las cargas del 1 de octubre»* disponible online en https://www.metropoliabierta.com/informacion-municipal/sucesos/juez-policias-cargas-1-octubre-referendum_31604_102.html) o más recientemente, antes las imágenes de las cargas policiales en las calles de Linares, Jaén, en el contexto de las protestas vecinales surgidas a raíz de la detención de dos policías que agredieron a un padre y a su hija de 14 años en un terraza, (como ejemplo, véase el siguiente titular *«Qué barbaridad: las duras imágenes de las cargas policiales en Linares por las protestas contra la agresión de dos agentes a un hombre y su hija»*, disponible online en https://www.publico.es/tremending/2021/02/14/que-barbaridad-las-duras-imagenes-de-las-cargas-policiales-en-linares-por-las-protestas-contra-la-agresion-de-dos-agentes-a-un-hombre-y-su-hija/).

4 Defensor del Pueblo. *Informe Defensor del Pueblo 2019, Volumen I. Informe de gestión*. Madrid: Edita, Defensor del Pueblo, 2020, p 123.

instrucciones claras y precisas sobre la manera y las circunstancias en las cuales deben hacer uso tanto de la fuerza como de las armas reglamentarias y de los materiales antidisturbios, a fin de reforzar la seguridad jurídica de los agentes y de los ciudadanos. Una Recomendación en este sentido del Defensor del Pueblo fue rechazada por la Secretaría de Estado de Seguridad hace años (expediente 12037602). Al mismo tiempo, establecer o, en su caso, reforzar una «fase de juicio crítico de las actuaciones policiales en concentraciones o manifestaciones de riesgo», con el fin de evaluar lo acontecido y mejorar, en su caso, las prácticas, como recomendó el Defensor del Pueblo también hace tiempo (informe anual 2016)».

Estas líneas del Informe recogen a la perfección el problema que hemos apuntado y que trataremos en las siguientes páginas: la eterna búsqueda del equilibrio entre seguridad ciudadana y ejercicio de los derechos fundamentales.

Para realizar una aproximación a esta cuestión hemos de partir, precisamente, del análisis separado y preciso de ambos elementos; por un lado, el alcance y límites del ejercicio del derecho de manifestación y, por otro, el de las potestades de intervención de las FCSE para garantizar la seguridad ciudadana. Solo una vez tratados esos puntos podremos cerrar nuestro análisis con jurisprudencia sobre la materia que nos permita tener una visión de conjunto sobre los retos de futuro que aguardan a esta cuestión.

II. Naturaleza y contenido esencial del derecho de manifestación

No todos los derechos fundamentales tienen la misma finalidad ni el mismo origen. Por ello, no todos pueden ni deben ser protegidos de la misma forma. Existen derechos, —los llamados derechos-libertad, (también llamadas «libertades públicas»)— que son garantizados simplemente con que el Estado se abstenga de perturbarlos y asegure que ningún tercero lo haga. Eso ocurre, por ejemplo, con la libertad de conciencia o la libertad de expresión. Frente a estos, existen otros derechos, —los llamados prestacionales— que solo adquieren su máxima eficacia si obtienen una alta implicación del poder público. Así como ocurre, por ejemplo, con el derecho a recibir una educación pública.

Partiendo de esa categorización, —punto de arranque casi unánime en la doctrina[5]— los derechos de reunión y manifestación se encuadrarían dentro de ese primer grupo de libertades públicas, o «libertades-límite», tal y

5 Así lo hace, por ejemplo, PÉREZ TREMPS (PÉREZ TREMPS, Pablo, «Los derechos fundamentales». En LÓPEZ GUERRA, Luis *et al*. *Derecho Constitucional Vol. I El ordenamiento constitucional. Derechos y deberes de los ciudadanos*. Valencia: Tirant lo Blanch, 2018, p. 132).

como las llamó DUVERGER[6] (1962: 210). Estas libertades requieren una actitud negativa o abstencionista por parte de terceros y, especialmente, del poder público siendo que cuanto menos se perturbe el ejercicio de este derecho, más y mayor protección se estará dando al mismo.

Sin embargo, esta clasificación primaria resulta insuficiente para explicar por sí misma toda la fenomenología de los derechos fundamentales, rica en matices y perspectivas. Un estudio detenido de los mismos nos muestra que garantizarlos no implica siempre el ejercicio de la misma actividad por parte del poder público incluso si se clasifican en una misma categoría. Esto ocurre porque hay derechos que tienen una naturaleza híbrida o que, simplemente son —como veremos que ocurre con el derecho de manifestación— el instrumento para el ejercicio de otros derechos. Por lo tanto, es necesario analizar cada derecho, con su naturaleza y contenido esencial, para saber cuándo estamos ante una auténtica vulneración de este y hasta donde pueden llegar los poderes públicos a la hora de garantizar su goce pacífico en convivencia con el resto de las libertades.

La cuestión de la clasificación de los derechos —más allá de esa primaria distinción entre libertades públicas y derechos prestacionales— no es sencilla ni ha sido pacífica en la doctrina. Los derechos y, en concreto los fundamentales, pueden ser analizados desde tantos puntos de vista y perspectivas como se quiera, no siendo posible establecer una categorización universalmente válida para éstos. JELLINEK[7] clasificaba los derechos según la relación que éstos entrañan entre el Estado y el ciudadano. Otros autores proponen para cada país una clasificación normativa de los derechos en función del nivel de protección constitucional que, en cada momento, la constitución política aplicable establezca. Pero sin duda, la forma más visual y sustancial de clasificar los derechos es en clave finalista, esto es, atendiendo al ámbito de protección al que responden.

Sin embargo, nos encontramos una vez más con la dificultad de que un mismo derecho pueda ser enfocado desde distintas perspectivas también en cuanto a su finalidad por lo que aquí, nuevamente, la doctrina tampoco ha establecido una sistemática unánime, existiendo prácticamente tantas clasificaciones como autores han reflexionado sobre la materia.

ALZAGA[8], por ejemplo, acoge esta metodología y distingue entre (i) derechos y libertades de ámbito personal, como el derecho a la vida, la integridad personal, la igualdad, o la integridad personal; (ii) derechos y libertades de la

6 DUVERGER, Maurice: *Instituciones políticas y Derecho Constitucional*, Barcelona: Ed. Ariel, 1962, p. 210.

7 JELLINEK, Georg. *System der subjektiven öffentlichen Rechte*, 2.ª ed. Tubinga, 1905, p. 86.

8 ALZAGA VILLAAMIL, Óscar. *Derecho Político español según la Constitución de 1978. Vol. II. Derechos fundamentales y Órganos del Estado.* Madrid: Ed. Ramon Areces, 2008, pp. 49-50.

esfera privada de la persona, como el derecho a la integridad, al honor y a la propia imagen, la inviolabilidad del domicilio, o las libertades de circulación y residencia; (iii) los derechos políticos, como el derecho de acceso a los cargos públicos; (iv) las libertades económicas, como el derecho a la propiedad; (v) los derechos sociales, como la libertad sindical y, por último (vi) las libertades públicas, como la libertad de expresión, y donde este autor encuadra el derecho a la libre reunión y manifestación.

Torres del Moral[9], por su parte, distingue cuatro grupos: derechos civiles individuales, libertades públicas, derechos políticos y derechos de prestación, encuadrando esta vez al derecho de manifestación dentro de la categoría de derechos políticos. López Guerra[10] y García Morillo[11] optan por distinguir entre derechos puramente políticos —básicamente los de reunión y asociación— y aquellos que denominan «derechos de participación política», como el derecho de sufragio o de acceso a funciones públicas. Montilla Martos[12], por último, engloba bajo un mismo paraguas al derecho de reunión, al de asociación y al de participación llamándolos a todos, simplemente, «derechos políticos» definidos por un elemento común: constituir un cauce para la paulatina participación de los ciudadanos en los asuntos públicos.

Independientemente de todas estas teorías y sistematizaciones, de lo que no podemos dudar es de que los derechos de reunión y manifestación son derechos políticos en la más amplia acepción del término. Son derechos que, por llevar inherentes las cualidades definitorias antes nombradas, son la expresión directa de uno de los valores superiores del ordenamiento constitucional; el pluralismo político (art. 1.1 CE) y son requisitos indispensables para dar veracidad al carácter democrático con que el Estado español se autodefine en dicho artículo.

Sin embargo, —y aquí es donde aparece la complejidad de la cuestión— el derecho de manifestación no es solo un derecho político que por sí mismo implique el participar de los asuntos públicos. La libertad de manifestación es, al mismo tiempo, un gran contenedor de otros muchos derechos que se ejercen simultáneamente y donde el hecho de estar reunidos en manifestación no es sino el instrumento para ejercitarlos. Así, el Tribunal Cons-

9 Torres Del Moral, Antonio. *Principios de Derecho Constitucional español.* Madrid: Átomo Ediciones, 1985, p. 205.

10 López Guerra, Luís. «Derechos de participación política». En López Guerra, Luis *et al. Derecho Constitucional Vol. I El ordenamiento constitucional. Derechos y deberes de los ciudadanos*. Valencia: Tirant lo Blanch, 2018, p. 303.

11 García Morillo, Joaquín. «Los derechos políticos: el derecho de reunión; el derecho asociación». En López Guerra, Luis et al. *Derecho Constitucional Vol. I El ordenamiento constitucional. Derechos y deberes de los ciudadanos*. Valencia: Tirant lo Blanch, 2018, p. 279.

12 Montilla Martos, José Antonio. «Los derechos políticos». En Balaguer Callejón, Francisco et al. *Introducción al Derecho Constitucional*. Madrid: Tecnos, 2015, p. 495.

titucional ha enfatizado en varias de sus sentencias[13] que esta libertad es una afirmación colectiva de la libertad de expresión, ejercida a través de una asociación transitoria de personas. Estamos, por tanto, como señala Torres Muro[14], ante un derecho individual en cuanto a su titularidad y colectivo en cuanto a su ejercicio[15] que opera a modo de técnica instrumental al servicio de otros muchos derechos.

Pero al margen de su carácter instrumental —cuestión sobre la que más adelante volveremos—, la libertad de manifestación es, sin duda, un derecho político autónomo y con un contenido propio reconocido por el artículo 21 de la Constitución y que podría ser resumido, como señala Aguiar de Luque[16] como el derecho de reunión «en movimiento». Así, es la propia Constitución la que trata ambos conceptos de manera conjunta y no distingue entre reunión y manifestación propiamente dichas sino entre reunión en lugar cerrado y reunión en lugar de tránsito público.

En cuanto a sus elementos configuradores, Torres Muro[17] recuerda que la opinión mayoritaria (opinión ratificada en las primeras sentencias del Tribunal Constitucional sobre el derecho de manifestación, STC 85/1988, de 28 de abril, FJ 2) distingue los cuatro siguientes: (i) el subjetivo: la agrupación humana que conforma la manifestación; (ii) el temporal: su carácter efímero; (iii) el finalista: la licitud de su finalidad; y (iv) el real u objetivo: el lugar donde se celebra, el espacio público.

Más claro, sin embargo, nos parece el desglose de Montilla Martos[18] que apunta a los siguientes cuatro rasgos del derecho de manifestación que lo cualifican frente al mero derecho de reunión:

a) Concertación: es el elemento subjetivo del que Torres Muro hablaba, pero considerado ahora desde el punto de vista volitivo. No basta con la mera agrupación humana, no cualquier aglomeración humana fruto del azar puede considerarse una manifestación. Resulta claro que una

13 Sentencia 85/1988 de 28 de abril, FJ.2, reiterado más tarde por las SSTC 66/1995, de 8 de mayo y 195/2003, de 27 de octubre.

14 Torres Muro, Ignacio, «Comentario al artículo 21 de la Constitución Española», en VV.AA. *Comentarios a la Constitución Española, XXX aniversario.* Madrid: Ed. Wolters Kluwer. 2008, p. 529.

15 En este mismo sentido, se pronuncian las SSTC núm. 18/1981, de 8 de junio (FJ 4), 36/1982, de 16 de junio (FJ 6), 115/1987, de 7 de julio (FJ 2), 85/1988, de 28 de abril, (FJ 2 y 3) que delimitan los elementos configuradores de este derecho fundamental y que coinciden con los que comentaremos a continuación.

16 Aguiar de Luque, Luis. «Derechos de reunión y manifestación» en Aragón Reyes, Manuel *et al. Derechos Fundamentales y su protección, Temas Básicos de derecho Constitucional. Tomo III*, Cizur Menor: Ed. Aranzadi, 2011, p. 224.

17 Torres Muro, ref. 15, p. 529.

18 Montilla Martos, ref. 13, pp. 416-497.

aglomeración a las puertas de un centro comercial o el exceso de personas en una calle comercial no puede incluirse en el ejercicio de este derecho. Para ello hará falta una previa convocatoria a la que estas personas hayan decidido acudir voluntaria y conscientemente.

b) Temporalidad: una manifestación es un acto puntual y no estable, con una duración determinada que entraña una hora de arranque y un momento en el que la misma termina. Este hecho lo distingue del ejercicio de otros derechos como el de asociación o el de libre sindicación, lo que no quita que asociaciones o sindicatos puedan desarrollar sus acciones por medio de manifestaciones, aunque sea con carácter recurrente. En este sentido, el Tribunal Constitucional ha declarado que nada impide realizar múltiples manifestaciones con un único objeto (STC 24/2015, de 16 de febrero) aunque sí ocupar indefinida o prolongadamente en exceso un mismo espacio de una manera que se ponga en peligro los bienes y derechos que a las autoridades corresponda proteger (SSTC 284/2005, de 7 de noviembre y 193/2011, de 12 de diciembre).

c) Número: el desarrollo normativo de este derecho ha establecido el número mínimo de 20 personas para que una reunión concertada en el espacio público y con la finalidad que le es propia a este derecho, pueda ser reconocida como manifestación a los efectos de la protección del artículo 21 CE. Al respecto, autores como Torres del Moral[19] se encuentran inflexibles ante esta delimitación numérica, señalando que *«hay que entender que el resto son privadas, se celebren donde se celebren y con cualquier finalidad, a no ser que, por otras condiciones constituyan una de las modalidades de regulación específica»*. Por el contrario, Montilla Martos[20] se encuentra más receptivo a la teoría de relativizar este requisito o exigencia, poniendo el acento en que atravesamos *«tiempos de escasa participación ciudadana y limitado espíritu reivindicativo»*. En cualquier caso, resultaría paradójico que una manifestación convocada con arreglo a las exigencias legalmente establecidas y que cuente con una participación de 20 personas fuera perdiendo o ganando protección constitucional dependiendo de si, por momentos y durante el transcurso de esta, pasa a tener 19 o 21 manifestantes.

d) Finalidad: toda manifestación, para que sea tomada como tal, debe tener una finalidad que trascienda la de ser una mera aglomeración humana. Por ello, no podemos entender que nos hallamos ante una manifestación si un grupo de personas, aunque tengan una voluntad de reunirse, lo hagan con un objetivo distinto al de ejercer este

19 Torres del Moral, ref. 10, p. 237.

20 Montilla Martos, ref. 13, pp. 497.

derecho[21] o con una finalidad ilícita. De esta manera, parece evidente que un grupo de jóvenes concentrados voluntariamente para realizar un «botellón» no pueden acogerse al derecho de manifestación para no ser molestados por las FCSE por más que superen la veintena de participantes y no incurran en ninguna de las causas de ilicitud contempladas en el artículo 21 CE.

En cualquier caso, todos estos elementos son recogidos de una u otra forma y desarrollados por la norma que se ha encargado de desarrollar este derecho fundamental, la Ley Orgánica 9/1983, de 15 de julio, reguladora del derecho de reunión, (en adelante, «**LODR**») que en su artículo 1.2 señala que *«se entiende por reunión la concurrencia concertada y temporal de más de 20 personas, con finalidad determinada»*.

Por otro lado, y como venimos diciendo, el acto físico de manifestarse implica, *per se*, el ejercicio de otro buen número de derechos fundamentales como podrían ser el de la libertad de asociación (art. 22 CE), la libertad de expresión y difusión de ideas (art. 20 CE), el derecho a la libre circulación (art. 19 CE), el derecho de participación en los asuntos públicos (art. 23 CE) e incluso, eventualmente, otros derechos como los derechos de huelga o sindicales. Así lo especifica también una consolidada jurisprudencia[22] del Tribunal Constitucional al señalar que:

> «el derecho de reunión cuando se ejercita en lugares de tránsito público es una manifestación colectiva de la libertad de expresión ejercitada a través de una asociación transitoria de personas que opera a modo de técnica instrumental puesta al servicio del intercambio o exposición de ideas, de la defensa de intereses o de la publicidad de problemas o reivindicaciones, constituyendo, por tanto, un cauce relevante del principio democrático participativo».

Por ello, cualquier regulación, restricción o represión que pueda llegar a efectuarse sobre este derecho es susceptible de interferir con el disfrute de otras tantas libertades, por lo que tales acciones han sido expresamente acotadas en el texto constitucional. En otras palabras; cuando se reprime una manifestación no solamente se está reprimiendo el derecho a realizar una «reunión en movimiento», se está limitando —como mínimo— el derecho a la libertad de expresión, la libertad de circulación y el derecho de participación en los asuntos públicos. Por tanto, no deben extrañarnos las múltiples cautelas con las que, tanto la Constitución, como el desarrollo legislativo y jurisprudencial han tratado este asunto.

---

21 Finalidad que, siguiendo la doctrina del Tribunal Constitucional (STC 42/2000, de 14 de febrero, FJ. 2) podemos fijar en: *«el intercambio o exposición de ideas, de la defensa de intereses o de la publicidad de problemas o reivindicaciones»*.

22 En el mismo sentido, las SSTC 55/1988, de 28 de abril, FJ 2; o la 66/1995, de 8 de mayo, FJ 3.

Así, resulta lógico que ya desde sus primeras sentencias[23], el Tribunal Constitucional venga recordando que nos encontramos ante un derecho que forma parte de aquellos que, según el art. 10 de la Constitución, son el fundamento del orden político y de la paz social. Por ello, cualquier limitación que se realice al respecto debe derivar directamente de los supuestos directamente tasados en la propia Constitución y, dado que este derecho deriva del principio de libertad, deberá acreditarse, caso por caso, que se han sobrepasado los límites constitucionalmente aceptados para su ejercicio. A la cuestión de los límites de este derecho, pasamos a ocuparnos.

III. La alteración del orden público con peligro para las personas o bienes como límite intrínseco del ejercicio del derecho de manifestación

La cuestión de la limitación de los derechos fundamentales ha sido extensamente tratada por la doctrina y la jurisprudencia especializada. Así, ya en 1973, años antes de la redacción de nuestra Constitución, uno de sus padres, el profesor Peces Barba[24] teorizaba con gran acierto sobre esta cuestión afirmando que, al igual que todos los derechos subjetivos tienen límites, los derechos fundamentales también, y los límites de éstos últimos podrían ser bien intrínsecos, (derivados del propio sentido o función que tenga ese derecho) o extrínsecos (que derivan de la sociedad y de los demás sujetos de derecho que coexisten en ella). Así las cosas, el Tribunal Constitucional dejó claro desde sus primeras sentencias (STC 36/1982, de 16 de junio) que el *«el derecho reunión, como todo derecho fundamental, tiene sus límites, por no ser un derecho absoluto e ilimitado»*.

En este sentido, la posterior STC 59/1990, de 29 de marzo (FJ 5° y 6°) recordó que, si bien por un lado el artículo 21 CE al reconocer el derecho de reunión precisa que no estará sujeto a autorización previa y lo condiciona tan solo a que sea pacífica y sin armas, por otro lado, en relación con las reuniones «en movimiento» —esto es, las manifestaciones— la Constitución sí establece el específico límite de la comunicación previa, pero solo habilita a la Administración a prohibirlas *«cuando existan razones fundadas de alteración del orden público»* exigiendo, además, que dicha alteración lo sea *«con peligro para personas y bienes»*, por lo que no puede entenderse, como veremos, que la mera alteración pueda dar lugar *per se* a la intervención policial sobre la manifestación si no se constata este peligro. En cualquier caso, el

23 Por ejemplo, en la STC 101/1985, de 4 de octubre, FJ 3.°.

24 Peces Barba, Gregorio, *Derechos fundamentales I. Teoria General*. Madrid: Guadiana Publicaciones, 1973, p. 137.

Tribunal Constitucional ha insistido[25] en que estos límites han de interpretarse de manera restrictiva, dada la especial importancia que este derecho fundamental entraña.

Cohonestando estas dos realidades, podemos concluir, con Torres Muro[26], la existencia de los siguientes límites al ejercicio del derecho de manifestación:

a) Que sea pacífica y sin armas: este límite, se encuentra enunciado en el 21.1 CE en relación con las reuniones en general, por lo que ha de tenerse expresamente aplicable a las mismas tanto cuando sean estáticas como cuando se produzcan en movimiento, esto es, a las manifestaciones.

b) Los límites penales: rige aquí, señala el citado autor, el principio de que *«nadie tiene derecho a ejecutar en reunión aquello que no podría hacerse fuera de ella»*, por ello, el artículo 513 del Código Penal señala expresamente que: *«Son punibles las reuniones o manifestaciones ilícitas, y tienen tal consideración: 1.° Las que se celebren con el fin de cometer algún delito. 2.° Aquéllas a las que concurran personas con armas, artefactos explosivos u objetos contundentes o de cualquier otro modo peligroso»*[27].

c) La comunicación previa a la autoridad competente: límite éste propio de las manifestaciones (artículo 21.2 CE) y en el que no nos detendremos más por no ser el objeto del presente estudio.

d) El conflicto con otros derechos: este potencial conflicto se da, fundamentalmente, con el de libre circulación (art. 19 CE), sin embargo, el Tribunal Constitucional ha sido claro[28] a la hora de afirmar que la vía pública no está concebida únicamente para el tráfico de vehículos rodados y el paseo de los ciudadanos sino que también es un lugar pensado para ser el escenario donde se celebran manifestaciones, desfiles, funerales y tantos otros acontecimientos políticos y, por tanto, su uso deberá compaginar y permitir ordenadamente todas estas actividades. En este sentido, y en relación con el concreto supuesto del tráfico, la STC 66/1995, de 8 de mayo[29] vino a teorizar sobre los peligros indirectos de las manifestaciones, señalando que

---

25 Así se señala en las SSTC 170/2008, de 15 de diciembre, 37/2009, de 9 de febrero y 38/2009, de 9 de febrero, entre otras.

26 Torres Muro, ref. 15, pp. 531-536.

27 Mención aparte merece el específico caso de las manifestaciones ante las sedes del Congreso, del Senado o de una Asamblea Legislativa de Comunidad Autónoma, cuando estén reunidas, alterando su normal funcionamiento, tipificadas en el artículo 494 del Código Penal.

28 Por todas, citaremos la STC 66/1995, de 8 de mayo, (FJ. 3.°).

29 El mismo sentido se pronuncia la STC 42/2000, de 14 de febrero.

«sólo en supuestos muy concretos podrá concluirse que la afectación del tráfico conlleva una alteración del orden público con peligro para personas o bienes». En concreto, termina concluyendo que:

> «para poder prohibir la concentración deberá producirse la obstrucción total de vías de circulación que, por el volumen de tráfico que soportan y por las características de la zona —normalmente centros neurálgicos de grandes ciudades—, provoquen colapsos circulatorios en los que, durante un período de tiempo prolongado, queden inmovilizados vehículos y se impida el acceso a determinadas zonas o barrios de la ciudad por imposibilidad de que la autoridad gubernativa habilite vías alternativas de circulación. En estos supuestos de colapso circulatorio con inmovilización e imposibilidad de acceso a determinadas zonas por inexistencia de vías alternativas, como se dijo en la citada STC 59/1990, puede resultar afectado el orden público con peligro para personas o bienes si, por ejemplo, resulta imposibilitada la prestación de servicios esenciales con incidencia en la seguridad de personas o bienes, como son los servicios de ambulancias, bomberos, policía o urgencias médicas».

e) La alteración del orden público, con peligro para las personas o bienes: nos encontramos aquí con uno de los límites que van a resultar determinantes para determinar la licitud de la intervención de las Administraciones Públicas en cualquier manifestación, razón por la cual nos detendremos en su estudio pormenorizado.

La cuestión del orden público ya es advertida por PECES BARBA[30] como un límite genérico al ejercicio de todos los derechos consistiendo, señala este autor, *«en la limitación de un derecho por razones de tranquilidad, seguridad o salubridad pública»*. La siguiente cuestión residirá, por tanto, en precisar de manera concreta en qué consiste este límite y bajo qué circunstancias cabe invocarlo ya que, como señaló el padre constituyente, *«para asegurar que el límite del orden público no se exceda en la regulación de las libertades públicas, haciéndolas ilusorias»* es necesario (i) que la organización general del país sea democrática; (ii) que la limitación por cuestión de orden público esté expresamente definida por Ley; (iii) que la competencia de las autoridades administrativas y, especialmente, de las FCSE esté, en esta materia, acotada y limitada por las leyes; y que, parafraseando a BURDEAU, (iv) toda medida policial que se aplique al respecto deba ser, *«necesaria, eficaz y razonable o proporcionada al desorden que se pretende evitar»*. Se trata, en definitiva, como señaló LOEWENSTEIN[31] de evitar la arbitrariedad que convierta la excusa del orden público en un poder discrecional de la autoridad, sino de garantizar la proporcionalidad y el que la decisión de la autoridad estará, en última instancia sometida al control judicial que velará por mantener el equilibrio entre la protección de las libertades y el interés público.

---

30 PECES BARBA, ref. 25, p. 32.

31 LOEWENSTEIN, Karl, *Teoría de la constitución*, Barcelona: Ariel, 1970, p. 397.

Por tanto, los motivos de orden público que se pretendan alegar para limitar el derecho de reunión no pueden basarse en la mera alteración de este, ya que toda manifestación, por el simple hecho de producirse, altera la normal vida cotidiana de una ciudad, sino que se requiere, a su vez, la presencia de ese «peligro para personas y bienes» al que ya hemos aludido.

El Tribunal Constitucional en los fundamentos jurídicos 3.° y 5.° de la mencionada STC 66/1995, de 8 de mayo, precisa que deben existir «razones fundadas» para la alteración de ese orden público, sin que baste la mera sospecha o potencialidad. Se necesita, por tanto, *«que quien adopta esta decisión debe poseer datos objetivos suficientes, derivados de las circunstancias de hecho concurrentes en cada caso, a partir de los que cualquier persona en una situación normal pueda llegar racionalmente a la conclusión, a través de un proceso lógico basado en criterios de experiencia, que la concentración producirá con toda certeza el referido desorden público».*

En segundo lugar, en cuanto al referido peligro para la integridad de personas o bienes, el Tribunal Constitucional acierta al señalar que *«ese peligro no es sinónimo de utilización de la violencia sobre personas o cosas por parte de quienes participan en las concentraciones. Las reuniones no pacíficas —y así deben considerarse cabalmente a aquellas en las que los participantes llevan a cabo actos violentos— ya resultan excluidas del derecho de reunión por el primer párrafo de este precepto».* Por lo que, señala TORRES MURO[32], el derecho a la libertad de manifestación debe prevalecer si esos posibles daños pueden evitarse con el refuerzo de las unidades policiales destinadas a estar presente en la manifestación o, como apunta la STC 66/1995, de 8 de mayo, si pueden sugerirse las modificaciones necesarias que permitan el ejercicio de este derecho, por ejemplo un cambio de hora o de trayecto ya que estas circunstancias han venido siendo consideradas por el propio Tribunal Constitucional como «adjetivas» que no alteran el contenido esencial del derecho salvo en circunstancias excepcionales[33].

IV. Los presupuestos habilitantes para la suspensión y disolución de manifestaciones por parte de las FCSE: evolución y situación actual

Hasta ahora hemos analizado los diferentes escenarios que pueden darse con carácter previo a la realización del propio acto de la manifestación, para así entender la importancia de este derecho y la posición del ámbito de actuación de los poderes públicos respecto a su ejercicio. Ahora, sin embargo, nos

32 TORRES MURO, ref. 15, pp. 538.

33 *Vid.* Las SSTC 96/2010, de 15 de noviembre o 163/2006, de 22 de mayo.

centraremos en un plano distinto: el momento en el que ya ha comenzado la manifestación y la autoridad gubernativa interviene en la misma por medio de las FCSE ordenando la suspensión o la disolución de la manifestación.

1. Presupuestos legales

El presupuesto básico de la actuación de intervención policial durante el desarrollo de manifestaciones lo encontramos en el artículo 5 de la LODR a la que expresamente se remite el párrafo segundo del punto primero del artículo 23 LOPSC.

Dicho artículo 5 LODR señala que;

> «La autoridad gubernativa suspenderá y, en su caso, procederá a disolver las reuniones y manifestaciones en los siguientes supuestos:
>
> a) Cuando se consideren ilícitas de conformidad con las Leyes penales.
>
> b) Cuando se produzcan alteraciones del orden público, con peligro para personas o bienes.
>
> c) Cuando se hiciere uso de uniformes paramilitares por los asistentes.
>
> d) Cuando fueran organizadas por miembros de las Fuerzas Armadas o de la Guardia Civil infringiendo las limitaciones impuestas en el art. 13 de la LO 9/2011, de 27 de julio, de derechos y deberes de los miembros de las Fuerzas Armadas o en el art. 8 de la LO 11/2007, de 22 de octubre, reguladora de los derechos y deberes de los miembros de la Guardia Civil.
>
> Tales resoluciones se comunicarán previamente a los concurrentes en la forma legalmente prevista».

Fuera de estas circunstancias, no se puede proceder a la disolución coercitiva como pudo observarse, señala Montilla Martos[34], con motivo de las concentraciones del 15-M en la Puerta del Sol de Madrid, así como en otras ciudades de España.

El primero de los supuestos tiene su razón de ser en la ilegalidad propia de la manifestación de acuerdo con las leyes penales y el segundo es la reproducción literal del límite constitucional ya comentado. La razón de ser de la intervención policial es, por tanto, similar en los casos descritos: la manifestación que se realiza bajo tales circunstancias está excluida del ámbito de protección de este derecho fundamental por lo que no merece ser calificada como tal, habilitándose a la autoridad gubernamental a intervenir suspendiendo y disolviendo dicha reunión ilícita.

Los apartados c y d, por su parte, tienen una fundamentación distinta. El primero de ellos, resulta de total coherencia con el artículo siguiente de la Constitución, el 22, que en su punto 5 prohíbe «las asociaciones secretas y

34 Montilla Martos, ref. 13, pp. 501.

las de carácter paramilitar». Por tanto, existe en la Constitución un rechazo de plano a este tipo de asociaciones, pareciendo lógico que su «asociación informal» en modo de convocatoria y ejercicio de derecho de manifestación también se halle reprimida. Por su parte, el apartado d —el de más reciente incorporación, por medio de la disposición final 6 de la Ley Orgánica 8/2014, de 4 de diciembre— permite la disolución de aquellas manifestaciones en las que miembros de miembros de las Fuerzas Armadas o de la Guardia Civil participen, por ejemplo, vistiendo el uniforme reglamentario, o portando armas. Todo ello en aras de garantizar el deber de neutralidad que ambos cuerpos deben mantener.

2. Delimitación legal de la actuación policial en la disolución de manifestaciones: el uso proporcional de la fuerza

Una vez expuestos los motivos por los que se puede disolver una manifestación, debemos centrarnos en cómo ha de procederse, con arreglo a la Ley y a la jurisprudencia constitucional, a dicha disolución por parte de las FCSE presentes en la misma.

Desde la entrada en vigor de la actual Constitución, el ejercicio del derecho de manifestación recogido en su artículo 21 ha convivido con tres leyes distintas de seguridad ciudadana, en las que se ha ido observando una clara evolución tendente a limitar y matizar los supuestos y los métodos en los que las FCSE pueden intervenir físicamente para disolver una manifestación.

La primera de ellas, la Ley 45/1959, de 30 de julio, de Orden Público, («**LOP**») vigente hasta 1992, preveía en su artículo 14[35] un sistema —de nefasto recuerdo, como apunta TORRES MURO[36]— consistente en la intimación por tres veces consecutivas a los manifestantes, *«con intervalos de tiempo suficiente»* entre estas intimaciones que, por otro lado, se reducirían a una sola cuando la manifestación revista carácter tumultuario e incluso podría prescindirse de ésta *«cuando hubiere sido atacada la fuerza por los*

---

35 Art. 14: *«Uno. Cualquier reunión ilegal o manifestación no autorizada o que se desarrolle fuera de los límites o condiciones permitidos por la Autoridad, podrá ser disuelta por las fuerzas encargadas del mantenimiento del orden. Antes de proceder a ello, deberán intimar por tres veces consecutivas a los reunidos o manifestantes, con intervalos de tiempo suficiente.*
Dos. Cuando la manifestación revista carácter tumultuario, háyase o no autorizado aquélla legalmente, bastará un solo toque de atención para que proceda la fuerza pública a disolverla. No será necesaria tal intimación cuando hubiere sido atacada la fuerza por los manifestantes; pero no cabrá hacer fuego contra los perturbadores, aun cuando persistan en su actitud de resistencia, sin haber dado antes un toque de atención, salvo el caso en que los perturbadores disparasen contra la fuerza pública, o los manifestantes se produjeran con armas».

36 TORRES MURO, ref. 15, pp. 537.

manifestantes». Esta ley previó incluso los supuestos en los que cabía el uso de las armas de fuego contra los manifestantes lo que podría realizarse *«en el caso en que los perturbadores disparasen contra la fuerza pública, o los manifestantes se produjeran con armas»*.

La Ley Orgánica 1/1992, de 21 de febrero, sobre Protección de la Seguridad Ciudadana («**LOPSC 1992**») vino, a través de sus artículos 16 y 17[37], a establecer un nuevo parámetro de actuación policial más acorde con el espíritu de la LODR, aprobada una década antes, y más garantista con el ejercicio del derecho. La primera novedad que encontramos es que esta Ley omite en todo momento hablar del uso de armas de fuego para disolver manifestaciones. En segundo lugar, se mantiene la obligatoriedad del previo aviso para disolver las manifestaciones salvo en casos de se produzcan alteraciones de la seguridad ciudadana con armas o con otros medios de acción violenta. En todo caso, se establece el principio general de que las FCSE deberán proteger la celebración de manifestaciones y que, en caso de tener que disolverse, se habrá de realizar siempre *«en la forma que menos perjudique»*.

En 2015 se aprobó la vigente Ley Orgánica 4/2015, de 30 de marzo, de Protección de la Seguridad Ciudadana («**LOPSC 2015**») —recientemente afectada por la STC 13/2021, de 28 de enero, que, sin embargo, no alteró el artículo 23 de la misma—, donde se regula el procedimiento de actuación de las FCSE en las manifestaciones[38]. Dicho artículo viene a fusionar y reformular lo contenido en los artículos 16 y 17 de la anterior norma, estableciendo que:

---

37 *Artículo 16: 1. Las autoridades a las que se refiere la presente Ley adoptarán las medidas necesarias para proteger la celebración de reuniones o manifestaciones y de espectáculos públicos, procurando que no se perturbe la seguridad ciudadana. Sin embargo, podrán suspender los espectáculos y disponer el desalojo de los locales y el cierre provisional de los establecimientos públicos mientras no existan otros medios para evitar las alteraciones graves de la seguridad que se estuvieren produciendo. 2. Dichas autoridades, por medio de las Fuerzas y Cuerpos de Seguridad, podrán disolver, en la forma que menos perjudique, las reuniones en lugares de tránsito público y las manifestaciones, en los supuestos prevenidos en el artículo 5 de la Ley Orgánica 9/1983, de 15 de julio, reguladora del derecho de reunión. También podrán disolver las concentraciones de vehículos en las vías públicas y retirar aquéllos o cualesquiera otra clase de obstáculos cuando impidieran, pusieran en peligro o dificultaran la circulación por dichas vías.*
Artículo 17: 1. *Antes de llevar a efecto las medidas a que se refieren los artículos anteriores, las unidades actuantes de las Fuerzas y Cuerpos de Seguridad deberán avisar de tales medidas a las personas afectadas.* 2. *En el caso de que se produzcan alteraciones de la seguridad ciudadana con armas o con otros medios de acción violenta, las Fuerzas y Cuerpos de Seguridad podrán disolver la reunión o manifestación o retirar los vehículos y obstáculos, sin necesidad de previo aviso.* 3. *En los casos a que se refieren los artículos anteriores, los empleados de empresas privadas de vigilancia y seguridad, si los hubiere, deberán colaborar con las Fuerzas y Cuerpos de Seguridad, respecto del interior de los locales o establecimientos en que prestaren servicio.*

38 Esta intervención se realizará, como resulta lógico, por parte de la autoridad competente sin previa autorización judicial. La intervención por parte de jueces y magistrados se producirá, en todo caso, a posteriori, si la decisión administrativa es finalmente recurrida

«1. Las autoridades a las que se refiere esta Ley adoptarán las medidas necesarias para proteger la celebración de reuniones y manifestaciones, impidiendo que se perturbe la seguridad ciudadana.

Asimismo podrán acordar la disolución de reuniones en lugares de tránsito público y manifestaciones en los supuestos previstos en el artículo 5 de la Ley Orgánica 9/1983, de 15 de julio, reguladora del derecho de reunión.

También podrán disolver las concentraciones de vehículos en las vías públicas y retirar aquéllos o cualesquiera otra clase de obstáculos cuando impidieran, pusieran en peligro o dificultaran la circulación por dichas vías.

2. Las medidas de intervención para el mantenimiento o el restablecimiento de la seguridad ciudadana en reuniones y manifestaciones serán graduales y proporcionadas a las circunstancias. La disolución de reuniones y manifestaciones constituirá el último recurso.

3. Antes de adoptar las medidas a las que se refiere el apartado anterior, las unidades actuantes de las Fuerzas y Cuerpos de Seguridad deberán avisar de tales medidas a las personas afectadas, pudiendo hacerlo de manera verbal si la urgencia de la situación lo hiciera imprescindible.

En caso de que se produzca una alteración de la seguridad ciudadana con armas, artefactos explosivos u objetos contundentes o de cualquier otro modo peligrosos, las Fuerzas y Cuerpos de Seguridad podrán disolver la reunión o manifestación o retirar los vehículos y obstáculos sin necesidad de previo aviso».

Como vemos, la nueva redacción parece abordar el problema mostrando una mayor preocupación por la racionalización del uso de la fuerza e introduciendo por primera vez conceptos como la proporcionalidad o la actuación gradual a la hora de llevar a cabo la intervención policial descrita.

En efecto, tal y como proclama la exposición de motivos de la Ley, *«La relación de estas potestades de policía de seguridad es análoga a la contenida en la Ley Orgánica 1/1992, de 21 de febrero, si bien, en garantía de los derechos de los ciudadanos que puedan verse afectados por su legítimo ejercicio por parte de los miembros de las Fuerzas y Cuerpos de Seguridad, se perfilan con mayor precisión los presupuestos habilitantes y las condiciones y requisitos de su ejercicio, de acuerdo con la jurisprudencia constitucional»*.

De esta forma, el régimen legal vigente de actuación policial para la disolución de manifestaciones queda configurado de la siguiente manera:

a) Debe partir de los supuestos expresamente enunciados en la LODR, que son los habilitadores de la intervención y los que dotan de constitucionalidad a la medida, tal y como ha recordado recientemente el Tribunal Constitucional, en su STC 172/2020, de 19 de noviembre (FJ. 6) reiterando los dos supuestos que tradicionalmente ha considerado como habilitadores de la disolución: (i) que los participantes hayan

judicialmente, de conformidad con las reglas generales enunciadas por el artículo 4 de la LOPSC 2015.

transgredido los límites del derecho de reunión o que (ii) no hayan cumplido con el deber previo de comunicación[39].

b) Debe realizarse con uso gradual de la fuerza y proporcional a las circunstancias concurrentes: toda intervención que se realice por parte de los FCSE no puede estandarizarse, sino que, independientemente de la legalidad o ilegalidad de los hechos que estén presenciando, deberá realizarse proporcional y gradualmente. De esta forma, no será igual el uso de la fuerza policial cuando la causa de disolución de esta sea la presencia de grupos con uniformes paramilitares desfilando pacíficamente por una vía pública que cuando una manifestación ha devenido violenta y ha comenzado a ocasionar graves alteraciones del orden público, con peligro para personas o bienes.

c) Debe ser el último de los recursos: esta declaración —introducida por el apartado segundo del artículo 23— implica, por supuesto, que los agentes cumplan con lo establecido en el apartado siguiente en cuanto al preaviso de la actuación pero deja también la puerta abierta a la posibilidad de que se empleen otro tipo de recursos para tratar de mantener la manifestación como podría ser el invitar a que abandonen la misma a las personas que porten uniformes paramilitares o el tratar de detener los primeros conatos de violencia de una manifestación antes de que la disolución sea valorada como única alternativa para garantizar el orden público.

d) Se debe realizar con un preaviso a las personas afectadas: dicho preaviso parece configurarse, a diferencia de lo que ocurría en regulaciones anteriores, como un acto revestido de cierto rigorismo, ya que la verbalización de dicho preaviso parece presentarse en esta ocasión como una excepción a la regla general —*«pudiendo hacerlo de manera verbal si la urgencia de la situación lo hiciera imprescindible»*—.

e) Solo en casos extremos y tasados, podrá disolverse una manifestación sin necesidad de previo aviso: en regulaciones anteriores, como vimos, la posibilidad de eliminar el previo aviso se ha contemplado en nuestra legislación *«cuando hubiere sido atacada la fuerza por los manifestantes»* (art. 14 de la LOP) o *«en el caso de que se produzcan alteraciones de la seguridad ciudadana con armas o con otros medios de acción violenta»* (art. 17 LOPSC 1992). En esta ocasión, la LOPSC 2015 realiza una regulación en un sentido similar a sus predecesoras, aunque algo más exhaustiva de los supuestos en los que puede prescindirse del preaviso: *«en caso de que se produzca una alteración de la seguridad ciudadana con armas, artefactos explosivos u objetos contundentes o de cualquier otro modo peligrosos»*.

39 Por todas, podemos citar la STC 42/2000, de 14 de febrero, FJ 2.

f) En todo caso, esta intervención debe realizarse de conformidad con lo dispuesto en el artículo 4 de la LOPSC 2015 que establece que toda actuación policial que se realice en el marco del ejercicio del derecho de manifestación debe aplicarse del modo más favorable a la plena efectividad de ese derecho fundamental, y de acuerdo con los principios de *«legalidad, igualdad de trato y no discriminación, oportunidad, proporcionalidad, eficacia, eficiencia y responsabilidad, y se someterá al control administrativo y jurisdiccional»*.

En resumen, podríamos concluir que la actuación policial en el marco del ejercicio del derecho de manifestación se estructura en torno a los conceptos de: (i) defensa prioritaria del ejercicio del derecho ejercido por parte de los ciudadanos; (ii) neutralidad política y (ii) proporcionalidad.

El primero de los condicionantes deriva directamente de la importancia del propio derecho de manifestación, configurado en palabras del Tribunal Constitucional como una libertad *«intensamente vinculada con el pluralismo político»*[40] que acaba por erigirse como *«condición previa y necesaria para el ejercicio de otros derechos inherentes al funcionamiento de un sistema democrático»*[41], razón por la cual cuando la ley y la jurisprudencia constitucional ha realizado un ejercicio de ponderación de intereses en juego tradicionalmente se ha venido decantando por la prevalencia, hasta donde sea posible, del mantenimiento del ejercicio de este derecho.

Por su parte —y aunque no podemos desvincularlos del motivo apenas expuesto—, la proporcionalidad y la neutralidad política son dos de los principios generales de actuación de las FCSE en el ejercicio de sus competencias que se ve ahora enfatizado por la especial trascendencia del derecho protegido.

En efecto, el propio artículo 4.2 LOPSC 2015 hace una remisión expresa al artículo 5 de la Ley Orgánica 2/1986, de 13 de marzo, de Fuerzas y Cuerpos de Seguridad[42], donde se establecen los principios básicos de actuación de las FCSE entre las que, entre otras, se cuentan (1) el ejercer su función con absoluto respeto a la Constitución y al resto del ordenamiento jurídico; (2) Actuar, en el cumplimiento de sus funciones, con absoluta neutralidad

40 STC 172/2020, de 19 de noviembre. FJ. 6.°.

41 STC 170/2008, de 15 de diciembre. FJ. 4.°.

42 A esta regulación puede añadirse, también, la regulación sectorial y las normas de régimen interno de cada cuerpo interviniente. Así, por ejemplo, el artículo 7.4 de la Ley 29/2014, de 28 de noviembre, de Régimen del Personal de la Guardia Civil establece, entre las *«reglas de comportamiento del guardia civil»* el ejercicio de la proporcionalidad en el ejercicio de sus competencias y primando *«la persuasión y fuerza moral»* como vía principal de actuación: *«4. Hará un empleo legítimo de la fuerza, con un uso gradual y proporcionado de la misma, siendo la persuasión y la fuerza moral sus primeras armas. Se regirá, en todo caso, por los principios de congruencia, oportunidad y proporcionalidad en la utilización de los medios a su alcance»*.

política e imparcialidad y, en consecuencia, sin discriminación alguna por razón de raza, religión u opinión; (3) Impedir, en el ejercicio de su actuación profesional, cualquier práctica abusiva, arbitraria o discriminatoria que entrañe violencia física o moral; (4) En el ejercicio de sus funciones deberán actuar con la decisión necesaria, y sin demora cuando de ello dependa evitar un daño grave, inmediato e irreparable; rigiéndose al hacerlo por los principios de congruencia, oportunidad y proporcionalidad en la utilización de los medios a su alcance; y (5) Solamente deberán utilizar las armas en las situaciones en que exista un riesgo racionalmente grave para su vida, su integridad física o las de terceras personas, o en aquellas circunstancias que puedan suponer un grave riesgo para la seguridad ciudadana y de conformidad con los principios a que se refiere el apartado anterior.

Todas estas consideraciones, junto con las precisiones jurisprudenciales que veremos, delimitan la actuación policial tanto a la hora de velar por el normal desarrollo de una manifestación como, llegado el caso, a la hora de proceder a su disolución. Sin embargo, las obligaciones legales relacionadas con la actuación de las FCSE en el marco de una manifestación no acaban con estas consideraciones, ya que hemos de considerar al mismo tiempo las previsiones legales sobre la defensa del ejercicio del derecho de manifestación que aplican a cualquier funcionario público.

3. Otros deberes y obligaciones legales de los servidores públicos en el marco del ejercicio del derecho de manifestación

En efecto, las obligaciones de las FCSE, en tanto funcionarios públicos, no terminan con las obligaciones que hemos expuesto hasta ahora. Existe toda una serie de previsiones penales que previenen a todos los servidores públicos para que respeten y faciliten de forma activa el ejercicio por parte de la ciudadanía de los derechos fundamentales reconocidos por la Constitución.

En concreto podemos citar los siguientes:

a) En primer lugar, la obligación genérica del ya citado artículo 23 LOPSC 2015 que establece, en su apartado primero, un deber de colaboración activa con el desarrollo del libre ejercicio del derecho de manifestación señalando que *«Las autoridades a las que se refiere esta Ley adoptarán las medidas necesarias para proteger la celebración de reuniones y manifestaciones, impidiendo que se perturbe la seguridad ciudadana»*.

b) Por su parte, el Código Penal[43], en su artículo 540 prescribe la pena de inhabilitación especial para empleo o cargo público de cuatro a ocho

43 Ley Orgánica 10/1995, de 23 de noviembre, del Código Penal.

años y multa de seis a nueve meses para *«la autoridad o funcionario público que prohíba una reunión pacífica o la disuelva fuera de los casos expresamente permitidos por las Leyes»*[44]. Esta previsión legal alcanza a cualquier funcionario público que pueda ser subsumido en el tipo y, por tanto, también a los miembros de las FCSE que puedan ser identificados realizando dichas acciones durante el transcurso de una manifestación.

c) Por último, pero no por ello menos importante, podemos resaltar que a nivel administrativo, la Ley 40/2015, de 1 de octubre, de Régimen Jurídico del Sector Público reconoce, en su artículo 32 y siguientes, el derecho de los particulares a ser indemnizados por las Administraciones Públicas correspondientes de toda lesión que sufran *«en cualquiera de sus bienes y derechos, siempre que la lesión sea consecuencia del funcionamiento normal o anormal de los servicios públicos salvo en los casos de fuerza mayor o de daños que el particular tenga el deber jurídico de soportar de acuerdo con la Ley»*. Este precepto, que opera independientemente del reproche penal al funcionario del que hablamos en el apartado anterior, ha sido aplicado por la jurisprudencia[45] como aplicable a los casos de responsabilidad por el uso desproporcionado de la fuerza por parte de miembros de las FCSE durante el transcurso de manifestaciones.

V. La interpretación jurisprudencial del uso de la fuerza en el contexto del ejercicio del derecho de manifestación

Una vez revisados los presupuestos de actuación de las FCSE en el ámbito del ejercicio del derecho de manifestación, dedicaremos unas líneas a exponer el tratamiento jurisprudencial que han tenido los principios y pautas de actuación que hasta ahora hemos analizado.

a) Con relación a los principios de *«proporcionalidad de la intervención, racionalidad de la actuación y justificación de los medios con-*

---

44 Esta regulación fue completada, tras la entrada en vigor de la Ley Orgánica 15/2003, de 25 de noviembre, por el apartado 4 del artículo 514 que amplía el reproche penal de la obstrucción al ejercicio de este derecho fundamental a cualquier ciudadano, señalando que: *«Los que impidieren el legítimo ejercicio de las libertades de reunión o manifestación, o perturbaren gravemente el desarrollo de una reunión o manifestación lícita serán castigados con la pena de prisión de dos a tres años si los hechos se realizaran con violencia, y con la pena de prisión de tres a seis meses o multa de seis a 12 meses si se cometieren mediante vías de hecho o cualquier otro procedimiento ilegítimo»*.

45 Entre otras, la Sentencia de la Audiencia Nacional, de 27 de marzo de 2019.

cretamente empleados para llevarla a cabo» el Tribunal Supremo[46] ha venido repitiendo la importancia del respeto a los mismos *«especialmente cuando se producen o son previsibles enfrentamientos con personas, con el consiguiente riesgo para la vida e integridad física, que tienen un valor absoluto y prevalente sobre la necesidad de proteger bienes o valores de inferior rango»* añadiendo que estos principios tienen su fundamento, precisamente, en el respeto a los derechos fundamentales de las personas.

b) En cuanto a su aplicación práctica, la jurisprudencia viene exigiendo que la actuación policial en el marco de una manifestación se ciña estrictamente al ámbito de los objetivos que legitiman su actuación llegando a calificar (SAN de 27 de marzo de 2019 FJ 3.º), en consecuencia, como *«no proporcionada a las circunstancias»*, una carga policial destinada a la retirada de una pancarta portada por los manifestantes al considerar que dicha actuación *«no va dirigida a impedir, evitar, controla una actitud de alteración de orden público, sino que claramente va dirigida a golpear con la porra la pancarta»*.

c) Como elemento a valorar para determinar si el uso de la fuerza ejercida por los efectivos policiales ha sido o no proporcional, también son tenidas en cuentas determinadas circunstancias personales concurrentes en el momento de la carga policial como el número de efectivos policiales presentes, la fortaleza física y edad de los manifestantes, las consignas que éstos gritan, así como el tiempo efectivo que la carga emplea para disolver efectivamente la manifestación[47]. En otros pronunciamientos judiciales[48] se ha considerado el hecho de que la

---

46 Entre otras, la Sentencia de la Sala Tercera del Tribunal Supremo, Sección 6.ª, de 9 de junio de 1998, y en el mismo sentido, la de la misma Sala y Tribunal, de 2 de marzo de 1995.

47 En este sentido, la citada SAN de 27 de marzo de 2019, señaló que en el caso concurrente, la avanzada edad de los manifestantes, así como la inocuidad de sus proclamas no podían haber hecho prever a las FCSE presentes que hubiera un peligro racional y evidente que justificara la carga policial, algo que se vio corroborado —señala la Sentencia— por el hecho de que la manifestación fuera finalmente disuelta en menos de un minuto desde el inicio de la carga, lo que evidencia el carácter poco hostil de la misma. En este sentido, tampoco se considera como elemento suficiente para determinar que una manifestación reviste «carácter violento» el hecho de que varios manifestantes discutiera, gritara e incluso insultara a los policías presentes.

48 En efecto, la Sentencia del Juzgado de lo Penal número 3 de Valladolid, dictada en el procedimiento abreviado número 355/2016 declara que: *«Y un último apunte en relación con la carga policial improvisada. Los agentes han insistido en la "enorme tensión" previa a la carga, la animosidad violenta contra ellos, el peligro de orden público, y sin embargo, proceden a cargar contra los manifestantes sin casco, es decir, no debían presumir demasiada resistencia ni peligro cuando ni ellos mismos consideraron extremar sus propias medidas de seguridad, y lo que es más grave, teniendo órdenes de dirigir los golpes de sus defensas reglamentarias de cintura para abajo, el agente no identificado pero que con mayor saña golpea a diestro y siniestro muestra una especial predilección por golpear a los manifestan-*

policía no se cubra con casco ni extreme sus medidas de autoprotección como elemento indiciario de la poca peligrosidad objetiva que la manifestación revestía.

d) Por otra parte, la jurisprudencia del Tribunal Supremo (por todas, STS de 22 de abril de 1994, FJ 5.º) ha declarado que existe por parte de los manifestantes el deber jurídico de soportar el daño causado por una carga policial cuando el lesionado se ha arriesgado a participar en una manifestación ilegal y violenta[49].

e) Sin embargo, el daño causado sí será antijurídico cuando la respuesta o reacción de las Fuerzas de Orden Público resulta desproporcionada en medios y modos, atendidas las circunstancias. (STS de 7 de octubre de 1995).

VI. La necesidad de un protocolo de actuación policial que complemente la regulación de la LOPSC

A lo largo de este capítulo se ha analizado tanto la naturaleza y límites del derecho fundamental de manifestación recogido en el artículo 21 de la Constitución como los presupuestos habilitadores del ejercicio legítimo del uso de la fuerza física por parte de las FCSE durante el ejercicio de este.

Como hemos visto, el desarrollo normativo del artículo 21 CE así como el avance del Estado de Derecho en nuestro país, ha ido obligando al legislador a ir dictando sucesivas leyes de seguridad ciudadanas en el sentido de precisar y delimitar las actuaciones policiales en este ámbito, diseñando con ello un marco jurídico cada vez más garantista y en el que se prima, por encima de todo, el derecho de los manifestantes frente cualquier otra incomodidad que la propia manifestación pudiera entrañar[50].

---

tes en la mitad superior del cuerpo y en la cabeza, incrementando las consecuencias lesivas de su comportamiento».

49 En el mismo sentido se pronuncian las STS 1 de julio de 1995 (recurso de casación 2029/92, FJ 6), 27 de noviembre del año 2000 (recurso 6589/1.996) y 31 de enero de 2003 (casación 9060/98).

50 Marco que ha debido ser recientemente reinterpretado por la jurisdicción a raíz de la pandemia provocada por la COVID-19. Así, si bien el Decreto 463/2020, de 14 de marzo, por el que se declaró el estado de alarma no incluyó limitaciones al ejercicio del derecho de manifestación, la aplicación de toda la doctrina constitucional estudiada en el presente escrito, así como la posibilidad recogida en la Ley Orgánica 4/1981, de 1 de junio, reguladora de los estados de alarma, excepción y sitio de «*Limitar la circulación o permanencia de personas o vehículos en horas y lugares determinados, o condicionarlas al cumplimiento de ciertos requisitos*», llevó a la jurisprudencia a tener que realizar una labor de cohonestadora de los intereses en juego a fin de poder proteger este derecho sin suspenderlo. En

En paralelo, la jurisprudencia ha remado siempre en esta misma dirección. Por un lado, la constitucional, recordando la importancia capital que el ejercicio de este derecho entraña para el mantenimiento de una sociedad plural y democrática y, la ordinaria entrando a valorar la variadísima casuística que esta cuestión entraña determinando, caso por caso, en qué supuestos y bajo qué circunstancias, puede considerarse traspasadas las líneas que la legislación y que el Tribunal Constitucional han ido marcando durante las últimas décadas.

Sin embargo, y tal y como vimos que recordaba el Defensor del Pueblo en su informe de 2019, no existe un protocolo policial que recoja lo más relevante de esta doctrina para sistematizar y regular de una vez por todas los límites de la actuación policial y los criterios que han de seguirse ante cada situación.

En este sentido, cabe destacar que ya existen diferentes protocolos de actuación policiales, por ejemplo, en materia de delitos de odio[51] o para la protección de las víctimas de violencia de género[52]. Pues bien, un protocolo en el ámbito que nos ocupa proporcionaría no pocas ventajas: en primer lugar, para los propios efectivos de las FCSE, ya que facilitaría su labor al tener por fin una certeza sobre su actuación, pudiendo regirse por un protocolo claro y respaldado con la jurisprudencia existente sobre la materia, pudiendo así tener pleno conocimiento sobre bajo qué circunstancias y con qué intensidad poder intervenir. En segundo lugar, para la transparencia de las FCSE, ya que la existencia del protocolo facilitaría la labor de depuración, tanto interna como —llegado el caso— a nivel judicial, de responsabilidades en caso de producirse una extralimitación en el cumplimiento de los límites a la actuación policial tolerada por nuestro Derecho. Y, por último, para todo el conjunto de la sociedad ya que con la aprobación de un protocolo se podría, si no poner fin, sí relativizar y racionalizar el eterno debate sobre la actuación policial en cada una de las manifestaciones, pudiendo conocer previamente también el manifestante y la opinión pública bajo qué circunstancias las FCSE pueden intervenir y disolver la manifestación, aportando claridad al debate público sobre la cuestión.

---

este sentido, la Sentencia 151/2020, de 30 de abril, de la Sala de lo Contencioso Administrativo del TSJ de Aragón (Sección Primera) precisó que no cabe la prohibición sin más de las manifestaciones aun en circunstancias de pandemia, señalando, en su Fundamento Jurídico 5, que: *«debe explicar la Administración al prohibir la manifestación en cuestión, más allá de invocar de manera genérica la necesidad de combatir la pandemia, es en qué medida, en el caso concreto, limitada la participación a sesenta personas y todos ellos en vehículos individuales, puede suponer un riesgo objetivo y cierto de contagio y propagación de la enfermedad y esto es lo que no hace»*.

51 *Vid.* http://www.interior.gob.es/documents/642012/3479677/PROTOCOLO+ACTUACION/99ef64e5-e062-4634-8e58-503a3039761b recuperado el 20 de abril de 2021.

52 *Vid.* https://web.bizkaia.eus/documents/880299/7136100/actuacion.pdf/63b5a5f8-df78-3048-4b6d-eda38dc0c16c?t=1604912564453 recuperado el 20 de abril de 2021.

Se trata, por tanto, de un camino que habremos de transitar en los próximos tiempos una vez que doctrina, jurisprudencia y marco normativo se hallan lo suficientemente maduros como para poder concluir de los mismos una serie de reglas y pautas generalizadas con que poder protocolizarse la actuación policial durante el ejercicio del derecho a la manifestación.

VII. Conclusión

Como anunciábamos al principio de este capítulo es preciso huir del antagonismo «manifestantes-policía» para, introduciendo elementos de racionalidad en el debate, entender que la normativa no hace sino regular supuestos en los que, efectivamente, la intervención policial se hace necesaria. Dicha intervención, como se ha visto, queda legitimada bien porque la concentración ante la que se actúa no encuentra acomodo en los supuestos y requisitos constitucionalmente exigidos, o bien porque, durante el discurrir de la misma, la manifestación ha perdido su protección constitucional al haber incurrido en alguno de los supuestos tasados a los que ya nos hemos referido.

Es por ello por lo que, en puridad, la actuación policial en el ámbito del ejercicio del derecho de manifestación no es otra cosa que un instrumento que el ordenamiento jurídico provee para asegurar el cumplimiento del contenido esencial de este derecho pero también del resto de derechos constitucionalmente protegidos, posibilitando la disolución de aquellas en la que la ponderación de los intereses en juego aconseje la defensa de otros derechos en liza.

La nueva regulación de la actuación policial en el ámbito de las manifestaciones introduce, como vimos, un ámbito más racional y ponderado de las posibles intervenciones, algo positivo y que resultaba necesario en una democracia avanzada como la nuestra.

Por el contrario, intervenciones como el uso de las armas en el contexto del ejercicio del derecho de manifestación (algo que, como vimos, contemplaba la LOP y que se mantuvo en vigor nada menos que hasta 1992) no pueden tener cabida en nuestra sociedad y resultaba necesario seguir avanzando en la vía del reforzamiento de las garantías de este derecho.

En este espíritu debe encuadrarse la —un tanto ingenua— inclinación hacia la generalización de la notificación escrita como vía preferente para notificar las intervenciones policiales que recoge el artículo 23 LOPSC. Sin embargo, tampoco cabe caer en la autocomplacencia y pensar que el modelo actual no puede ser mejorado.

Antes al contrario, no son pocas las voces que, desde la entrada en vigor de esta norma en 2015 han estado abogando por una reforma profunda y un cambio de paradigma en la regulación de este tipo de actuaciones en el sentido de establecer mayores elementos de protección a los manifestantes. Al mismo tiempo, otras voces están promoviendo el debate sobre el refuerzo de la seguridad jurídica que debe asistir a los propios agentes que intervengan en alguno de los supuestos comentados.

En nuestra opinión, como se señaló en páginas anteriores, la solución ante un conflicto en el que están implicados ciudadanos que ejercen un derecho fundamental y las FCSE tratando de velar por el orden público debe ser introducir elementos de certidumbre que permitan a ambas partes implicadas tomar sus decisiones con pleno conocimiento de causa.

Así, la creación de los protocolos a los que nos referimos en el apartado anterior no solamente ayudaría al agente a controlar el uso de la fuerza y a saber medir el momento idóneo para ello, sino también para que el manifestante sepa, en cada momento, si las actuaciones que están produciéndose a su alrededor (tanto si se encuentran bajo su control como si no lo estás) son, o no, susceptibles de ser intervenidas policialmente.

VIII. Referencias

1. Bibliografía

Aguiar de Luque, L., «Derechos de reunión y manifestación» en Aragón Reyes, Manuel et al. Derechos Fundamentales y su protección*, Temas Básicos de derecho Constitucional. Tomo III*, Cizur Menor: Ed. Aranzadi, 2011. (pp. 223-226).

Alzaga Villaamil, Ó., *Derecho Político español según la Constitución de 1978. Vol II. Derechos fundamentales y Órganos del Estado.* Madrid: Ed. Ramon Areces, 2008.

Duverger, M., *Instituciones políticas y Derecho Constitucional*, Barcelona: Ed. Ariel, 1962.

García Morillo, J. «Los derechos políticos: el derecho de reunión; el derecho asociación». En López Guerra, L. *et al. Derecho Constitucional Vol. I El ordenamiento constitucional. Derechos y deberes de los ciudadanos*. Valencia: Tirant lo Blanch, 2018. (pp. 279-301).

Defensor del Pueblo. *Informe Defensor del Pueblo 2019, Volumen I. Informe de gestión*. Madrid: Edita, Defensor del Pueblo, 2020.

Jellinek, G., *System der subjektiven öffentlichen Rechte*, 2.ª ed. Tubinga, 1905.

Loewenstein, K., *Teoría de la constitución*, Barcelona: Ariel, 1970.

López Guerra, L., «Derechos de participación política». En López Guerra, L. *et al. Derecho Constitucional Vol. I El ordenamiento constitucional.*

Derechos y deberes de los ciudadanos. Valencia: Tirant lo Blanch, 2018. (pp. 303-317).

MONTILLA MARTOS, J. A., «Los derechos políticos». En BALAGUER CALLEJÓN, F. et al. Introducción al Derecho Constitucional. Madrid: Tecnos, 2015. (pp. 495-530).

PECES BARBA, G., *Derechos fundamentales I. Teoria General.* Madrid: Guadiana Publicaciones, 1973.

PÉREZ TREMPS, P., «Los derechos fundamentales». En LÓPEZ GUERRA, L. *et al. Derecho Constitucional Vol. I El ordenamiento constitucional. Derechos y deberes de los ciudadanos*. Valencia: Tirant lo Blanch, 2018. (pp. 128-144).

TORRES DEL MORAL, A., *Principios de Derecho Constitucional español.* Madrid: Átomo Ediciones, 1985.

TORRES MURO, I., «Comentario al artículo 21 de la Constitución Española», en VV.AA. *Comentarios a la Constitución Española, XXX aniversario.* Madrid: Ed. Wolters Kluwer. 2008. (pp. 528-539).

2. Jurisprudencia

España. Tribunal Constitucional, (Pleno). Sentencia núm. 36/1982, de 16 de junio (BOE núm. 169, de 16 de julio de 1982) ECLI:ES:TC:1982:36.

España. Tribunal Constitucional, (Pleno). Sentencia núm. 101/1985, de 4 de octubre (BOE núm. 265, de 05 de noviembre de 1985) ECLI:ES:TC:1985:101, FJ 3.º.

España. Tribunal Constitucional, (Pleno). Sentencia núm. 85/1988, de 28 de abril (BOE núm. 128, de 28 de mayo de 1988) ECLI:ES:TC:1988:85.

España. Tribunal Constitucional, (Pleno). Sentencia núm. 59/1990, de 29 de marzo (BOE núm. 107, de 04 de mayo de 1990) ECLI:ES:TC:1990:59.

España. Tribunal Supremo, (Sala Tercera, de lo Contencioso-administrativo, Sección 6.ª). Sentencia de 22 abril de 1994, Rec. 3197/1991.

España. Tribunal Constitucional, (Pleno). Sentencia núm. 66/1995, de 8 de mayo (FJ 3) (BOE núm. 140, de 13 de junio de 1995) ECLI:ES:TC:1995:66.

España. Tribunal Supremo, (Sala Tercera, de lo Contencioso-administrativo, Sección 6.ª). Sentencia de 7 de octubre de 1995, Rec. 878/1993.

España. Tribunal Supremo, (Sala Tercera, de lo Contencioso-administrativo, Sección 6.ª). Sentencia de 9 de junio de 1998, Rec. 1397/1994.

España. Tribunal Constitucional, (Pleno). Sentencia núm. 42/2000, de 14 de febrero (BOE núm. 66, de 17 de marzo de 2000) ECLI:ES:TC:2000:42.

España. Tribunal Constitucional, (Pleno). Sentencia núm. 284/2005, de 7 de noviembre (BOE núm. 297, de 13 de diciembre de 2005) ECLI:ES:TC:2005:284.

España. Tribunal Constitucional, (Pleno). Sentencia núm. 163/2006, de 22 de mayo (BOE núm. 148, de 22 de junio de 2006) ECLI:ES:TC:2006:163.

España. Tribunal Constitucional, (Pleno). Sentencia núm. 170/2008, de 15 de diciembre (BOE núm. 8, de 09 de enero de 2009) ECLI:ES:TC:2008:170.

España. Tribunal Constitucional, (Pleno). Sentencia núm. 37/2009, de 9 de febrero (BOE núm. 63, de 14 de marzo de 2009) ECLI:ES:TC:2009:37.

España. Tribunal Constitucional, (Pleno). Sentencia núm. 38/2009, de 9 de febrero (BOE núm. 63, de 14 de marzo de 2009) ECLI:ES:TC:2009:38.

España. Tribunal Constitucional, (Pleno). Sentencia núm. 96/2010, de 15 de noviembre (BOE núm. 306, de 17 de diciembre de 2010) ECLI:ES:TC:2010:96.

España. Tribunal Constitucional, (Pleno). Sentencia núm. 193/2011, de 12 de diciembre (BOE núm. 9, de 11 de enero de 2012) ECLI:ES:TC:2011:193.

España. Tribunal Constitucional, (Pleno). Sentencia núm. 24/2015, de 16 de febrero BOE núm. 64, de 16 de marzo de 2015) ECLI:ES:TC:2015:24.

España. Audiencia Nacional (Sala de lo Contencioso-administrativo, Sección 5.ª), Sentencia de 27 de marzo de 2019, Rec. 828/2017 ECLI: ES:AN:2019:1160.

España, Tribunal Superior de Justicia de Aragón (Sala de lo Contencioso-Administrativo, Sección Primera). Sentencia núm. 151/2020, de 30 de abril.

España. Tribunal Constitucional, (Pleno). Sentencia núm. 172/2020, de 19 de noviembre (BOE núm. 332, de 22 de diciembre de 2020) ECLI:ES:TC:2020:172.

España. Tribunal Constitucional, (Pleno). Sentencia núm. 13/2021, de 28 de enero (BOE núm. 46, de 23 de febrero de 2021) ECLI:ES:TC:2021:13.

CAPÍTULO 9

REGULACIONES Y MEDIDAS DE CONTROL ESPECIALES EN LA SEGURIDAD CIUDADANA: ANÁLISIS DEL CAP. IV DE LA LOPSC 2015

José Antonio Varela González

Licenciado en Derecho y Graduado en Criminología. /Intendente de la Erzaintza

I. Introducción y objeto de estudio de este capítulo

1. Objeto de estudio

Este capítulo de nuestra obra tiene por objeto examinar la evolución y el enfoque Constitucional de las Potestades especiales de Policía Administrativa de Seguridad, mediante el análisis del Capítulo IV de la Ley Orgánica 4/2015, de 30 de marzo, de protección de la seguridad ciudadana (LOPSC 2015); que abarca los arts. 25 al 29 de dicha ley. Las materias concretas que regula son las Obligaciones de Registro Documental (art. 25) [1], las Medidas de Seguridad en Establecimientos e Instalaciones (art. 26) [2]; la Seguridad en

1 Este artículo se centra en las obligaciones de registro e información para personas físicas y jurídicas que ejercen actividades relevantes para la seguridad ciudadana, como hospedaje, transporte de personas, y comercio de ciertos productos como joyas, metales, obras de arte, entre otros.

2 Establece la necesidad reglamentaria de adoptar medidas de seguridad en establecimientos e instalaciones industriales, comerciales, de servicios, y en infraestructuras críticas para prevenir actos delictivos o infracciones administrativas.

Espectáculos y Actividades Recreativas (art. 27)[3]; el Control administrativo sobre Armas, Explosivos y Artículos Pirotécnicos (art. 28) [4] y las Medidas de Control Relacionadas con Armas y Explosivos (art. 29)[5].

La reglamentación de estas materias existía con anterioridad en la Ley Orgánica 1/1992, de 21 de febrero, sobre Protección de la Seguridad Ciudadana (LOPSC 1992), aunque no estaban agrupadas en un capítulo específico, sino distribuidas en distintas secciones del texto legal. En concreto, el Capítulo II, dedicado a las Medidas de Acción Preventiva y Vigilancia, abordaba en su Sección Primera lo concerniente a armas y explosivos (artículos 6 y 7), mientras que la Sección Segunda se ocupaba de los Espectáculos Públicos y actividades recreativas (artículo 8). Posteriormente, la Sección Cuarta del artículo 12 describía las Actividades relevantes para la seguridad ciudadana y, finalmente, la Sección Quinta enfocaba las Medidas de seguridad en establecimientos e instalaciones. Esta estructura legislativa previa es crucial para comprender la evolución y adaptación que culmina en la normativa actual. En este sentido, podemos establecer un examen comparativo:

- Los artículos 6 y 7 de 1992 se corresponden con los artículos 28 y 29 de la versión de 2015.
- El artículo 8 de 1992, sobre «Espectáculos Públicos y Actividades Recreativas», encuentra su paralelo en el artículo 27 de 2015.
- El artículo 12 de 1992, que regula «Actividades Relevantes para la Seguridad Ciudadana», se actualiza en el artículo 25 de la ley más reciente.
- Las «Medidas de Seguridad en Establecimientos e Instalaciones» de la Sección Quinta de 1992 se reflejan en el artículo 26 de 2015, manteniendo la esencia de la seguridad ciudadana alineada con los cambios sociales y tecnológicos.

Para su estudio se propone estructurarlo en un capítulo introductorio, seguido de un análisis más detallado de los aspectos más relevantes de la actual LOPSC 2015 y un apartado final de conclusiones.

2. Antecedentes y necesidad de la reforma

Antes de adentrarnos en el análisis concreto que la actual LOPSC 2015 dedica a las materias que se regulan en su capítulo IV, es esencial realizar una mención introductoria y de carácter general sobre dicha reglamentación.

---

3 Dicta normas de seguridad pública para edificios e instalaciones donde se celebren espectáculos y actividades recreativas, autorizando a las autoridades a adoptar medidas necesarias para su pacífica celebración. Incluye la posibilidad de prohibir o suspender dichos eventos por motivos de seguridad.

4 Se refiere a la regulación gubernamental sobre la fabricación, circulación, almacenamiento y uso de armas, explosivos y artículos pirotécnicos, incluyendo las inspecciones y comprobaciones necesarias por parte de la Dirección General de la Guardia Civil.

5 Contiene las medidas de control concretas sobre las materias mencionadas en el art. Anterior.

El preámbulo de la Ley Orgánica 1/1992 (LOPSC 1992) refleja un contexto legislativo y constitucional en España marcado por el esfuerzo de equilibrar la seguridad ciudadana y las libertades públicas en un marco democrático. Esta ley se enmarca en un periodo de consolidación democrática después de la transición, buscando adecuar la regulación de la seguridad pública a los principios de la Constitución de 1978. El énfasis en las competencias estatales en materia de seguridad pública (artículo 149.1.29 de la Constitución)[6] y en el papel de las Fuerzas y Cuerpos de Seguridad (artículo 104.1)[7] evidencia una preocupación por garantizar el libre ejercicio de derechos y libertades, al tiempo que se responde a los desafíos de seguridad del momento. Además, se observa un esfuerzo por actualizar y completar las facultades administrativas en línea con la Constitución, abordando temas como el control de armas y explosivos, la regulación de espectáculos públicos y la identificación personal, respetando las competencias autonómicas en diversas materias, según su legislación específica.

Desde 1992, se han producido cambios significativos en la sociedad española y han emergido nuevas formas de amenaza a la seguridad ciudadana. Estos cambios incluyen nuevas demandas sociales y retos como el incremento del uso de tecnologías que pueden afectar la seguridad pública. Además, existe ya una nutrida doctrina jurisprudencial tanto del TC [8]como del TS y otra

6 Al respecto, AGUADO Y CUDOLA, V., al hablar de competencias sobre seguridad pública dice que «la seguridad pública es una expresión que comprende, además de la seguridad ciudadana, la protección civil y el mantenimiento de la paz pública (que en situaciones de excepcionalidad da lugar a los estados de alarma, excepción y sitio). También se ha incluido dentro de la seguridad pública, como veremos, la seguridad privada y la seguridad nacional». AGUADO Y CUDOLA, V., «Las competencias en seguridad pública», en *Comentarios a la Constitución Española de 1978*, dirigido por CAZORLA PRIETO, L. M. y coordinado por PALOMAR OLMEDA, A., Edita: Fundación Wolters Kluwer, Boletín Oficial del Estado, Tribunal Constitucional y Ministerio de Justicia 1.ª ed. 2018. Pág. 1458. En la misma obra también habla de posibles competencias compartidas». No obstante esta exclusividad, las Comunidades Autónomas (CC. AA.) también tienen competencias en función básicamente de dos elementos importantes: la existencia de un cuerpo policial propio y el margen de configuración que realiza la ley orgánica a la cual se remite expresamente el art. 149.11. 29.ª de la CE». (pág. 1459).

7 Sirva la referencia anterior como complemento de la configuración de las FCS. Una visión de la configuración de las FCS y el criterio orgánico de las mismas en BARCELONA LLOP, J. *El régimen jurídico de la policía de seguridad.* Instituto Vasco de Administración Pública, Oñati, 1988. Págs. 165 y sigs.

8 Singularmente, la STC 341/1993, de 18 de noviembre (ECLI:ES:TC:1993:341), interpuesta contra diversos artículos de la LOPSC de 1992, en su fallo declara la inconstitucionalidad del art. 21.2, así como el Art. 26.j), inciso final («en las reglamentaciones específicas o en las normas de policía dictadas en ejecución de las mismas»).El citado art. 21.2 preveía que «A los efectos de lo dispuesto en el párrafo anterior, será causa legítima para la entrada y registro en domicilio por delito flagrante el conocimiento fundado por parte de las Fuerzas y Cuerpos de Seguridad que les lleve a la constancia de que se está cometiendo o se acaba de cometer alguno de los delitos que, en materia de drogas tóxicas, estupefacientes o sustancias psicotrópicas, castiga el Código Penal, siempre que la urgente intervención

jurisprudencia menor, que aconsejaban una actualización de la norma, singularmente en las materias que regula el actual Capítulo IV LOPSC 2015.

3. La incardinación sistemática de ambas normas

Bajo este título se quiere comparar la técnica legislativa adoptada por las leyes de 1992 y 2015, en lo que respecta a la redacción y el encuadre sistemático de sus diferentes apartados[9].

La versión de 1992 de la LOPSC estaba caracterizada por una estructura más segmentada y dispersa. Sus disposiciones estaban divididas en varios capítulos y secciones, cada uno centrado en aspectos específicos de la seguridad ciudadana. Por ejemplo, el Capítulo II incluía secciones dedicadas a temas como armas y explosivos, espectáculos públicos y actividades recreativas, y documentación e identificación personal. Esta forma de estructuración, aunque detallada, llevaba a una cierta dispersión temática, lo que podía dar lugar a interpretaciones fragmentadas de la ley. Cada sección, al abordar un aspecto específico de la seguridad, funcionaba de manera relativamente independiente, lo que podría dificultar la comprensión integral de la legislación.

En contraste, la reforma de 2015 introdujo una estructura más integrada y coherente en la LOPSC. Esta reorganización se evidencia especialmente en el Capítulo IV, que agrupa diversas materias que en la versión anterior estaban dispersas. Con este enfoque, la ley de 2015 presenta un marco legislativo más sistemático y unificado, facilitando la comprensión y aplicación coherente de sus disposiciones. La consolidación de temas relacionados bajo un mismo capítulo refleja una técnica legislativa más madura, adaptada a los desafíos contemporáneos, y mejora significativamente la accesibilidad de la ley.

La comparación entre las dos versiones de la LOPSC muestra una evolución importante en la estructura y técnica legislativa. Mientras que la ley de 1992 tenía una organización más fragmentada y específica por secciones, la reforma de 2015 muestra un avance hacia una organización más integrada y sistemática. Este cambio no solo representa una mejora en la técnica legislativa, sino también un cambio en el enfoque general de la seguridad ciudadana, pasando de un modelo más reactivo y segmentado a uno más proactivo e integrado. La estructura de la ley de 2015, al ser más accesible

---

de los agentes sea necesaria para impedir la consumación del delito, la huida del delincuente o la desaparición de los efectos o instrumentos del delito».

9 Los legisladores y técnicos legislativos emplean métodos y principios específicos para estructurar, redactar y organizar el contenido legal de una manera que sea clara, coherente y lógica. Es evidente que el transcurso del tiempo, desde 1992 hasta 2015, ha permitido un avance significativo en el análisis y la comprensión del contexto legal y social, logrando así una mayor claridad y coherencia en la redacción legislativa. Además, es fundamental que las leyes se diseñen con la capacidad de anticiparse a los posibles problemas futuros.

y fácil de interpretar, refleja una mejora en la eficacia y aplicabilidad de la legislación en materia de seguridad ciudadana.

La estructura de la LOPSC 2015 en relación con su capítulo IV y en general, responde a necesidades clave surgidas de los cambios en la sociedad española y trae consigo significativos beneficios en términos de claridad, coherencia y facilidad de aplicación. Esta actualización se centró en mejorar la interpretación y aplicación de la ley, haciendo énfasis en una redacción más clara y comprensible tanto para las autoridades encargadas de su ejecución como para los ciudadanos.

Los beneficios de esta reorganización son múltiples. En primer lugar, la claridad y facilidad de navegación de la ley mejoran notablemente, lo que es crucial para los profesionales del derecho y las autoridades, facilitando la rápida localización y aplicación de disposiciones relevantes. En segundo lugar, la ley ahora presenta una mayor coherencia tanto interna como en relación con otras legislaciones, fortaleciendo el marco legal global y reduciendo contradicciones y lagunas legales. Esta coherencia y estructuración facilitan las actualizaciones y adaptaciones necesarias para responder a los retos futuros en un campo tan dinámico como el de la seguridad ciudadana[10]. Finalmente, la incardinación mejora la eficiencia legislativa al reducir la redundancia y complejidad innecesaria y facilita la coordinación interinstitucional, aspecto esencial para una gestión efectiva de la seguridad ciudadana. En conjunto, la LOPSC de 2015 refleja un progreso significativo hacia una legislación más coherente, comprensible y adaptativa.

En resumen, la evolución de la LOPSC entre 1992 y 2015 demuestra un progreso significativo hacia una legislación más coherente, comprensible y adaptativa, ajustándose mejor a las necesidades y retos de la sociedad española contemporánea en términos de seguridad ciudadana.

4. Diferencias entre las Potestades generales de policía de seguridad. (Sección 1.ª del Cap. III) LOPSC 2015) y las Potestades especiales de policía administrativa de seguridad (Cap. IV. LOPSC 2015)[11]

La Ley Orgánica de Protección de la Seguridad Ciudadana (LOPSC 2015) estructura sus disposiciones en diferentes secciones, entre ellas las «Potesta-

10 Como se detallará en la descripción más exhaustiva del capítulo IV, la evolución legislativa en las diversas materias reguladas por la ley y la necesidad imperante de coordinar los tres niveles de administración —especialmente entre el gobierno central y las comunidades autónomas— subrayan la importancia de un dinamismo y una flexibilidad legislativa más acentuados que nunca.

11 Aunque existen muchas publicaciones sobre seguridad pública, hay una obra muy recomendable que es Gómara Hernández, J. L.; Agorreta Ruiz, D., *Prontuario de Seguridad Pública e Intervención Policial*, 4.ª ed., DAPP, Pamplona, 2011. En ella se pueden ampliar todos los conceptos que se tratan en este capítulo.

des generales de policía de seguridad» y las «Potestades especiales de policía administrativa de seguridad[12]». Las potestades generales y especiales de policía de seguridad son dos categorías de facultades que las Fuerzas y Cuerpos de Seguridad del Estado (FCSE)[13] y también el resto de Fuerzas y Cuerpos de Seguridad (FCS)[14] tienen a su disposición para garantizar la seguridad ciudadana en España. Ambas categorías tienen un papel importante en el marco de la seguridad ciudadana, pero tienen enfoques y alcances distintos.

4.1. Potestades generales de policía de seguridad. (Sección 1.ª del capítulo III LOPSC 2015)

Las potestades generales se refieren a las facultades y funciones habituales que las FCSE ejercen en su labor cotidiana para garantizar la seguridad ciudadana. Estas incluyen tareas como la vigilancia, la prevención del delito, el mantenimiento del orden público, la protección de la integridad física y los bienes de las personas, entre otras.

Estas potestades tienen un **alcance amplio** y se aplican de manera más general a una variedad de situaciones cotidianas. Por ejemplo, las FCSE pueden realizar controles de identidad, cacheos e inspecciones de vehículos para prevenir delitos o garantizar el orden público. También pueden intervenir para detener a personas que cometen delitos o para proteger a personas que están en riesgo.

Las potestades generales están orientadas principalmente a **la prevención de delitos y al mantenimiento del orden público**. Por lo tanto, suelen implicar una interacción más directa y constante con la ciudadanía. Las FCSE están en contacto con los ciudadanos en el día a día, y son las primeras en responder ante situaciones de emergencia o urgencia.

4.2. Potestades especiales de policía administrativa de seguridad. (Capítulo IV LOPSC 2015)

Junto con otras normas reglamentarias, singularmente las de tráfico y seguridad privada[15], representan un conjunto de facultades otorgadas espe-

---

12 Sirva lo que viene a continuación como una mera introducción a esa referencia a las Potestades especiales de policía administrativa de seguridad, que se verán con más detalle más adelante.

13 En esta categoría se integran el Cuerpo Nacional de Policía y la Guardia Civil.

14 Se refiere al resto de policías, singularmente las policías Autonómicas (Ertzaintza, Mossos d'Esquadra, Cuerpo General de la Policía Canaria y Policía Foral de Navarra) y las distintas policías locales. En cuanto a las policías adscritas a determinadas Comunidades Autónomas, pertenecen orgánicamente al Cuerpo Nacional de Policía.
Para una mejor compresión de la composición y funciones de los distintos cuerpos de policía *vid.* Varela González, J. A., «La Policía Judicial», en *Código Procesal Penal para la Policía Judicial*, dirs. José Vicente Gimeno Sendra y A. Nicolás Marchal Escalona, Thomson Reuters Aranzadi, Pamplona, 2015, págs. 81 y sigs.

15 Ley 6/2014, de 7 de abril, por la que se modifica el texto articulado de la Ley sobre Tráfico, Circulación de Vehículos a Motor y Seguridad Vial, aprobado por Real Decreto Legislativo

cíficamente a las fuerzas policiales para llevar a cabo tareas puntuales y especializadas en el ámbito de la administración y la seguridad pública. Estas potestades, por su naturaleza, están más definidas y circunscritas que las potestades generales, y están destinadas a situaciones y tareas que requieren una respuesta más regulada y técnica, debido al impacto significativo en la seguridad pública.

Entre estas facultades se encuentra el control minucioso de armas y explosivos, una tarea de vital importancia debido al potencial riesgo que representan o la supervisión de eventos masivos, como conciertos, manifestaciones o eventos deportivos, donde la gestión adecuada es esencial para prevenir incidentes y garantizar la seguridad de los asistentes. Además, se extienden a aspectos administrativos clave de la seguridad pública, como la emisión de permisos y licencias para diversas actividades, la inspección de establecimientos y la regulación del uso del espacio público, contribuyendo así a la creación y mantenimiento de un entorno seguro y ordenado. Estas potestades representan un componente esencial en la gestión efectiva de la seguridad ciudadana, permitiendo a las autoridades policiales responder de manera específica y adaptada a los desafíos que surgen en el ámbito de su competencia.

4.3. Diferencias entre ambas

Las diferencias fundamentales entre las Potestades Generales de Policía de Seguridad y las Potestades Especiales de Policía Administrativa de Seguridad, tal y como se establecen en la LOPSC 2015, radican principalmente en sus objetivos y enfoques específicos. Mientras que las potestades generales están orientadas a proporcionar una respuesta policial efectiva y flexible ante las situaciones de seguridad cotidianas, las potestades especiales están diseñadas para contextos que exigen una intervención más regulada y detallada. Un ejemplo claro de la aplicación de las potestades especiales es la gestión de grandes eventos públicos, donde se requiere garantizar la seguridad y el orden. Además, estas potestades especiales abarcan otras áreas importantes de la policía administrativa, regulando así una variedad de situaciones específicas y críticas para la seguridad ciudadana, según lo establecido en el Capítulo IV de la LOPSC 2015.

II. Análisis detallado de la normativa del Capítulo IV LOPSC 2015

Tras haber examinado los aspectos generales del encuadramiento y la técnica legislativa implementada en la Ley Orgánica de Protección de la Segu-

339/1990, de 2 de marzo y Ley 5/2014, de 4 de abril, de Seguridad Privada.(LSP) ridad Ciudadana, resulta pertinente profundizar en un análisis más detallado del cuadro normativo resultante. Es particularmente revelador comparar la regulación establecida en la LOPSC de 1992 con las modificaciones introducidas en la versión de 2015. No hay que olvidar que tanto la LOPSC de 1992 como la de 2015 constituyen la base normativa principal que ha facilitado el desarrollo reglamentario de muchas de las materias que regulan, proporcionando así el soporte legal esencial para su especificación y detalle[16]. Esta comparativa permite discernir no solo las evoluciones legislativas entre ambas versiones, sino también comprender las razones subyacentes y las necesidades que motivaron dichos cambios. La versión de 1992, redactada en un contexto socio-político distinto al actual, sentó las bases para la regulación de la seguridad ciudadana en una España en pleno desarrollo democrático y cambio social. Por su parte, la versión de 2015 responde a un escenario social evolucionado, marcado por avances tecnológicos y nuevos paradigmas de seguridad y convivencia ciudadana. Este análisis detallado no solo refleja la adaptación de la legislación a los desafíos contemporáneos, sino que también pone de manifiesto cómo estas leyes han servido de fundamento para el desarrollo reglamentario posterior, abordando de manera integral y específica las diversas facetas de la seguridad pública.

1. Actividades relevantes para la seguridad ciudadana versus obligaciones de registro documental

Artículo 12 LOPSC 1992	Artículo 25 LOPSC 2015
Enfocado en actividades específicas como hospedaje, comercio o reparación de objetos usados, alquiler o desguace de vehículos, y compraventa de joyas y metales preciosos. Establece la necesidad de registro documental e información para estas actividades.	**Amplía las actividades sujetas a registro**, incluyendo transporte de personas, acceso comercial a servicios telefónicos o telemáticos, comercio de chatarra, productos de desecho, y venta de productos químicos peligrosos.
Restricción de navegación embarcaciones de alta velocidad y registro de las mismas.	**Agrega aeronaves ligeras junto a las embarcaciones de alta velocidad.**
Registro productos químicos susceptibles de ser transformados en drogas (precursores)	**Los precursores de drogas y explosivos se regulan en la Disposición adicional primera**

16 Se explicita en la **Disposición final cuarta.**
«*Habilitación para el desarrollo reglamentario.*
Se habilita al Gobierno, en el ámbito de sus competencias, para dictar las disposiciones necesarias para el desarrollo y aplicación de lo establecido en esta Ley».

Este cuadro ilustra los cambios más importantes entre las redacciones de ambos artículos. Debe destacarse en primer lugar la incorrecta denominación del art. 12 LOPSC de 1992, puesto que en realidad se trata de obligaciones de registro documental (apartados 1 y 2) y la inclusión un poco forzosa del registro de precursores de drogas en su apdo. 3.

El rótulo de actividades relevantes para la seguridad ciudadana es demasiado pretencioso, puesto que por tal deben entenderse aquellas que, debido a su naturaleza o contexto, tienen un impacto significativo en el mantenimiento del orden público, la prevención del delito, y la protección de los derechos y libertades de los ciudadanos[17], como ya se ha reflejado más arriba

En realidad, el art. 12 LOPSC 1992 regulaba el registro de las actividades de hospedaje[18], comercio o reparación de objetos usados[19], alquiler o desguace de vehículos de motor[20] y compraventa de joyas y metales preciosos[21] (apdo.1), embarcaciones de alta velocidad (apdo.2) y los precursores de drogas (apdo. 3).

---

17 Con carácter no exhaustivo pueden enumerarse:
Operaciones de las FCS tales como patrullajes, investigaciones criminales, vigilancia, y respuestas a emergencias
Gestión y Control de Fronteras a fin de combatir la inmigración ilegal, el contrabando, y el tráfico de personas, armas o drogas.
Vigilancia y Control del Tráfico de Drogas, incluyendo el control de los precursores químicos.
Regulación del Comercio de Armas y Explosivos que en nuestro país lo realiza con gran acierto y profesionalidad la Guardia Civil.
Protección de Infraestructuras Críticas como plantas de energía, sistemas de transporte, y redes de comunicación contra amenazas como el terrorismo y el sabotaje.
Gestión de Grandes Eventos y Manifestaciones Públicas, fundamental para asegurar la seguridad pública y prevenir disturbios o actos de violencia.
Prevención y Respuesta a Emergencias y Catástrofes, sean estos naturales, accidentales o ataques terroristas.
Control de la Delincuencia Organizada y la Corrupción, así como la Ciberseguridad, colaborando entre los destinos cuerpos de policía nacionales y a nivel internacional.

18 No hay una ley única a nivel nacional que regule específicamente el hospedaje, siendo las CC. AA. las que regulan la actividad. No obstante, en lo relevante para la seg. Ciudadana, debe mencionarse:
Orden INT/2535/2015, de 11 de noviembre, sobre cumplimiento de las obligaciones de registro documental e información por los centros autorizados para el tratamiento de vehículos al final de su vida útil.
Orden INT/1922/2003, de 3 de julio, sobre libros-registro y partes de entrada de viajeros en establecimientos de hostelería y otros análogos.

19 Se regula por una Real orden de 19 de enero de 1924, disponiendo se observen las prescripciones que se publican por todos los establecimientos o industriales que se dediquen a la compra y venta de objetos de oro, plata o platino, con o sin piedras preciosas, relojes, ropas, muebles y objetos usados o de ocasión. En relación con estas últimas ver nota 22.

20 La normativa que regula el desguace de los vehículos a motor en España se encuentra principalmente en el Real Decreto 265/2021, de 13 de abril, sobre los vehículos al final de su vida útil. Este real decreto deroga la normativa anterior sobre el tema, como el Real Decreto 20/2017, de 20 de enero, y la Orden INT/624/2008, de 26 de febrero.

21 Su regulación legal se encuentra en la Ley 17/1985, de 1 de julio, de objetos fabricados con metales preciosos y en el Reglamento de desarrollo de la misma, RD 197/1988, de 22 de febrero.

El Artículo 25 LOPSC 2015 amplía y actualiza las disposiciones del Artículo 12 de la LOPSC 1992 en varios aspectos clave, reflejando cambios en el entorno social y de seguridad. Las ampliaciones y actualizaciones más significativas incluyen:

> El transporte de personas[22], el acceso comercial a servicios telefónicos o telemáticos[23], objetos u obras de arte, cerrajería de seguridad, centros gestores de residuos metálicos, el comercio al por mayor de chatarra o productos de desecho[24], la venta de productos químicos peligrosos a particulares[25]. Se deben men-

---

22 Empresas de Transporte de Personas: Esto incluiría no solo a las compañías de taxis y autobuses, sino también a servicios de transporte privado y compartido. La importancia de regular estos servicios se debe a su relevancia en la seguridad pública y la movilidad urbana. Como normas más destacables pueden mencionarse:
Ley 16/1987, de 30 de julio, de Ordenación de los Transportes Terrestres. Esta ley establece las bases generales de la ordenación del transporte terrestre, incluyendo el transporte de personas.
Real Decreto 1211/1990, de 28 de septiembre, que desarrolla el Reglamento de Transportes por carretera.
Ley 1/2014, de 17 de noviembre, de Transporte de Viajeros por Carretera. Esta ley regula el transporte público de viajeros por carretera, incluyendo el transporte de autobuses y taxis. incluye la regulación de los servicios de transporte privado y compartido, como Uber y Cabify. Además, existe una importante legislación autonómica y local sobre esta materia.

23 Proveedores de Servicios Telefónicos o Telemáticos: Entre otros, las compañías que ofrecen acceso a internet, telefonía móvil y otros servicios digitales. La regulación en este sector es crucial debido al aumento de delitos cibernéticos y la necesidad de proteger los datos personales de los usuarios. La legislación sobre proveedores de servicios telefónicos o telemáticos en España se encuentra regulada por la Ley General de Telecomunicaciones, Ley 9/2014, de 9 de mayo, y por la Ley Orgánica 3/2018, de 5 de diciembre, de Protección de Datos Personales y garantía de los derechos digitales.

24 Comercio al por Mayor de Chatarra o Productos de Desecho: Las empresas involucradas en la compraventa de chatarra y residuos pueden ser vulnerables a prácticas ilegales como el reciclaje no autorizado o la venta de materiales peligrosos. Su regulación legal se encuentra en:
Ley 7/2022, de 8 de abril, de residuos y suelos contaminados para una economía circular. Esta ley establece el marco jurídico general para la gestión de residuos en España, incluyendo el comercio al por mayor de chatarra y productos de desecho. En concreto, la ley establece que los operadores que realicen actividades de comercio al por mayor de residuos peligrosos o no peligrosos deben estar autorizados por la administración competente.
Real Decreto 833/2018, de 21 de julio, por el que se aprueba el Reglamento de la Ley 7/2022, de 8 de abril, de residuos y suelos contaminados para una economía circular. Este reglamento desarrolla las disposiciones de la ley de residuos, incluyendo los requisitos para la autorización de los operadores de comercio al por mayor de residuos.
Orden INT/1920/2011, de 1 de julio, por la que se refuerza el control respecto al comercio del cobre por los centros gestores de residuos metálicos y establecimientos de comercio al por mayor de chatarra y productos de desecho. Esta orden establece medidas específicas para el control del comercio del cobre, un metal que es de especial interés económico y medioambiental.
Además de esta legislación específica, el comercio al por mayor de chatarra o productos de desecho también está sujeto a la legislación general aplicable a las empresas, como la Ley de Sociedades de Capital, el Código de Comercio y la Ley General Tributaria.

25 Venta de Productos Químicos Peligrosos a Particulares: Incluye a negocios que venden sustancias químicas que podrían ser utilizadas para la fabricación de drogas ilícitas o

cionar también los Negocios de Cerrajería de Seguridad, dado el papel crítico que juegan en la seguridad ciudadana y que requieren de la correspondiente licencia.

Amplia la restricción de navegación embarcaciones de alta velocidad, agregando a la obligación de registro a las aeronaves ligeras[26].

En resumen, el Artículo 25 de la LOPSC 2015 amplía y actualiza las disposiciones relacionadas con las obligaciones de registro e información para ciertas actividades comerciales, reflejando la evolución de los desafíos de seguridad y las necesidades de la sociedad. Estas modificaciones son indicativas de un esfuerzo legislativo por mantener un marco legal acorde con los tiempos y eficaz en la protección de la seguridad ciudadana en un entorno cambiante.

---

dispositivos explosivos. Regular estas ventas es vital para prevenir actividades ilícitas y proteger la salud pública. Su regulación general se encuentra en la **Ley 21/1992, de 16 de julio, de Industria. En cuanto a precursores cabe mencionar el Real Decreto 155/2011, de 3 de febrero, por el que se regula la comercialización y la utilización de precursores de explosivos. En cuanto a las drogas, se regula a través del Reglamento (CE) 273/2004 del Parlamento Europeo y del Consejo, de 11 de febrero de 2004, sobre precursores de drogas y a nivel estatal por la Ley 4/2009, de 15 de junio, de control de precursores de drogas.**

26 Las Embarcaciones de Alta Velocidad (EAV) están reguladas por el RD 1119/1989, de 15 de septiembre. La incardinación de una nave en esa categoría se define fundamentalmente por la potencia de las mismas. Se regulan también en el Real Decreto-ley 16/2018, de 26 de octubre, por el que se adoptan determinadas medidas de lucha contra el tráfico ilícito de personas y mercancías en relación con las embarcaciones utilizadas. Son unas naves que están en el punto de mira de las FCS y la fiscalía, especialmente después de los asesinatos de dos guardias civiles en Barbate el 9 de febrero de 2024.

El art. 36.22 LOPSC 2015 califica como grave el incumplimiento de las restricciones a la navegación de este tipo de naves y aeronaves, habiéndose pronunciado el TC sobre su constitucionalidad en STC 13/2021, de 28 de enero.

No existe una definición universal precisa para «avión ligero», pero algunas entidades reguladoras aeronáuticas consideran aeronaves dentro de ciertos rangos de peso como aviones ligeros.

2. Establecimientos e instalaciones obligados a adoptar medidas de seguridad

Artículo 13 LOPSC 1992	Artículo 26 LOPSC 2015
El Ministerio del Interior podrá ordenar la adopción de medidas de seguridad necesarias en establecimientos e instalaciones industriales, comerciales y de servicios para prevenir actos delictivos, especialmente en lugares vulnerables o que generen riesgos directos para terceros.	**Único. Reglamentariamente, en desarrollo de lo dispuesto en esta Ley**, en la legislación de seguridad privada, en la de infraestructuras críticas o en otra normativa sectorial, **podrá establecerse la necesidad de adoptar medidas de seguridad** en establecimientos e instalaciones industriales, comerciales y de servicios, así como en las infraestructuras críticas, **con la finalidad de prevenir la comisión de actos delictivos o infracciones administrativas**, o cuando generen riesgos directos para terceros o sean especialmente vulnerables.
Las autoridades competentes pueden eximir de la implantación o mantenimiento de medidas de seguridad obligatorias si se consideran innecesarias o improcedentes en casos concretos.	
La apertura de establecimientos que requieran medidas de seguridad estará condicionada a la comprobación de su idoneidad y suficiencia por parte de las autoridades competentes.	
Los titulares de los establecimientos serán responsables de adoptar, instalar y mantener en funcionamiento las medidas de seguridad, así como de su efectividad.	

2.1. Evolución legislativa. Diferencias y similitudes entre ambas legislaciones

La evolución de la LOPSC desde la versión de 1992 a la actual de 2015 refleja un esfuerzo por adaptarse a los cambiantes desafíos de seguridad en entornos comerciales e industriales. La primera versión ponía el acento en la autoridad del Ministerio del Interior para imponer medidas de seguridad, centrando la responsabilidad en los titulares de los establecimientos. En contraste, la reforma de 2015 amplía el alcance para incluir infraestructuras críticas y la prevención de infracciones administrativas, introduciendo un enfoque regulatorio más detallado que permite una adaptación sectorial específica. Este cambio refleja una visión más integrada y flexible de la seguridad, reconociendo la diversidad de riesgos y la necesidad de proteger una gama más amplia de espacios públicos y privados. Con la remisión que realiza el art. 26 LOPSC 2015 a la legislación de seguridad privada debe entenderse hecha fundamentalmente a la Ley 5/2014, de 4 de abril, de Seguridad Privada (LSP). Esta ley tiene como objetivo regular las actividades de seguridad privada, las empresas de seguridad, el personal de seguridad y su formación, entre otros aspectos, cuyo desarrollo reglamentario,[27] se encuentra todavía en el Real Decreto 2364/1994, de 9 de diciembre, por el que se aprueba el Reglamento de Seguridad Privada (RSP); legislaciones ambas posteriores a la promulgación de la LOPSC 1992. Con ello se subraya la importancia de una colaboración efectiva entre el sector público y el privado para la protección integral de la sociedad y su infraestructura crítica.

En cuanto a las principales similitudes y diferencias entre una legislación y otra se pueden señalar:

Similitudes:

- **Entre ambos artículos** establecen que los establecimientos e instalaciones industriales, comerciales y de servicios deben adoptar medidas de seguridad para prevenir actos delictivos, resaltando la importancia de la seguridad en estos lugares.
- Los dos artículos hacen hincapié en la protección de lugares que son vulnerables o que generan riesgos directos para terceros, por lo que requieren medidas de seguridad adicionales.
- En ambos artículos, los titulares de los establecimientos son responsables de adoptar, instalar y mantener en funcionamiento las medidas de seguridad.

Diferencias:

- **La autoridad para ordenar medidas de seguridad difiere en ambos, pues en el art. 13 LOPSC 1992 recae en el** Ministerio del Interior, mientras que en la nueva regulación se establece que reglamentariamente se puede determinar la necesidad de adoptar medidas de seguridad, en desarrollo de lo dispuesto en esta Ley, en la legislación de seguridad privada[28], en la de infraestructuras críticas o en otra normativa sectorial. Esto representa un cambio en la autoridad para ordenar medidas de seguridad y un aumento de las competencias autonómicas y locales.

27 Pendiente de actualización y por lo tanto no suficientemente alineado con la propia LSP.

28 En los arts. 12 y 13 LSP se regulan las competencias estatales y autonómicas en materia de seguridad privada.

- El Artículo 26 de la LOPSC 2015 también menciona la prevención de infracciones administrativas, algo que no se menciona en el Artículo 13 de la LOPSC 1992. Esto sugiere que la LOPSC 2015 tiene un enfoque más amplio en términos de los tipos de actos que se buscan prevenir.
- El Artículo 13 de la LOPSC 1992 menciona que las autoridades competentes pueden eximir de la implantación o mantenimiento de medidas de seguridad obligatorias si se consideran innecesarias o improcedentes en casos concretos, y que la apertura de establecimientos que requieran medidas de seguridad estará condicionada a la comprobación de su idoneidad y suficiencia por parte de las autoridades competentes; aspectos que no se mencionan en la de 2015, puesto que lo que hace su art. 26 es remitir a la legislación de Seg. Privada y sectorial.

Estos aspectos no se mencionan en el Artículo 26 de la LOPSC 2015, lo que sugiere un cambio en la forma en que se manejan estas cuestiones.

2.2. Visión detallada del art. 26 LOPSC 2015

Se contemplan medidas de seguridad para determinados establecimientos y en las infraestructuras críticas.

Los **establecimientos e instalaciones industriales,** comerciales y de servicios se regulaban en el RD 1338/1984, de 4 de julio sobre medidas de seguridad en Entidades y establecimientos públicos y privados, siendo sustituido por el RSP, que en su Título III regula las medidas de seguridad tanto en general en su capítulo I como las específicas. Centrándonos en estas últimas los artículos 119 al 135 del Reglamento de Seguridad Privada detallan las medidas de seguridad específicas para diversos tipos de establecimientos, como bancos, joyerías, galerías de arte, y estaciones de servicio, entre otros. Establecen requisitos para la instalación de dispositivos de seguridad, como alarmas, cámaras de vigilancia, y controles de acceso, además de definir las responsabilidades de los titulares de los establecimientos en cuanto a la implementación y mantenimiento de estas medidas. Estos artículos buscan asegurar un nivel adecuado de protección contra actos delictivos y garantizar la seguridad de los ciudadanos y las propiedades

Las **Infraestructuras críticas (I.C.)** tienen su regulación fundamental en la Ley 8/2011, de 28 de abril, por la que se establecen medidas para la protección de infraestructuras críticas. Esta ley define las infraestructuras críticas como aquellos sectores cuyo funcionamiento es esencial y no puede ser interrumpido sin causar un grave impacto en los servicios esenciales y la seguridad, el bienestar económico o social, o la salud pública. Además, se crea el Sistema Nacional de Protección de Infraestructuras Críticas, que coordina las acciones entre el sector público y privado para asegurar la protección de estas infraestructuras esenciales.

El Reglamento que desarrolla la Ley 8/2011, de 28 de abril, de protección de infraestructuras críticas es el Real Decreto 704/2011, de 20 de mayo. Este reglamento establece el procedimiento para la designación de infraestructuras críticas, la identificación de operadores críticos, y la elaboración de los Planes de Seguridad del Operador y los Planes de Protección Específicos. También detalla las funciones y responsabilidades del Centro Nacional para la Protección de Infraestructuras Críticas (CNPIC)[29] y la colaboración entre los sectores público y privado en esta materia.

Dada la importancia estratégica de estas infraestructuras, suelen convertirse blancos principales de los actos terroristas o acciones delictivas. Por ello, en España, las actuaciones necesarias para optimizar la seguridad de las infraestructuras críticas se enmarcan principalmente en el ámbito de la protección contra agresiones deliberadas y, especialmente, contra ataques terroristas, resultando por ello lideradas por el Ministerio del Interior. La legislación española sobre protección de infraestructuras críticas establece la necesidad de garantizar la adecuada prestación de los servicios esenciales, a través de mecanismos que posibiliten la seguridad de este tipo de infraestructuras, tarea encomendada al CNPIC,[30] que asiste al Secretario de Estado de Seguridad en sus funciones.

2.3. Notas constitucionales

Aunque, como señala el TC en su STC 59/1985, de 6 de mayo (F.J 2) «... como este Tribunal ha señalado en diferentes ocasiones no toda seguridad

29 El Centro Nacional de Protección de Infraestructuras Críticas (CNPIC) es el Órgano del Ministerio del Interior encargado del impulso, la coordinación y supervisión de todas las actividades que tiene encomendadas la Secretaría de Estado de Seguridad en relación con la Protección de Infraestructuras Críticas en el territorio nacional. Asegurar la protección de infraestructuras vitales, tanto públicas como privadas, resulta fundamental para la operatividad de la nación, así como para el bienestar de la sociedad y los ciudadanos. Estas instalaciones suministran los servicios fundamentales que sostienen las funciones sociales esenciales, la salud, la seguridad, y el bienestar socioeconómico de la población. Además, garantizan el funcionamiento eficiente de las instituciones gubernamentales y administraciones públicas. Se incluyen dentro de este grupo entidades que funcionan en ámbitos como las telecomunicaciones, la energía, el transporte y el sector financiero. Su operación es crucial y no admite alternativas; cualquier perturbación, interrupción o destrucción tendría un impacto severo en los servicios esenciales.
Debido a su relevancia estratégica, estas infraestructuras a menudo se convierten en objetivos de actos terroristas y criminales. En respuesta, en España, las medidas para mejorar la seguridad de estas infraestructuras críticas se centran en la defensa contra ataques intencionados, particularmente los de naturaleza terrorista, y están encabezadas por el Ministerio del Interior. La legislación nacional en materia de protección de infraestructuras críticas subraya la importancia de asegurar la continuidad de los servicios esenciales mediante estrategias que fortalezcan la seguridad de estas instalaciones. Esta responsabilidad recae sobre el CNPIC, que apoya al Secretario de Estado de Seguridad en esta tarea.

30 Una visión detallada y completa en la web CNPIC | Inicio (interior.gob.es).

de personas y bienes, ni toda normativa encaminada a conseguirla, o a preservar su mantenimiento, puede englobarse en el título competencial de «seguridad pública», pues si así fuera la práctica totalidad de las normas del ordenamiento serían normas de seguridad pública, y por ende competencia del Estado, cuando es claro que se trata de un concepto más estricto, en el que hay que situar de modo predominante las organizaciones y los medios instrumentales, en especial los cuerpos de seguridad a que se refiere el art. 104 de la Constitución».; en el caso de las I.C. si se trata de una materia plenamente estatal[31], en relación con su concreta designación.

La Constitución Española establece en su artículo 149.1 que el Estado tiene competencia exclusiva en una serie de materias, incluida la «seguridad pública», bajo el numeral 29. Esto significa que, aunque las comunidades autónomas pueden tener competencias en áreas relacionadas con la administración local y el orden público, la legislación y regulación fundamentales en materia de seguridad ciudadana, incluida la protección de infraestructuras críticas, son responsabilidad del Estado. Este marco competencial asegura una gestión coherente y uniforme de la seguridad pública en todo el territorio español. La materia de seguridad ciudadana es competencia exclusiva del Estado y puede decirse que engloba toda acción normativa y ejecutiva que persiga la protección de las personas y bienes y el mantenimiento de la tranquilidad y el orden ciudadano, tratándose, por tanto, de una actividad horizontal que permite la intervención del Estado en todos los aspectos de la realidad social, si bien esta intervención está sujeta a unos límites, tal como ha señalado el Tribunal Constitucional, a fin de evitar una interferencia innecesaria en las competencias autonómicas. Así, el Tribunal Constitucional ha utilizado el criterio de la relevancia de la regulación o intervención estatal en orden al logro de tales fines, para justificar el desplazamiento de otros títulos autonómicos concurrentes. El Tribunal Constitucional ha considerado como elementos a tener en cuenta los siguientes: La gravedad del peligro y la relación directa e inmediata con la actividad considerada con su creación; la inexistencia de otros títulos competenciales más específicos a los que sea consustancial la eliminación o mitigación del peligro y sus consecuencias; el desplazamiento de otros títulos por necesidades de urgencia o el carácter supraautonómico de la emergencia.

Centrándolo en este artículo 26 LOPSC 2015[32], la STC 154/2005, de 19 de junio, y en relación con las competencias en materia de seguridad pública

---

31 Sobre el alcance del título competencial de «seguridad pública» *vid.* Comentario F.10 TC (Pleno), STC 332/2005, de 15 diciembre. En el mismo sentido STC 25/2004, de 26 febrero (F.J. 10.º)

32 Se comentará con mayor extensión las competencias exclusivas del Estado y las compartidas tanto con las CC. AA. y entes locales, en relación con los espectáculos públicos y actividades recreativas del art. 27 LOPSC 2015.

y policía autónoma propia, no excluye las competencias de estas últimas en materia de inspección y seguridad de estos establecimientos e instalaciones.

De otro lado, la LSP en su art. 13 establece las competencias de las CC. AA. en materia de seguridad privada y en su punto 2 recoge que «2. Las comunidades autónomas que, en virtud de sus estatutos de autonomía, hayan asumido competencia ejecutiva en materia de seguridad privada cuando así lo establezca la legislación del Estado, la ejercerán si disponen de cuerpo de policía propia o establecen fórmulas de colaboración con el Cuerpo Nacional de Policía previstas en la legislación de fuerzas y cuerpos de seguridad, sobre las siguientes materias:

a) La autorización, inspección y sanción de las empresas de seguridad privada que tengan su domicilio en la comunidad autónoma y cuyo ámbito de actuación esté limitado a su territorio.

b) La denuncia, y puesta en conocimiento de las autoridades competentes, de las infracciones cometidas por las empresas de seguridad que no se encuentren incluidas en el párrafo anterior».

3. Espectáculos y actividades recreativas

Para realizar una comparación efectiva entre los Artículos 8 de la LOPSC de 1992 y 27 de la LOPSC de 2015, crearé una tabla que compare punto por punto los elementos de cada artículo. Resaltaré en negrita las diferencias notables en la versión de 2015 para enfatizar los cambios o adiciones realizadas.

Artículo 8 LOPSC 1992	Artículo 27 LOPSC 2015
Sección Segunda. Espectáculos públicos y actividades recreativas.	(No especifica sección)
1. Todos los espectáculos y actividades recreativas de carácter público quedarán sujetos a las medidas de policía administrativa que dicte el Gobierno, en atención a los fines siguientes:	**1. El Estado podrá dictar normas de seguridad pública para los edificios e instalaciones en los que se celebren espectáculos y actividades recreativas.**
a) Garantizar la seguridad ciudadana frente a los riesgos que, para las personas o sus bienes, se puedan derivar del comportamiento de quienes organicen un espectáculo o actividad recreativa, participen en ellos o los presencien.	2. Las autoridades a las que se refiere esta Ley adoptarán las medidas necesarias para preservar la pacífica celebración de espectáculos públicos. En particular, podrán prohibir y, en caso de estar celebrándose, suspender los espectáculos y actividades recreativas cuando exista un peligro cierto para personas y bienes, o acaecieran o se previeran graves alteraciones de la seguridad ciudadana.

b) Asegurar la pacífica convivencia cuando pudiera ser perturbada por la celebración del espectáculo o el desarrollo de la actividad.	3. La normativa específica determinará los supuestos en los que los delegados de la autoridad deban estar presentes en la celebración de los espectáculos y actividades recreativas, los cuales podrán proceder, previo aviso a los organizadores, a la suspensión de los mismos por razones de máxima urgencia en los supuestos previstos en el apartado anterior.
c) Limitar las actividades de los locales y establecimientos públicos a las que tuvieren autorizadas, e impedir, en todo caso, el ejercicio en ellos de cualesquiera otras que estuvieren prohibidas.	4. Los espectáculos deportivos quedarán, en todo caso, sujetos a las medidas de prevención de la violencia dispuestas en la legislación específica contra la violencia, el racismo, la xenofobia y la intolerancia en el deporte.
d) Fijar las condiciones a las que habrán de ajustarse la organización, venta de localidades y horarios de comienzo y terminación de los espectáculos o actividades recreativas, siempre que sea necesario, para que su desarrollo transcurra con normalidad.	
2. Los espectáculos deportivos quedarán, en todo caso, sujetos a las medidas de prevención de la violencia que se disponen en el Título IX de la Ley 10/1990, de 15 de octubre, del Deporte.	

En esta tabla, pueden apreciarse las diferencias entre los dos artículos resaltadas en negrita, que muestran cómo la LOPSC de 2015 ha evolucionado en términos de enfoque y detalle. Mientras que el artículo de 1992 se centra en directrices generales y la administración de los espectáculos, el de 2015 profundiza en la seguridad de los edificios e instalaciones, otorga mayor autoridad a las autoridades para preservar la seguridad y la paz, y especifica medidas contra la violencia, el racismo, la xenofobia y la intolerancia en el deporte.

El Diccionario del español jurídico de la Real Academia Española (dpej.rae) define el concepto de «espectáculo público», desde una perspectiva administrativa, como «aquel evento que tiene lugar tanto en recintos o locales de titularidad pública como privada, siempre en presencia de audiencia o espectadores». A pesar de que no se dispone de una definición específica a nivel estatal que precise qué se considera como tales eventos, el nomenclátor incluido en el anexo del Real Decreto 2816/1982, de 27 de agosto, que ratifica el Reglamento General de Policía de Espectáculos Públicos y Actividades Recreativas, ofrece una detallada relación de actividades y espectáculos que deben ser reconocidos como tal. Este catálogo proporciona un marco amplio sobre lo que se clasifica bajo esta categoría, abarcando una diversidad de formas y manifestaciones que se engloban dentro del término «espectáculos públicos»[33].

Sin duda la gestión y percepción de la seguridad en espectáculos públicos y actividades recreativas ha experimentado una evolución considerable debido a los cambios sociales, culturales y tecnológicos. Esta evolución se caracteriza por un enfoque más minucioso y proactivo hacia la seguridad, que se adapta de manera eficaz a las necesidades y retos que surgen constantemente. Las importantes catástrofes que se han producido con ocasión de eventos multitudinarios tanto en espectáculos públicos [34] como en eventos deportivos, como se verá más abajo, han marcado un punto de inflexión en la percepción y gestión de la seguridad y han servido como catalizadores para la promulgación de cambios legislativos significativos. Este impulso legislativo se ha centrado en fortalecer la capacidad de respuesta de las autoridades, introduciendo medidas preventivas y proactivas que buscan no solo responder a los desafíos emergentes, sino también prevenir la repetición de tales tragedias,

---

33 Debido a que se trata fundamentalmente de normativa autonómica, la Ley 13/1999, de 15 de diciembre, de Espectáculos Públicos y Actividades Recreativas de Andalucía, establece una serie de conceptos relacionados con esta materia, similares en otras autonomías:
Espectáculo público. Toda función o distracción que se ofrezca públicamente para la diversión o contemplación intelectual y que se dirija a atraer la atención de las personas espectadoras.
Actividad recreativa. El conjunto de operaciones desarrolladas por una persona natural o jurídica, o por un conjunto de personas, tendente a ofrecer y procurar al público, aislada o simultáneamente con otra actividad diferente, situaciones de ocio, diversión, esparcimiento o consumición de bebidas y alimentos.
Establecimientos públicos. Aquellos locales, recintos o instalaciones de publica concurrencia en los que se celebren o practiquen espectáculos o actividades recreativas.

34 Por mencionar algunos:
En España:
Incendio en la discoteca Alcalá 20 (Madrid, 1983): Este fue uno de los incendios más mortíferos en un local de ocio en España. El incendio en la discoteca Alcalá 20 en Madrid en diciembre de 1983 resultó en la muerte de 82 personas y dejó heridas a otras 271.
Avalancha en el concierto de AC/DC (Vallecas, Madrid, 1996): Durante un concierto de AC/DC en el estadio de Vallecas en Madrid en 1996, una avalancha humana resultó en la muerte de tres personas y dejó heridas a otras doce.
Y muy reciente el 1 de octubre de 2023 el incendio en Murcia de las discotecas Fonda Milagros y Teatre que dejó 13 muertos en un incendio. Destacar la importancia de las inspecciones y la puesta al día, pues al parecer la discoteca Fonda Milagros había recibido una orden de cierre en 2022 que no se había ejecutado.
En el mundo:
Incendio en la discoteca The Station (Rhode Island, EE.UU., 2003): Un incendio en la discoteca The Station en Rhode Island, EE. UU., en 2003 resultó en la muerte de 100 personas y dejó heridas a otras 230. El incendio fue causado por fuegos artificiales utilizados como parte del espectáculo de una banda.
Estampida en el festival Love Parade (Duisburg, Alemania, 2010): En el festival de música electrónica Love Parade en Duisburg, Alemania, en 2010, una estampida resultó en la muerte de 21 personas y dejó heridas a más de 5004.

evidenciando así un aprendizaje institucionalizado derivado de los eventos trágicos pasados, singularmente en los espectáculos deportivos.

3.1. Regulación de los espectáculos públicos

A nivel del Estado, cabe mencionar el Real Decreto 2816/1982, de 27 de agosto, por el que se aprueba el Reglamento General de Policía de Espectáculos Públicos y Actividades Recreativas. Se trata de una de las normativas más antiguas que aún proporciona un marco para la regulación de los espectáculos públicos y actividades recreativas en España, estableciendo estándares de seguridad y control, con diversas modificaciones.

Lo más interesante, además del nomenclátor del anexo, es que en su preámbulo indica que «El nuevo Reglamento, como indica su denominación, se mantiene estrictamente en el ámbito de la seguridad ciudadana y es por tanto escrupulosamente respetuoso de las competencias que corresponden a los distintos Departamentos ministeriales, a las Comunidades autónomas y a las Corporaciones locales, cuyas atribuciones se salvan expresamente, con carácter general, en el artículo uno, y con carácter particular y concreto, en otros preceptos de su articulado».

La regulación de los espectáculos públicos se caracteriza por su notable descentralización, otorgando a las Comunidades Autónomas la prerrogativa para estipular las directrices que rigen la organización y celebración de estos eventos en su territorio. Este marco competencial incluye la delimitación de procedimientos para la solicitud y otorgamiento de licencias o autorizaciones necesarias para la realización de espectáculos públicos y actividades recreativas, ajustándose a las especificidades y requerimientos propios de cada comunidad.

Dentro de este contexto, la determinación sobre la necesidad de solicitar autorización para la ejecución de espectáculos públicos que congregan a un número considerable de participantes[35] se concreta en la legislación particular de cada Comunidad Autónoma. Si bien la exigencia de autorización para la realización de eventos de gran magnitud es una práctica común, los umbrales que definen qué constituye un 'evento de gran envergadura' y los criterios para la adjudicación de dichas autorizaciones varían significativamente.

A modo de ilustración, ciertas normativas autonómicas precisan límites de aforo que, una vez superados, implican la necesidad de obtener una autorización especial, considerando no solo la cantidad de asistentes sino también elementos adicionales como la localización del evento, su duración, el tipo de espectáculo o actividad recreativa a desarrollar y las medidas de seguridad requeridas. Este conjunto de regulaciones tiene como finalidad asegurar que

35 Generalmente un número próximo a los 600 es la frontera que delimita la autorización autonómica o local.

todos los aspectos vinculados a la seguridad, accesibilidad, protección civil y salud pública sean debidamente contemplados y gestionados, garantizando así el bienestar de los participantes y del entorno donde se llevan a cabo los eventos[36].

3.2 Regulación de los eventos deportivos

Es conveniente empezar por señalar el preámbulo de la Ley 19/2007, de 11 de julio, contra la violencia, el racismo, la xenofobia y la intolerancia en el deporte, pues de su simple lectura se desprende las razones de la nueva regulación en la materia:

> «A mediados de la década de los años 80 del siglo pasado, una serie de sucesos luctuosos marcan el punto máximo de tensión generado en Europa por manifestaciones violentas en el deporte. En el estadio Heysel de Bruselas, en 1985, la final de la copa de Europa que jugaban los equipos de la Juventus y el Liverpool acabó en tragedia[37].
>
> Ese mismo año, poco tiempo antes, un incendio en el estadio inglés de Bradford provocó el pánico con resultado de muerte y heridos en las gradas durante el encuentro[38]. Cuatro años después, se repetía la tragedia durante un partido de fútbol entre los equipos ingleses del Liverpool y el Nottingham Forest. En esos mismos años, en otras latitudes, como en Latinoamérica, también hubo que lamentar terribles tragedias colectivas con un saldo de centenares de muertos.
>
> Estas trágicas circunstancias, que también tuvieron reflejo en nuestro país en varios sucesos lamentables, acaecidos dentro y fuera de los estadios, son las que movieron al Consejo de Europa a promover la firma y ratificación por sus países miembros de un Convenio Internacional sobre la violencia, seguridad e irrupciones

---

36 Ejemplos de leyes autonómicas son, entre otras:
Ley 17/1997, de 4 de julio, de Espectáculos Públicos y Actividades Recreativas de la C. de Madrid.
Lei 10/2017, do 27 de decembro, de espectáculos públicos e actividades recreativas de Galicia
Ley 13/1999, de 15 de diciembre, de Espectáculos Públicos y Actividades Recreativas de Andalucía.
Ley 7/2019, de 5 de abril, de espectáculos públicos y actividades recreativas de la Comunidad Autónoma de Extremadura.
Estas normas establecen en las condiciones de seguridad, accesibilidad y salubridad que deben cumplirse, así como los procedimientos administrativos para su autorización

37 Los hechos sucedieron el 29 de mayo de 1985. Murieron 39 personas como consecuencia de unos incidentes que comenzaron los hinchas ingleses. El hecho de que muchos espectadores estuvieran de pie y la presencia de las vallas provocó una estampida y aplastamiento, todo ello transmitido en directo por la tv.

38 Ocurrió el 11 de mayo de 1985 y fue a causa de un incendio en unas gradas construidas de madera y sin limpieza. 56 personas murieron y más de 200 resultaron heridas.

de espectadores con motivo de manifestaciones deportivas y, especialmente, partidos de fútbol…».

Tras estos sucesos se realizó el Convenio n.º 120, del Consejo de Europa, hecho en Estrasburgo el 19 de agosto de 1985 sobre la violencia e irrupciones de espectadores con motivo de manifestaciones deportivas y especialmente de partidos de futbol. Ratificado por España y en vigor desde septiembre de 1987 y cuya actualización fue la ley 19/2007 citada. Se complementa con el RD. 203/2010, de 26 de febrero, que desarrolla la ley en aspectos clave como la especificación de las conductas consideradas como violentas o discriminatorias, el régimen sancionador aplicable a infractores, y los mecanismos de colaboración entre las distintas administraciones públicas y los organizadores de eventos deportivos para garantizar la seguridad y el respeto en Existen organismos estatales como la OND (Oficina Nacional de Deportes) y la Comisión Antiviolencia que propone medidas y sanciones, siempre en colaboración con las CC. AA..

3.3. Notas constitucionales

En el entramado jurídico español, la STC 177/2016, de 20 de octubre, (ECLI:ES:TC:2016:177,) emerge como un hito en la definición de las fronteras competenciales relativas a la organización de espectáculos públicos, con especial enfoque en los espectáculos taurinos. Este pronunciamiento judicial, que responde a un recurso de inconstitucionalidad interpuesto contra la Ley del Parlamento de Cataluña que vetaba las corridas de toros en dicho territorio, establece de forma inequívoca que la competencia para regular esta clase de espectáculos recae en el Estado, amparándose en su mandato exclusivo sobre la protección del patrimonio cultural español. La Corte argumenta que, si bien las Comunidades Autónomas ostentan atribuciones en el ámbito cultural y de entretenimiento, la necesidad de una regulación homogénea a nivel nacional para los espectáculos taurinos resulta imperativa para prevenir su deterioro y garantizar la conservación de este elemento del patrimonio cultural hispano.

Este fallo del Tribunal Constitucional, aunque se centra en las competencias en materia cultural, subraya la intrincada trama de competencias compartidas entre el Estado y las Comunidades Autónomas, resaltando la imperiosa necesidad de hallar un equilibrio que permita, por un lado, la autonomía cultural y espectacular de las regiones y, por otro, la preservación de los bienes culturales que constituyen el legado común de la nación española y las delimitaciones competenciales en materia de espectáculos públicos en general.

Importante es también la STC 142/2018, de 20 de diciembre (ECLI:ES:TC:2018:142), la cual, aunque se trata de un asunto de telecomunicaciones afirma la competencia exclusiva del Estado en materia de seguridad pública, sin más excepción que la que derive de la creación de las policías autónomas. establece que la seguridad ciudadana engloba toda acción normativa y ejecutiva que persiga la protección de las personas y bienes y el mantenimiento de la tranquilidad y el orden ciudadano. Se trata de una actividad horizontal que permite la intervención del Estado en todos los aspectos de la realidad social, si bien esta intervención está sujeta a unos límites para evitar una interferencia innecesaria en las competencias autonómicas.

4. Armas y explosivos

4.1. Introducción general[39]

La Ley Orgánica de Protección de la Seguridad Ciudadana ha sido un instrumento clave en la regulación del control de armas, explosivos, cartuchería y artículos pirotécnicos en España, contrastando con las políticas más laxas de otros países y las nefastas consecuencias que ello conlleva.

Ya se ha comentado la diferente incardinación sistemática de las materias que se regulan en el capítulo IV LOPSC 2015 en relación con la anterior. Esto mismo debe predicarse respecto a las armas y explosivos. Desde el punto de vista de la técnica legislativa, el traslado de las disposiciones sobre armas y explosivos a un capítulo dedicado a las «Potestades especiales de policía administrativa de seguridad» en 2015 puede interpretarse como un esfuerzo por otorgar mayor claridad y coherencia al texto legal. Esta reubicación ayuda a sistematizar la normativa de seguridad ciudadana, agrupando bajo un mismo epígrafe aquellas materias que requieren de una intervención administrativa especial y diferenciada debido a su impacto directo en la seguridad pública. La ubicación sistemática en la LOPC 2015 refleja una intención de destacar la relevancia de las políticas de control de armas y explosivos dentro del marco general de la seguridad ciudadana, subrayando la importancia de estas medidas dentro de las potestades especiales que el Estado debe ejercer para garantizar dicha seguridad. Se da un papel preponderante a la actividad de policía administrativa en su control y con una especial sensibilidad hacia la regulación de elementos peligrosos, reconociendo su potencial para causar daños.

Los comentarios se van a dividir entre el control administrativo de armas y explosivos y las concretas medidas de control, que se ubican en diferentes normas.

---

39 Aunque centrada en la LOPSC 1992d, sigue siendo interesante la consulta sobre armas y explosivos de ALONSO PÉREZ, Francisco. *Seguridad ciudadana.* Madrid: Marcial Pons, 1994. Págs. 27 y siguientes. *Una visión más amplia* en GÓMARA HERNÁNDEZ y AGORRETA RUIZ, *ob. cit.,* págs. 573 y sigs.

4.2. Marco Legal en la Regulación de Armas y Explosivos

Constitución Española: El artículo 149.1.26 confiere al Estado la competencia exclusiva sobre la producción, comercio, tenencia y uso de armas y explosivos, estableciendo así un marco centralizado para la regulación de estos elementos críticos para la seguridad nacional.

LOPSC 2015: Esta ley complementa las disposiciones constitucionales, introduciendo normas específicas sobre la seguridad y el orden público relacionadas con armas y explosivos. Define un amplio catálogo de infracciones, aplicable por las Fuerzas y Cuerpos de Seguridad (FCS) del Estado, y destaca el papel de la Guardia Civil (GC) en la incautación de armas de fuego, subrayando su importancia en el mantenimiento de la seguridad pública. También muy importante la operativa del resto de las FCS en la detección y denuncia de las infracciones administrativas, para lo cual son competentes.

Real Decreto 137/1993, Reglamento de Armas: Constituye la normativa reglamentaria principal en materia de armas en España. Detalla la clasificación de las armas, las condiciones de su uso, tenencia, transporte, comercio, así como la intervención y control por las autoridades competentes, proporcionando un marco exhaustivo para la gestión y control de armas.

Código Penal (CP): Los artículos 563 al 568 y 571 al 573 del CP tipifican los delitos relacionados con el uso indebido de armas y explosivos, estableciendo penas para aquellos casos en los que se incumplan las normativas vigentes, asegurando así una respuesta legal firme frente a las infracciones.

Ley 25/2022, de 1 de diciembre, sobre precursores de explosivos[40], reciente legislación que regula la gestión y control de los mismos, destacando la necesidad de un seguimiento riguroso para prevenir su uso indebido o la fabricación no autorizada de explosivos.

40 Respecto a los precursores de explosivos, *vid.* SÁNCHEZ GÓMEZ, Raúl; MONTORO SÁNCHEZ, Juan Alejandro. *Manual de derecho procesal penal para guardias civiles.* Madrid: Dykinson, 2021. pág. 314.

4.3. Control administrativo sobre armas, explosivos, cartuchería y artículos pirotécnicos

Artículo 6 LOPSC 1992	Artículo 28 LOPSC 2015
1. En el ejercicio de la competencia que le reconoce el artículo 149.1.26 de la Constitución, la Administración del Estado establecerá los requisitos y condiciones de la fabricación y reparación de armas, sus imitaciones y réplicas, y de sus piezas fundamentales; explosivos, cartuchería y artificios pirotécnicos; así como los de su circulación, almacenamiento y comercio, su adquisición y enajenación; su tenencia y utilización. Del mismo modo podrá adoptar las medidas de control necesarias para el cumplimiento de aquellos requisitos y condiciones.	1. Corresponde al **Gobierno** regular los **requisitos y condiciones** de fabricación, reparación, circulación, almacenamiento, comercio, adquisición, enajenación, tenencia y uso de armas y explosivos. Igual en cuanto las medidas de control
2. Las autoridades y servicios a los que corresponda ejercer la intervención, podrán efectuar en cualquier momento las inspecciones y comprobaciones que lean necesarias en los diferentes locales de las fábricas, talleres, depósitos, comercios y lugares de utilización de armas y explosivos.	2. La intervención de armas, explosivos, cartuchería y artículos pirotécnicos corresponde al Ministerio del Interior, que la ejerce a través de la Dirección General de la Guardia Civil, cuyos servicios están habilitados para realizar en cualquier momento las inspecciones y comprobaciones que sean necesarias en los espacios que estén destinados a su fabricación, depósito, comercialización o utilización.

Como aspectos más destacables de las evolución y novedades de LOPSC 2015 cabe mencionar:

- La reforma de la LOPSC en 2015 clarifica la competencia del Estado en la regulación de armas y explosivos, asignándola explícitamente al Gobierno y especificando su ejecución a través del Ministerio del Interior y la Dirección General de la Guardia Civil. Este ajuste proporciona una definición administrativa más precisa, fortaleciendo el marco de control y supervisión sobre estas materias críticas para la seguridad pública, evidenciando un esfuerzo por mejorar la eficacia y la responsabilidad en la gestión de la seguridad ciudadana.
- Se mejora significativamente introduciendo medidas de control más precisas y estrictas. Se destacan los requisitos detallados para la obtención de licencias, especialmente restrictivas para armas de defensa personal, y la prohibición firme de elementos altamente peligrosos.
- Además, regula las imitaciones y réplicas de armas, una diferenciación detallada entre tipos de materiales regulados, y la implementación de

un régimen de responsabilidad más estricto para prevenir infracciones, clarificando el marco legal.

4.4. Medidas de control

Artículo 7 LOPSC 1992	Artículo 29 LOPSC 2015
Faculta al Gobierno para reglamentar las materias relacionadas con armas y explosivos, incluyendo requisitos para la apertura y funcionamiento de fábricas, talleres, depósitos y establecimientos de venta.	El Gobierno regulará medidas de control sobre materias relacionadas con armas y explosivos, incluyendo requisitos para la apertura y funcionamiento de **establecimientos relacionados**.
Establece la obligatoriedad de licencias o permisos para la tenencia y uso de armas de fuego.	Establece la obligatoriedad de licencias, permisos o autorizaciones para la adquisición, tenencia y uso de armas de fuego, con consideraciones sobre la conducta y antecedentes del interesado.
Prohíbe ciertas armas, municiones y explosivos especialmente peligrosos.	**Prohíbe la fabricación, tenencia y comercialización de armas, cartuchería, artículos pirotécnicos y explosivos especialmente peligrosos.**
La fabricación, comercio o distribución de armas y explosivos está bajo el control de los Ministerios de Defensa y del Interior.	**Amplía el control a los Ministerios de Defensa, Interior y de Industria, Energía y Turismo.**

La reforma LOPSC 2015 ofrece un enfoque renovado y más estricto en el control de armas y explosivos. Esta actualización legislativa introdujo medidas detalladas para la catalogación, autorización e inspección de actividades relacionadas con armas, buscando no solo regular su uso sino también prevenir infracciones mediante un régimen de responsabilidad claro. Destaca la importancia de licencias y permisos, con especial énfasis en la defensa personal, requiriendo una evaluación rigurosa de los solicitantes basada en su conducta y antecedentes[41]. Además de la ampliación del control, la reforma ha asignado roles específicos a los Ministerios de Defensa, del Interior y de Industria, Energía y Turismo, detallando la intervención directa del Ministerio del Interior a través de la Dirección General de la Guardia Civil. Este marco legal se alinea con los desafíos contemporáneos en materia de seguridad, manteniendo un equilibrio entre la protección efectiva de la sociedad y el respeto a los derechos fundamentales.

41 La STC 58/2018, de 8 de mayo de 2018(ECLI:ES:TC:2018:58), estima parcialmente el recurso de amparo interpuesto por un ciudadano contra la resolución de la Agencia Española de Protección de Datos que denegó su solicitud de cancelación de sus datos personales en un buscador de Internet, al considerar que la LOPSC no era aplicable al caso y que el derecho al olvido prevalecía sobre el derecho a la información. No obstante, la cancelación de antecedentes penales y/o administrativos siguen sus propios procedimientos.

4.5. Aspectos constitucionales

El art. 149.1.26 CE establece que el Estado tiene competencia exclusiva sobre.... «producción, comercio, tenencia y uso de armas y explosivos». En relación con esta norma se han producido abundantes sentencias y, a nivel doctrinal, Aguado y Cudola resalta que «Una materia estrechamente relacionada con la seguridad la encontramos en el art. 149.1. 26.ª de la CE cuando reserva al Estado **la competencia exclusiva en materia de "régimen de producción, comercio, tenencia y uso de armas y explosivos"**. En este caso, a diferencia del art. 149.1. 29.ª de la CE, no se reservan competencias autonómicas, a través de la cláusula "sin perjuicio". Ello no excluye, sin embargo, la intervención de las CC. AA. en determinados aspectos relacionados con las armas y explosivos tal y como ha puesto de relieve la jurisprudencia constitucional. Así, por ejemplo, la competencia estatal sobre armas y explosivos no impide facultades jerárquicas ni la regulación reglamentaria de la utilización de dichas armas por las Policías locales, tal y como ha sucedido a través de la legislación autonómica sobre coordinación de estas Policías[42]».

Un aspecto de interés reside en determinar en qué medida las restricciones en el ámbito de las armas pueden entrar en conflicto con el derecho a la seguridad y la defensa personal. Este tema se sitúa dentro de los principios constitucionales que intentan lograr un equilibrio entre la protección de la seguridad ciudadana y el respeto por los derechos fundamentales. Aunque la Constitución Española no menciona de manera explícita el «derecho a la seguridad personal» sus disposiciones relativas a la protección de la integridad física y moral (artículo 15), el derecho a la libertad y seguridad (artículo 17), y la regulación del uso de armas (en el contexto de las competencias exclusivas del Estado sobre la seguridad pública, artículo 149.1.29), proporcionan un marco para interpretar la defensa personal como un elemento esencial del derecho a la seguridad individual y colectiva. La Ley Orgánica de Protección de la Seguridad Ciudadana (LOPSC) de 2015, al actualizar la normativa sobre armas y explosivos, refleja este balance, respondiendo a los nuevos desafíos de seguridad sin menoscabar los derechos individuales.

III. Conclusiones

El análisis realizado en este estudio sobre el Cap. IV de la Ley Orgánica de Protección de la Seguridad Ciudadana (LOPSC) 2015 permite extraer las siguientes conclusiones esenciales:

1. La LOPSC 2015 refleja una significativa evolución y adaptación legislativa, ajustándose eficazmente a las nuevas realidades y desafíos de seguridad que enfrenta la sociedad. Esta adaptación se manifiesta

42 Aguado y Cudola, *op. cit.,* pág. 1461.

en la actualización y especificación de las competencias policiales, así como en el establecimiento de medidas de control más rigurosas sobre determinados establecimientos, armas, explosivos y la regulación de espectáculos públicos.

2. La ley demuestra un esfuerzo por equilibrar de manera efectiva la necesidad imperiosa de garantizar la seguridad ciudadana con el imperativo de respetar y proteger los derechos fundamentales. Esta balanza se observa en la creación de un marco que, al tiempo que establece medidas de control precisas, contempla salvaguardas para los derechos individuales.
3. Sin duda se produce una mejora en la claridad y coherencia del marco legislativo a través de la reorganización de las disposiciones sobre seguridad ciudadana. Esta reestructuración facilita la interpretación y aplicación uniforme de la ley, contribuyendo así a una más efectiva administración de la justicia y la seguridad pública.
4. Un factor crítico que destaca es la coordinación entre diferentes niveles de gobierno y entidades de seguridad. La colaboración efectiva se erige como un pilar fundamental para una gestión de la seguridad más ágil y eficiente, permitiendo una respuesta coordinada ante las amenazas a la seguridad ciudadana.
5. Si bien la LOPSC 2015 marca un avance notable, es necesario identificar y abordar áreas de mejora y desafíos futuros. Estos incluyen la adaptación a las nuevas tecnologías, el fortalecimiento de la capacitación en derechos humanos para las fuerzas de seguridad, y la evaluación continua de la efectividad de las políticas y prácticas de seguridad.
6. Contribución a la mejora de la seguridad ciudadana: Finalmente, el impacto de la LOPSC 2015 en la seguridad ciudadana, en general, ha sido palpable y especialmente en Cap. IV analizado, sirviendo de paraguas a legislación de desarrollo y complementaria, como la de Seguridad Privada.

En conclusión, la Ley Orgánica de Protección de la Seguridad Ciudadana (LOPSC) 2015 constituye un marco legislativo robusto y adaptado a los tiempos, que refleja el compromiso de España con la seguridad ciudadana en un entorno de respeto por los derechos fundamentales. Mirando hacia el futuro, será crucial continuar adaptando y refinando este marco para enfrentar los desafíos emergentes y asegurar un entorno seguro y libre para todos los ciudadanos.

IV. Bibliografía

Aguado y **Cudola, V.**, «Las competencias en seguridad pública», en *Comentarios a la Constitución Española de 1978*, dirigido por Cazorla Prieto, L. M. y coordinado por Palomar Olmeda, A., Edita: Fundación

Wolters Kluwer, Boletín Oficial del Estado, Tribunal Constitucional y Ministerio de Justicia 1.ª ed. 2018. Pág. 1458.

Alonso Pérez, F. *Seguridad ciudadana.* Madrid: Marcial Pons, 1994.

Barcelona Llop, J. *El régimen jurídico de la policía de seguridad*. Instituto Vasco de Administración Pública, Oñati, 1988.

Gómara Hernández, J. L.; **Agorreta Ruiz, D.**, *Prontuario de Seguridad Pública e Intervención Policial*, 4.ª ed., DAPP, Pamplona, 2011.

Parada, R., *Derecho Administrativo I. Parte General*, 19.ª ed., Marcial Pons, Madrid, 2012.

Sánchez Gómez, R.; **Montoro Sánchez, J. A.** *Manual de derecho procesal penal para guardias civiles.* Madrid: Dykinson, 2021.

Varela González, J. A., «La Policía Judicial», en *Código Procesal Penal para la Policía Judicial*, dirs. J. V. Gimeno Sendra y A. N. Marchal Escalona, Thomson Reuters Aranzadi, Pamplona, 2015.

CAPÍTULO 10

ANÁLISIS DE LA JURISPRUDENCIA CONSTITUCIONAL EN RELACIÓN CON DETERMINADOS PRECEPTOS DEL RÉGIMEN SANCIONADOR

Francisco Nebrera Gabella
Jefe de Servicio de Coordinación de la Policía Local – Junta de Andalucía

En este capítulo se va a proceder al análisis de dos sentencias del Tribunal Constitucional sobre determinados artículos contenidos en el capítulo V de la Ley Orgánica 4/2015, de 30 de marzo, en concreto:

- Sentencia del Tribunal Constitucional 172/2020, de 19 de noviembre, dimanante del recurso de inconstitucionalidad 2896-2015.
- Sentencia del Tribunal Constitucional 13/2021, de 28 de enero, dimanante del recurso de inconstitucionalidad 3848-2015.

I. Sentencia del Tribunal Constitucional 172/2020, de 19 de noviembre

La Sentencia que a continuación se analiza, dimana del recurso de inconstitucionalidad núm. 2896-2015, promovido por noventa y siete diputados del Grupo Parlamentario Socialista, once del Grupo Parlamentario La Izquierda Plural, Iniciativa per Catalunya Verds-Esquerra Unida i Alternativa y Chunta Aragonesista, cuatro del Grupo Parlamentario Unión Progreso y Democracia y dos del Grupo Parlamentario Mixto del Congreso de los Diputados, contra los arts. 19.2, 20.2, 36.2 y 23, y 37.1 en relación con los arts. 30.3 y 37.3 y 7, así como la disposición final primera de la Ley Orgánica 4/2015, de 30 de marzo, de protección de la seguridad ciudadana.

Recordemos los preceptos impugnados que se estudiarán en el presente capítulo:

«**Artículo 19. Disposiciones comunes a las diligencias de identificación, registro y comprobación.**

[...]

2. La aprehensión durante las diligencias de identificación, registro y comprobación de armas, drogas tóxicas, estupefacientes, sustancias psicotrópicas u otros efectos procedentes de un delito o infracción administrativa se hará constar en el acta correspondiente, que habrá de ser firmada por el interesado; si este se negara a firmarla, se dejará constancia expresa de su negativa. El acta que se extienda gozará de presunción de veracidad de los hechos en ella consignados, salvo prueba en contrario».

«**Artículo 30. Sujetos responsables.**

[...]

3. A los efectos de esta Ley se considerarán organizadores o promotores de las reuniones en lugares de tránsito público o manifestaciones las personas físicas o jurídicas que hayan suscrito la preceptiva comunicación. Asimismo, aun no habiendo suscrito o presentado la comunicación, también se considerarán organizadores o promotores quienes de hecho las presidan, dirijan o ejerzan actos semejantes, o quienes, por publicaciones o declaraciones de convocatoria de las mismas, por las manifestaciones orales o escritas que en ellas se difundan, por los lemas, banderas u otros signos que ostenten o por cualesquiera otros hechos pueda determinarse razonablemente que son directores de aquellas».

«**Artículo 36. Infracciones graves.**

[...]

2. La perturbación grave de la seguridad ciudadana que se produzca con ocasión de reuniones o manifestaciones frente a las sedes del Congreso de los Diputados, el Senado y las asambleas legislativas de las comunidades autónomas, aunque no estuvieran reunidas, cuando no constituya infracción penal.

[...]

23. El uso no autorizado de imágenes o datos personales o profesionales de autoridades o miembros de las fuerzas y cuerpos de seguridad que pueda poner en peligro la seguridad personal o familiar de los agentes, de las instalaciones protegidas o en riesgo el éxito de una operación, con respeto al derecho fundamental a la información».

«**Artículo 37. Infracciones leves.**

1. La celebración de reuniones en lugares de tránsito público o de manifestaciones, incumpliendo lo preceptuado en los artículos 4.2, 8, 9, 10 y 11 de la Ley Orgánica 9/1983, de 15 de julio, cuya responsabilidad corresponderá a los organizadores o promotores.

[...]

3. El incumplimiento de las restricciones de circulación peatonal o itinerario con ocasión de un acto público, reunión o manifestación, cuando provoquen alteraciones menores en el normal desarrollo de los mismos.

[...]

7. La ocupación de cualquier inmueble, vivienda o edificio ajenos, o la permanencia en ellos, en ambos casos contra la voluntad de su propietario, arrendatario o titular de otro derecho sobre el mismo, cuando no sean constitutivas de infracción penal.

Asimismo, la ocupación de la vía pública con infracción de lo dispuesto por la Ley o contra la decisión adoptada en aplicación de aquella por la autoridad competente. Se entenderá incluida en este supuesto la ocupación de la vía pública para la venta ambulante no autorizada».

En primer lugar, los recurrentes argumentan la inconstitucionalidad de los arts. 36.2 y 37.1 en relación con los arts. 30.3 y 37.3 y 7 LOPSC, por vulneración del art. 21 CE, indicando que estos preceptos de la Ley Orgánica de protección de la seguridad ciudadana constituyen una restricción de comportamientos que vulnerarían la seguridad ciudadana sin exigir que se haya dado ninguna afectación a personas o bienes y generando la posibilidad que puedan ser sancionados quienes simplemente hayan participado en una concentración espontánea o que no haya sido previamente comunicada (como es el caso de meros participantes que, sin haber intervenido en la organización o convocatoria, lleguen a portar banderas, pancartas, signos, coreen consignas o hagan uso de la megafonía).

Igualmente, entienden que el art. 36.2 LOPSC supondría una restricción del ejercicio del derecho de reunión al sancionar la perturbación grave de la seguridad ciudadana producida con ocasión de manifestaciones frente a las sedes del Congreso de los Diputados, el Senado y las asambleas legislativas de las comunidades autónomas, estén o no reunidas.

En relación con el 37.7, los recurrentes entienden que vulnera además del art. 21 CE, el art. 25.1 CE, pues la falta de concreción contradice las exigencias que se derivan del principio de taxatividad. Con respecto a la ocupación de inmuebles, viviendas o edificios ajenos, argumentan que no se concreta qué ha de entenderse por «ocupación», si hubiera de concurrir violencia o intimidación, o bastaría con la simple presencia simultánea de personas en un espacio común, incluso de forma totalmente pacífica; cuestión esta que también vulnera el art. 21 CE. En cuanto a la ocupación de la vía pública alegan que no se concreta tampoco a qué ley se refiere el legislador y cuya infracción es susceptible de ser objeto de sanción.

Por otra parte, el art. 36.23 LOPSC, al sancionar con carácter general e indiscriminado la obtención, salvo autorización, de imágenes o datos de los agentes de las fuerzas y cuerpos de seguridad, establece una restricción previa y desproporcionada del derecho a la libertad de información consagrado en el art. 20.1 d) CE, lo que constituye el primer motivo de inconstitucionalidad, a juicio de los recurrentes. El segundo es la vulneración del art. 20.2 CE en los términos en que ha sido configurado por la doctrina constitucional (STC 187/1999, de 25 de octubre), por establecer una censura previa: si se quiere informar captando y divulgando, en su caso, imágenes o datos de los agentes actuantes, se debe obtener la autorización previa de la administración. El tercer motivo de inconstitucionalidad alegado por los recurrentes es que el art. 36.23 en conexión con el art. 19.2 LOPSC, al permitir la posibilidad del secuestro no judicial de material informativo, vulnera el art. 20.5 CE. Por último, también aprecian la vulneración por el art. 36.23 LOPSC del principio de taxatividad del art. 25.1 CE, en conexión con el principio de seguridad jurídica del art. 9.3 CE, argumentando que al ciudadano medio le es imposible saber si captar la imagen o datos de los agentes puede poner en riesgo el éxito de una operación policial, que probablemente desconoce, o la seguridad del agente o de su familia —lo que siempre es una posibilidad incierta—, o la de instalaciones protegidas, lo que también es una especulación.

Indicadas someramente las tesis de los recurrentes, el Tribunal pasa a analizar cada una de ellas.

1. Las impugnaciones del artículo 36.2

Este precepto sanciona la perturbación grave de la seguridad ciudadana que se produzca con ocasión de reuniones o manifestaciones frente a las sedes del Congreso de los Diputados, el Senado y las asambleas legislativas de las comunidades autónomas, aunque no estuvieran reunidas, cuando no constituya infracción penal.

En relación con la impugnación vertida, el Tribunal entiende que el espacio urbano no es solo un ámbito de circulación, sino también un espacio de participación, las distintas demarcaciones del espacio urbano no tienen por qué resultar indiferentes para los organizadores de una reunión, que pueden preferir unas ubicaciones a otras por adecuarse en mayor medida a la efectividad del mensaje que se proponen transmitir. El «lugar de concentración» reviste importancia central en la configuración del derecho de reunión, «ya que está íntimamente relacionado con el objetivo de publicidad de las opiniones y reivindicaciones perseguido por los promotores por lo que ese emplazamiento condiciona el efectivo ejercicio del derecho. En realidad, en ciertos tipos de concentraciones el lugar de celebración es para los organizadores la condición necesaria para poder ejercer su derecho de reunión en lugares de tránsito público, puesto que del espacio físico en el que se desenvuelve la reunión depende que el mensaje que se quiere transmitir llegue directamente a sus destinatarios principales» (STC 66/1995, de 8 de mayo).

Las zonas que se ubican frente a las sedes parlamentarias son lugares que los convocantes de una reunión o manifestación pueden considerar particularmente idóneos para el ejercicio del derecho por considerar que al estar reunidas pueden expresar sus reivindicaciones para que «el mensaje que quieren transmitir llegue directamente a sus destinatarios principales» (STC 66/1995, de 8 de mayo). Así mismo, pueden entender que el órgano legislativo, aunque no esté albergando actos parlamentarios, conserva intacta su alta relevancia institucional y este dato puede constituir justificación suficiente que conduzca a los organizadores a preferir este lugar frente a cualquier otro para realizar un ejercicio concreto del derecho de reunión o manifestación.

El Tribunal concluye, a partir lo dicho, que el sentido propio del derecho consagrado en el art. 21 CE permite a los organizadores de reuniones o manifestaciones optar por celebrarlas frente a las sedes parlamentarias, ya esté operando en ese momento alguno de sus órganos, ya se hallen inactivas.

Aunque el derecho de reunión comprende el de elegir el lugar de su ejercicio y especialmente el de decidir ejercerlo ante sedes parlamentarias, no es un derecho ilimitado, según lo dispuesto en el apartado segundo del art. 21 CE requiere que se comunique a la autoridad, que se desarrolle según las alteraciones razonablemente necesarias que la autoridad señale y que con ocasión de su ejercicio no se perturbe la seguridad ciudadana.

Recordemos que el art. 36.2 LOPSC tipifica de un modo específico la perturbación grave de la seguridad ciudadana que se produzca con ocasión de reuniones o manifestaciones frente a sedes parlamentarias. El legislador, mediante este recurso al principio de especialidad, atiende de un modo particular a la singular importancia que reviste en un Estado democrático el derecho de convocar reuniones o manifestaciones frente a las sedes parlamentarias, cuyo ejercicio pudiera resultar indebidamente desalentado si se estableciese como infracción grave la producción de cualesquiera desórdenes acaecidos con motivo de las referidas reuniones o manifestaciones. Esta medida, por tanto, solo convierte en sancionable las conductas que, con ocasión de las mencionadas reuniones, dañen de un modo intenso a personas o bienes (o entrañen un riesgo agravado de que se produzca ese resultado lesivo), así como las que obstruyan sensiblemente el funcionamiento de los órganos legislativos.

El Tribunal estima, a partir de estas consideraciones, que la previsión contenida en el art. 36.2 LOPSC es constitucional, protegiéndose por un lado, la especial significación institucional que tienen las cámaras legislativas, de fundamental relevancia en un Estado de Derecho y, de otro, el normal funcionamiento de estos órganos parlamentarios.

Ello también lleva consigo la plena constitucionalidad del apartado segundo, en su integridad, comprendiendo los términos «aunque no estuvieren reunidas». Recordemos que las sedes parlamentarias albergan el desenvolvimiento efectivo de las funciones representativas, manteniendo cuando están inactivas su carácter de representación institucional de la voluntad popular, circunstancia que las hace merecedoras de esta protección jurídica.

2. Las impugnaciones del artículo 37.1

Este precepto sanciona como infracción leve la celebración de reuniones en lugares de tránsito público o de manifestaciones, incumpliendo lo preceptuado en los artículos 4.2, 8, 9, 10 y 11 de la Ley Orgánica 9/1983, de 15 de julio, cuya responsabilidad corresponderá a los organizadores o promotores.

Los recurrentes entienden que el art. 37.1 LOPSC, en relación con lo dispuesto en el art. 30.3 LOPSC, supone una restricción desproporcionada del derecho de reunión en una sociedad democrática. La razón es que se podrá sancionar a aquellos ciudadanos que simplemente hayan tomado parte en una concentración pacífica espontánea o que no haya sido previamente comunicada (como es el caso de meros participantes que, sin haber intervenido en la organización o convocatoria, llegasen a portar banderas, pancartas, signos, coreen consignas o hagan uso de la megafonía).

El art. 37.1 LOPSC tipifica el incumplimiento de los requisitos legales previstos en la Ley Orgánica 9/1983, de 15 de julio, reguladora del derecho de reunión, a la que viene a dotar de un carácter sancionador. En concreto, se sanciona:

a) La no adopción de medidas para garantizar el buen orden, cuya responsabilidad compete a los organizadores o promotores (art. 4.2 LORDR).

b) La omisión del deber de comunicación previa (art. 8 LORDR).

c) No ajustar el escrito de comunicación previa al contenido determinado en la Ley (art. 9 LORDR).

d) Llevar a cabo la reunión o manifestación pública contradiciendo lo dispuesto por la autoridad gubernativa en su resolución, positivamente —cuando no se ajusta a lo comunicado— o negativamente, si ha sido prohibida o se han modificado algunos de sus elementos (art. 10 LORDR) o a lo acordado por la autoridad judicial (art. 11 LORDR).

En este sentido, se sancionan las manifestaciones o reuniones no comunicadas, las comunicadas que no se ajustan al contenido comunicado o a las modificaciones introducidas por la autoridad competente y las prohibidas por la autoridad gubernativa.

No obstante, la objeción planteada por los recurrentes deriva de su lectura conjunta con el art. 30.3 LOPSC, pues la responsabilidad por dicha infracción se atribuye a quienes sean los organizadores o promotores del acto público reivindicativo, lo que a juicio de los recurrentes permite extender la sanción a cualquier persona que participe en la reunión pacífica no comunicada.

El art. 30.3 identifica los sujetos responsables de las reuniones o manifestaciones en su calidad de «organizadores» o «promotores», partiendo que la responsabilidad por las infracciones cometidas «recaerá directamente en el autor del hecho». Así, la figura de promotor u organizador comprende a las personas físicas o jurídicas que hayan suscrito la comunicación previa, y también considera promotores u organizadores quienes las presiden, dirigen o ejercen actos semejantes, o quienes por un conjunto de hechos pueda determinarse razonablemente que son sus directores, y a tales efectos se citan las publicaciones o declaraciones de convocatoria, las manifestaciones orales o escritas que se difundan, los lemas, banderas u otros signos.

El Tribunal estima que el precepto impugnado, lejos de suponer una ampliación de la responsabilidad sancionadora, como sostienen los recurrentes, implica un acotamiento o restricción de la misma.

A este respecto, conviene acudir a lo dispuesto en el artículo 28.1 de la Ley 40/2015, de 1 de octubre, de Régimen Jurídico del Sector Público.

> «**Artículo 28. Responsabilidad.**
>
> 1. Sólo podrán ser sancionadas por hechos constitutivos de infracción administrativa las personas físicas y jurídicas, así como, cuando una Ley les reconozca capacidad de obrar, los grupos de afectados, las uniones y entidades sin personalidad jurídica y los patrimonios independientes o autónomos, que resulten responsables de los mismos a título de dolo o culpa.
>
> [...] »

La infracción prevista en el art. 37.1 LOPSC solamente podrá ser cometida, no por quienes simplemente participen en esas reuniones o manifestaciones no comunicadas, sino por los que tengan la consideración de promotores y organizadores, que solamente podrán ser sancionados si en el caso concreto han incurrido en dolo o culpa. En este sentido, conviene acudir a lo que en el ámbito del Derecho administrativo sancionador se define como principio de culpabilidad, «que excluye la imposición de sanciones por el mero resultado y sin atender a la conducta diligente» del presunto sujeto responsable (STC 76/1990, de 26 de abril). Así mismo la prohibición de la responsabilidad sin culpa conlleva también la necesidad de determinar la autoría de la acción o de la omisión sancionable, lo que significa la responsabilidad personal por hechos propios y no ajenos (STC 185/2014, de 6 de noviembre).

En este sentido, la responsabilidad derivada del artículo 37.1 LOPSC se limitará, solo y exclusivamente, al hecho de que las reuniones o manifestaciones sean celebradas incumpliendo los requisitos previstos en la Ley Orgánica 9/1983, de 15 de julio, reguladora del derecho de reunión, y no incluirá todo lo que suceda en esas reuniones o manifestaciones, ni todo lo que haga cada uno de los participantes en ellas, por lo que se concluye que los arts. 37.1 y 30.3 LOPSC son plenamente constitucionales.

3. Las impugnaciones del artículo 37.3

En este precepto se sanciona el incumplimiento de las restricciones de circulación peatonal o itinerario con ocasión de un acto público, reunión o manifestación, cuando provoquen alteraciones menores en el normal desarrollo de los mismos.

Los recurrentes entienden que procede la declaración de inconstitucionalidad, por incurrir en una restricción injustificada y desproporcionada del derecho fundamental de reunión.

Según los recurrentes, las «alteraciones menores» en el desarrollo de un acto público, reunión o manifestación no pueden obstaculizar el libre ejercicio del derecho de reunión, debiendo las autoridades públicas de optar siempre por una interferencia mínima e imprescindible, para proteger los derechos en eventual conflicto.

El precepto impugnado tiene como objeto proteger el «normal desarrollo» de actos públicos, reuniones o manifestaciones legales o no prohibidas. Una vez que se han acordado las condiciones de celebración del acto, reunión o manifestación, se establece el correspondiente dispositivo de seguridad tanto por parte de los organizadores como por las fuerzas y cuerpos de seguridad. El precepto sanciona el incumplimiento de ciertas incidencias de entidad menor en relación con la afectación al tráfico o a la movilidad peatonal. De este modo, el tipo infractor será aplicable a los participantes del acto, reunión o manifestación que incurran en dicha conducta, con exclusión de los organizadores o promotores para los que es de aplicación, en su caso, el ya examinado art. 37.1 LOPSC. Asimismo, también se aplicará a terceros no participantes que interfieran con su conducta en el desarrollo normal de los actos o reuniones públicas; siempre que no alcance el grado de perturbación sancionada como grave en el art. 36.8 LOPSC.

El art. 37.3 LOPSC define como infracción leve ciertos incumplimientos de las condiciones señaladas para compatibilizar el ejercicio del derecho de reunión con la efectividad de los derechos y libertades de terceros. En este caso el Tribunal entiende que, dado que la literalidad de la conducta infractora abarca cualesquiera alteraciones menores en el desarrollo de las reuniones o manifestaciones, esto conllevaría que las personas individuales que tomasen parte en aquellas pudieran razonablemente retraerse en el ejercicio normal de su derecho, al temer que por cualquier circunstancia inesperada terminasen incurriendo en los incumplimientos contemplados en la norma sancionadora, convirtiendo el precepto en inconstitucional.

Ahora bien, el principio de conservación de la ley hace necesario apurar todas las posibilidades de interpretar los preceptos de conformidad con la Constitución. En este sentido, procede destacar que la interpretación sistemática del art. 37.3 LOPSC ha de reparar de un modo principal en que establece una restricción de un derecho fundamental y en que se trata de un precepto de carácter sancionador, por lo que el Tribunal entiende que la referencia a «alteraciones menores» alude a aquellas que sean verdaderamente relevantes, en el sentido de presentar una determinada entidad y gravedad en la medida en que, por tratarse de un precepto del derecho administrativo sancionador, su aplicación debe ser el resultado de una interpretación restrictiva.

4. Las impugnaciones del artículo 37.7

En este precepto se establece como infracción leve la ocupación de cualquier inmueble, vivienda o edificio ajenos, o la permanencia en ellos, en ambos casos contra la voluntad de su propietario, arrendatario o titular de otro derecho sobre el mismo, cuando no sean constitutivas de infracción penal. Asimismo, la ocupación de la vía pública con infracción de lo dispuesto por la Ley o contra la decisión adoptada en aplicación de aquella por la autoridad competente. Se entenderá incluida en este supuesto la ocupación de la vía pública para la venta ambulante no autorizada.

En relación con este precepto, junto a la vulneración del derecho de reunión (art. 21 CE), los recurrentes alegan también la del principio de taxatividad (art. 25.1 CE). En el caso de la ocupación de inmuebles o similares, por no concretar el propio término de «ocupación», ni precisar si se debe producir violencia o intimidación. En el supuesto de la ocupación de vía pública, por no precisar qué ley o norma de rango inferior se ha de infringir para que la conducta sea susceptible de sanción.

En el párrafo primero del art. 37.7 LOPSC se sanciona que una determinada persona o grupo de personas «ocupen» cualquier inmueble, vivienda o edificio ajenos, o «permanezcan» en ellos, en ambos casos contra la voluntad del propietario o titular de cualquier otro derecho real inmobiliario, «cuando no sean constitutivas de infracción penal». De este modo, la delimitación de la infracción administrativa viene dada por la voluntad en contra del propietario o titular del derecho real afectado, que no constituya infracción penal y la ausencia de violencia, pues de concurrir la misma estaríamos ante aquélla.

El derecho fundamental de reunión se configura como un derecho de reunión pacífica y sin armas reconocido en el art. 21.1 CE, es un derecho de ejercicio colectivo, en cuanto manifestación de la libertad de expresión ejercitada a través de una asociación de personas (STC 85/1988, de 28 de abril). Así entendido, el derecho de reunión o manifestación no está necesariamente concernido por el tipo infractor objeto de impugnación. Igualmente, nada se puede objetar al tipo infractor desde el punto de vista del principio de taxatividad (art. 25.1 CE), por lo que el Tribunal desestima las alegaciones vertidas en relación con el primer párrafo de este precepto.

Por otra parte, en el párrafo segundo del art. 37.7 LOPSC se sanciona la «ocupación de la vía pública» por una persona o grupo de personas en caso por infracción de lo dispuesto por la ley o contra la decisión adoptada en aplicación de aquella por la autoridad competente. Desde la perspectiva de la seguridad ciudadana nada se opone a la tipificación de infracciones encaminadas a asegurar la pacífica utilización de las vías y espacios destinados al uso y disfrute público. También resulta evidente que al amparo del derecho de reunión o manifestación se pueden producir ocupaciones temporales, más o menos intensas, de las calles o plazas de nuestras ciudades, sin que ello signifique que estemos ante un derecho de ejercicio ilimitado que no pueda ser objeto motivadamente de modulación, e incluso prohibición, para salvaguardar los derechos e intereses legales de terceros (SSTC 42/2000, de 14 de febrero y 193/2011, de 12 de diciembre).

Ahora bien, el uso de las vías públicas, en cuanto espacio de participación, alberga multitud de actividades que son expresión pacífica de la convivencia ciudadana, que aun siendo ajenas al ejercicio del derecho de reunión pueden estar vinculadas al ejercicio de otros derechos y libertades reconocidos en nuestra Constitución y en la ley .

El párrafo segundo del art. 37.7 LOPSC satisface la garantía formal del principio de legalidad sancionadora porque determina los elementos esenciales de la conducta antijurídica. De esta manera se define la conducta infractora como la ocupación de la vía pública siempre que con ella se altere la seguridad ciudadana en algunas de las modalidades previstas en el art. 4 LOPSC, en este sentido se justifica la imposición del tipo infractor «por la existencia de una amenaza concreta o de un comportamiento objetivamente peligroso que, razonablemente, sea susceptible de provocar un perjuicio real para la seguridad ciudadana y, en concreto, atentar contra los derechos y libertades individuales y colectivos o alterar el normal funcionamiento de las instituciones públicas».

Además, la ocupación de la vía pública, para constituir conducta sancionable, debe realizarse «con infracción de lo dispuesto por la ley». En este sentido, la garantía material del principio de legalidad presenta exigencias distintas. No basta con que se predetermine en una norma jurídica el núcleo de lo prohibido por el tipo infractor, es necesario, además, que se defina la conducta infractora con la suficiente precisión como para que sea previsible el ámbito de lo prohibido.

La doctrina constitucional establece que en esta determinación suficiente del tipo infractor para hacer posible la seguridad jurídica puede colaborar ampliamente la norma reglamentaria. En este punto debemos recordar la STC 162/2008, de 15 de diciembre que entiende que la determinación normativa a las normas reglamentarias «dificulta de tal modo el conocimiento de lo prohibido —al exigir la búsqueda de los reglamentos aplicables y de las normas que en ellos establecen obligaciones— que permite afirmar ya desde la norma de remisión que no queda salvaguardado suficientemente el valor de la seguridad jurídica al que sirve, entre otros, la proclamación del art. 25.1 CE».

Sin embargo, el Tribunal entiende que estamos ante supuestos distintos, ya que a tenor de lo dispuesto en el segundo párrafo del art. 37.7 sólo será sancionable la ocupación de la vía pública «con infracción de lo dispuesto en la ley», término este último que alude a que la norma remitida debe tener rango de ley. Se trata de una norma sancionadora en blanco, cuyo núcleo esencial de prohibición se encuentra en la misma y que queda completado con la referencia a otras normas que deben tener rango legal, pues la determinación suficiente del tipo infractor debe hallarse necesariamente en una disposición legal, con exclusión de los reglamentos que la desarrollen.

5. Las impugnaciones del artículo 36.23

Este precepto establece como infracción grave el uso no autorizado de imágenes o datos personales o profesionales de autoridades o miembros de las fuerzas y cuerpos de seguridad que pueda poner en peligro la seguridad personal o familiar de los agentes, de las instalaciones protegidas o en riesgo el éxito de una operación, con respeto al derecho fundamental a la información

Afirman los recurrentes que el art. 36.23 LOPSC establece una desproporcionada restricción del derecho fundamental de información del artículo 20.1 d) CE, por someter su ejercicio a una autorización que vulnera la prohibición de censura previa del art. 20.2 CE. Por otra parte, la conexión del art. 36.23 con el art. 19.2 LOPSC, posibilita, según los recurrentes, el secuestro no judicial de material informativo, lo que vulnera el art. 20.5 CE. Por último, se reprocha a la infracción administrativa no satisfacer las exigencias de los principios de taxatividad y seguridad jurídica (arts. 25.1 y 9.3 CE).

El Tribunal establece que el libre ejercicio de los derechos fundamentales a la libertad de expresión y a comunicar o recibir libremente información veraz, consagrados en el art. 20 CE, garantiza la formación y existencia de una opinión pública libre, «garantía que reviste una especial trascendencia ya que, al ser una condición previa y necesaria para el ejercicio de otros derechos inherentes al funcionamiento de un sistema democrático, se convierte, a su vez, en uno de los pilares de una sociedad libre y democrática. Para que el ciudadano pueda formar libremente sus opiniones y participar de modo responsable en los asuntos públicos, ha de ser también informado ampliamente de modo que pueda ponderar opiniones diversas e incluso contrapuestas» (STC 159/1986, de 16 de diciembre).

El ejercicio del derecho a la información no es, en modo alguno, un derecho absoluto, pues está sujeto a límites internos, relativos a su propio contenido: la veracidad y la relevancia pública; y a límites externos, que se refieren a su relación con otros derechos o valores constitucionales con los que puede entrar en conflicto: los derechos de los demás y, en especial y sin ánimo de exhaustividad, el derecho al honor, a la intimidad, a la propia imagen y a la protección de la juventud y la infancia, art. 20.4 CE (STC 170/1994, de 7 de junio).

Así mismo, el art. 20.2 CE prohíbe que el ejercicio de la libertad de información se pueda restringir mediante ningún tipo de censura previa y por tal debe tenerse «cualquier medida limitativa de la elaboración o difusión de una obra del espíritu que consista en el sometimiento a un previo examen por un poder público del contenido de la misma cuya finalidad sea la de enjuiciar la obra en cuestión con arreglo a unos valores abstractos y restrictivos de la libertad, de manera tal que se otorgue el plácet a la publicación de la obra que se acomode a ellos a juicio del censor y se le niegue en caso contrario»; y su prohibición debe extenderse «a cuantas medidas pueda adoptar el poder público que no solo impidan o prohíban abiertamente la difusión de cierta opinión o información, sino cualquier otra que simplemente restrinja o pueda tener un indeseable efecto disuasor sobre el ejercicio de tales libertades (SSTC 52/1983, de 17 de junio y 190/1996, de 25 de noviembre).

Abordando el examen del precepto, el art. 36.23 LOPSC castiga el uso «no autorizado» de datos o imágenes de las autoridades o agentes policiales, con independencia de cómo o dónde fueran captadas; y se sanciona ese uso por su aptitud para poner en peligro o riesgo la seguridad personal o familiar, la integridad de las instalaciones protegidas o el éxito de una operación policial, tutelando varios fines protegidos por la Ley Orgánica de protección de la seguridad ciudadana.

Se utiliza, por tanto, un concepto muy utilizado en Derecho público como es el de autorización, que remite a la necesidad de recabar de la administración un permiso para poder iniciar o continuar una cierta actividad, dando así la oportunidad al organismo público autorizante de supervisar que concurren las condiciones que eviten que el resto de los bienes jurídicos en juego resulten dañados por dicha actividad autorizada.

En este sentido, el art. 36.23 LOPSC, dado que sujeta a la obtención de autorización administrativa previa la actividad consistente en usar imágenes o datos de las autoridades o miembros de las fuerzas y cuerpos de seguridad, resulta contrario a la prohibición de censura previa del art. 20.2 CE, por lo que el Tribunal entiende que procede declarar la inconstitucionalidad del inciso «no autorizado» de dicho precepto.

En relación con el resto de las impugnaciones y atendiendo a su literalidad, el art. 36.23 LOPSC podría ser interpretado de alguna manera que chocaría con el contenido propio del derecho a la libertad de información o del principio de legalidad. Ahora bien, en virtud de la regla que impone la conservación de la norma legal cuando pueda atribuírsele un sentido conforme con la Constitución (STC 65/2020, de 18 de junio), el Tribunal aprecia que el precepto enjuiciado no incurre en ninguna de las causas de inconstitucionalidad alegadas siempre que se interpreten en el sentido siguiente.

a) Solo será sancionable el acto de publicar o difundir de algún modo, sea por medios tradicionales o a través de los cauces que ofrecen las tecnologías de la información y comunicación, como redes sociales u otras plataformas análogas, de tal manera que no bastará la mera captación no seguida de publicación o difusión de tales imágenes o datos.

b) El elemento del tipo consistente en «poner en peligro [...] o en riesgo» alguno de los bienes jurídicos que indica el precepto cabe entenderlo como próximo o concreto, descartando que pueda juzgarse realizada la conducta infractora cuando el «riesgo» o «peligro» es meramente abstracto o remoto.

c) En relación con la expresión «con respeto del derecho fundamental a la información» se debe tener presente el principio de proporcionalidad, únicamente serán merecedores de sanción quienes realicen este tipo de conductas que supongan un peligro para los bienes jurídicos tutelados como pueden ser la seguridad personal o familiar de los agentes, de las instalaciones protegidas o pongan en riesgo el éxito de una operación, ponderando, por un lado, la comprobación de si las imágenes o los datos difundidos pertenecen a la vida privada o se relacionan con la actividad oficial de las autoridades o agentes, y por otro, el examen de qué relevancia pública tiene la difusión de esas imágenes o datos, atendiendo a las circunstancias fácticas y en particular a la presencia o no de un suficiente interés general en conocer esas imágenes o datos.

II. Sentencia del Tribunal Constitucional 13/2021, de 28 de enero

La sentencia que a continuación se analiza dimana del recurso de inconstitucionalidad número 3848-2015, promovido por el Parlamento de Cataluña contra los artículos 20; 35.1; 36.1, 2, 8, 22 y 23, y 37.7, así como la disposición final primera de la Ley Orgánica 4/2015, de 30 de marzo, de protección de la seguridad ciudadana.

Recordemos los preceptos impugnados que se estudiarán en el presente capítulo:

«**Artículo 35. Infracciones muy graves.**

Son infracciones muy graves:

1. Las reuniones o manifestaciones no comunicadas o prohibidas en infraestructuras o instalaciones en las que se prestan servicios básicos para la comunidad o en sus inmediaciones, así como la intrusión en los recintos de éstas, incluido su sobrevuelo, cuando, en cualquiera de estos supuestos, se haya generado un riesgo para la vida o la integridad física de las personas.

En el caso de las reuniones y manifestaciones serán responsables los organizadores o promotores».

«**Artículo 36. Infracciones graves.**

Son infracciones graves:

1. La perturbación de la seguridad ciudadana en actos públicos, espectáculos deportivos o culturales, solemnidades y oficios religiosos u otras reuniones a las que asistan numerosas personas, cuando no sean constitutivas de infracción penal.

2. La perturbación grave de la seguridad ciudadana que se produzca con ocasión de reuniones o manifestaciones frente a las sedes del Congreso de los Diputados, el Senado y las asambleas legislativas de las comunidades autónomas, aunque no estuvieran reunidas, cuando no constituya infracción penal.

[...]

8. La perturbación del desarrollo de una reunión o manifestación lícita, cuando no constituya infracción penal.

[...]

22. El incumplimiento de las restricciones a la navegación reglamentariamente impuestas a las embarcaciones de alta velocidad y aeronaves ligeras.

23. El uso no autorizado de imágenes o datos personales o profesionales de autoridades o miembros de las Fuerzas y Cuerpos de Seguridad que pueda poner en peligro la seguridad personal o familiar de los agentes, de las instalaciones protegidas o en riesgo el éxito de una operación, con respeto al derecho fundamental a la información».

«**Artículo 37. Infracciones leves.**

Son infracciones leves:

[...]

7. La ocupación de cualquier inmueble, vivienda o edificio ajenos, o la permanencia en ellos, en ambos casos contra la voluntad de su propietario, arrendatario o titular de otro derecho sobre el mismo, cuando no sean constitutivas de infracción penal».

El recurrente entiende, respecto del art 35.1 LOPSC que la inclusión en el tipo infractor de las reuniones o manifestaciones «por las inmediaciones» de las infraestructuras o instalaciones carece de la necesaria concreción y claridad, siendo contraria al principio de tipicidad establecido al artículo 25.1 CE y al de seguridad jurídica garantizado por el artículo 9.3 CE.

Respecto del artículo 36.1 LOPSC, el recurrente argumenta que la amplitud y la falta de concreción de la conducta tipificada no cumple los requisitos de certeza y claridad que exige la jurisprudencia constitucional, ya que omite cualquier precisión sobre cuál debe ser el nivel de perturbación que debe tener la actuación infractora y sobre qué resultado debe producir. Así mismo, según el recurrente se vulnera también el principio de proporcionalidad que debe existir entre la conducta y la sanción que se impone (artículo 25.1 CE), juzgando la misma desproporcionada a la vista del tipo «perturbación de la seguridad ciudadana».

El recurrente, por otro lado, alega que no queda suficientemente explicitado cuál es el bien jurídico protegido en el tipo de la infracción grave que describe el artículo 36.2 LOPSC, que solo alude a la protección de la seguridad ciudadana, sin ninguna referencia a la afectación a la función parlamentaria, concluyendo que se trata de una redacción que vulnera los principios de legalidad (artículo 25.1 CE) y, en relación con este, el de seguridad jurídica (artículo 9.3 CE) que, por la misma razón, puede desincentivar indebidamente el ejercicio del derecho fundamental del artículo 21 CE.

Respecto del artículo 36.8 LOPSC, y de modo semejante a la impugnación realizada sobre el primer apartado de este artículo, se argumenta que no se especifica el grado de perturbación de una reunión o manifestación para ser sancionable. Por tanto, la conclusión es que incurre en el mismo vicio de inconstitucionalidad que se imputa a dicho apartado 1.

El recurrente afirma, en relación con el artículo 36.22 LOPSC se limita a sancionar el incumplimiento de las restricciones a la navegación que contengan los reglamentos, sin contener ninguna exigencia específica de lesión o de evitar el riesgo con respecto al bien jurídico protegido, constituyendo una cláusula sancionadora en blanco.

En relación con el artículo 37.7 LOPSC, advierte el recurrente su redacción no conduce necesariamente al establecimiento de una conexión directa con la protección de la seguridad ciudadana, dado que no señala la lesión o riesgo en que consiste la infracción, falta de claridad y certeza que vulnera los principios de tipicidad y seguridad jurídica. Así mismo, en relación con la ocupación de la vía pública para la venta ambulante, argumenta que tampoco se observa la conexión entre la práctica de la venta ambulante y la seguridad ciudadana. Por todo ello entiende que el artículo 37.7 LOPSC es contrario a los artículos 25.1 y 9.3 CE.

Del mismo modo, en relación con la impugnación realizada respecto al art. 36.23 alega el recurrente que es contrario a dichos preceptos (25.1 y 9.3 CE) por no indicar con la precisión necesaria las circunstancias de su aplicación y las consecuencias que derivan de la misma, vulnerando el principio de tipicidad y de seguridad jurídica. Por otra parte, en la medida en que no se precisan el alcance y condiciones de la autorización a que se refiere para el uso de imágenes y datos personales o profesionales, afecta a las actividades informativas y vulnera el artículo 20.2 CE.

Pasando a analizar la argumentación del Tribunal respecto a las alegaciones indicadas, cabe señalar la incidencia en este proceso de la Sentencia 172/2020, analizada anteriormente. En este sentido, el inciso «no autorizado» del artículo 36.23 ha sido declarado inconstitucional y nulo por la Sentencia indicada, lo que conduce a declarar la pérdida de objeto de la impugnación contra este inciso del artículo 36.23. Al resto del artículo 36.23 se le imputan las mismas alegaciones (vulneración del principio de tipicidad del artículo 25 CE y del de seguridad jurídica del artículo 9.3 CE) que en el recurso de inconstitucionalidad número 2896-2015, por lo que procede declarar que esta provisión legal no es inconstitucional siempre que se interprete en los términos establecidos en el apartado 5 del análisis de la STC 172/2020.

Así mismo, en cuanto a la impugnación del artículo 37.7, los argumentos esgrimidos por el recurrente se expresan en términos similares a los utilizados en el recurso de inconstitucionalidad número 2896-2015, por lo que procede la remisión a la motivación consignada en el apartado 4 del análisis de la STC 172/2020, desestimando dicha impugnación. No obstante, el recurrente sostiene que la expresión —«se entenderá incluida en este supuesto la ocupación de la vía pública para la venta ambulante no autorizada»— vulnera el artículo 25.1 CE, en el sentido de que no precisa qué afectación de la seguridad ciudadana implica la práctica de la venta ambulante, lo que conllevaría una falta de claridad y certeza que vulnera el principio de tipicidad. En este sentido, el Tribunal entiende que este inciso persigue la seguridad ciudadana y presenta como conducta sancionable la ocupación de la vía pública para venta ambulante no autorizada cuando impida el uso común de aquella, no vulnerándose la claridad y precisión que exige el principio de legalidad del artículo 25 CE.

1. La impugnación del artículo 35.1 LOPSC

El artículo 35.1 LOPSC dispone como infracciones muy graves las reuniones o manifestaciones no comunicadas o prohibidas en infraestructuras o instalaciones en las que se prestan servicios básicos para la comunidad o en sus inmediaciones, así como la intrusión en los recintos de estas, incluido su sobrevuelo, cuando, en cualquiera de estos supuestos, se haya generado un riesgo para la vida o la integridad física de las personas.

Entiende el Tribunal que la tipicidad de las infracciones, a diferencia de la garantía formal del principio de legalidad sancionadora, y la reserva de ley que lleva consigo en aras de tutelar la libertad individual, viene impuesta por el artículo 25.1 CE en función de la seguridad jurídica de la persona. Exige con este fin «la predeterminación normativa de las conductas infractoras [...] con la mayor precisión posible, para que los ciudadanos puedan conocer de antemano el ámbito de lo proscrito y prever, de esta manera, las consecuencias de sus acciones» (STC 145/2013, de 11 de julio), así mismo ha reiterado que «ello no supone que el principio de legalidad penal quede infringido en los supuestos en que la definición del tipo incorpore conceptos cuya delimitación permita un margen de apreciación» (STC 62/1982, de 15 de octubre).

Así mismo, la exigencia de tipicidad, en el ámbito del Derecho administrativo sancionador, admite «la colaboración reglamentaria en la propia tarea de tipificación de las infracciones» (STC 160/2019, de 12 de diciembre).

El artículo 35.1 LOPSC no tipifica como infracción muy grave cualquier reunión o manifestación no comunicada o prohibida, sino solo aquellas que se ubican «en infraestructuras o instalaciones en las que se prestan servicios básicos para la comunidad o en sus inmediaciones». La expresión «o en sus inmediaciones», aunque es innegable que delimita la conducta infractora, significa «lo que está muy cercano o contiguo a algo» y en este caso a las infraestructuras e instalaciones.

De esta manera, para que la conducta fuera sancionable, junto con la exigencia de gran cercanía debe generarse un riesgo para la vida o integridad física de las personas, por lo que su concreción no depende de la decisión libre de los órganos administrativos o judiciales, sin perjuicio de que ofrezca al aplicador un margen de apreciación para adaptar el tipo infractor a las circunstancias del momento, por lo que el Tribunal considera que el art. 35.1 guarda la garantía material de tipicidad que exige el art 25 CE.

2. Las impugnaciones del artículo 36.1 LOPSC

El artículo 36.1 LOPSC dispone como infracción grave la perturbación de la seguridad ciudadana en actos públicos, espectáculos deportivos o culturales, solemnidades y oficios religiosos u otras reuniones a las que asistan numerosas personas, cuando no sean constitutivas de infracción penal.

El recurrente entiende que este precepto lesionaría el principio de tipicidad porque omite cualquier precisión sobre cuál debe ser el nivel de perturbación que debe tener la actuación infractora y vulneraría, así mismo, el principio de proporcionalidad ya que las sanciones previstas para las infracciones graves, incluso las que se ajusten a la mínima cuantía, son particularmente elevadas.

El principio de tipicidad recogido en el artículo 25.1 CE requiere la predeterminación normativa, no siendo contraria al uso de un concepto jurídico indeterminado como el de «perturbación de la seguridad ciudadana» en la definición de la conducta infractora, siempre que su concreción sea razonablemente previsible.

La Ley Orgánica de protección de la seguridad ciudadana, en su artículo 36.1 configura como tipo infractor cualquier perturbación de la seguridad ciudadana, incluida por tanto aquella que implique una alteración leve en dicho bien jurídico, excluyendo las infracciones que sean constitutivas de infracción penal. En este sentido, en el Código Penal desde 2015 (modificación operada por la Ley Orgánica 1/2015) ya no son punibles como faltas las perturbaciones del orden público que sean leves, considerando que la reacción penal debe limitarse a castigar como delito algunas perturbaciones graves de ese bien jurídico. Por lo tanto, argumenta el Tribunal, que el concepto «perturbación de la seguridad ciudadana» como determinante de la conducta infractora no es tan indeterminado que vulnere las exigencias de tipicidad del artículo 25.1 CE, en la medida que hace referencia a cualquier perturbación de ese bien jurídico que no sea tipificable como delito.

Sobre la adecuada proporción entre la conducta infractora y la sanción prevista, la STC 60/2010, de 7 de octubre), declaró que «el juicio que procede en esta sede jurisdiccional "debe ser por ello muy cauteloso. Se limita a verificar que la norma penal no produzca un patente derroche inútil de coacción que convierte la norma en arbitraria y que socava los principios elementales de Justicia inherentes a la dignidad de la persona y al Estado de Derecho"».

El artículo 36.1 LOPSC tipifica como infracción grave «la perturbación de la seguridad ciudadana», comprendiendo por los motivos previamente indicados las alteraciones leves de la seguridad ciudadana, así mismo el artículo 39.1 b) LOPSC dispone que el grado mínimo de la sanción por infracción grave consistirá en una multa entre 601 y 10400 € . El Parlamento recurrente alega que resulta excesivo imponer multas de tan alta cuantía a quien realice una conducta que altere levemente la seguridad ciudadana. En este sentido, el Tribunal entiende que imponer a una perturbación leve de la seguridad ciudadana una sanción de multa entre 601 y 10400 € no supone «un patente derroche inútil de coacción que convierte la norma en arbitraria y que socava los principios elementales de justicia inherentes a la dignidad de la persona y al Estado de Derecho», no constituyendo un uso extralimitado del margen de opción de la que goza el legislador para determinar la sanción que procede en orden a proteger la seguridad ciudadana en una situación concreta, en el curso de actos públicos a los que asisten numerosas personas, y por lo tanto, desestima vulneración alegada del principio de proporcionalidad del artículo 25.1 CE.

3. La impugnación del artículo 36.2 LOPSC

El artículo 36.2 LOPSC establece como infracción grave la perturbación grave de la seguridad ciudadana que se produzca con ocasión de reuniones o manifestaciones frente a las sedes del Congreso de los Diputados, el Senado y las asambleas legislativas de las comunidades autónomas, aunque no estuvieran reunidas, cuando no constituya infracción penal.

La alegación del recurrente en relación con el inciso «aunque no estuvieran reunidas», fue analizada en la STC 172/2020, desestimándola, por lo que la sentencia ahora analizada se remite al primer apartado del análisis de aquélla.

Por otra parte, se reprocha que el inciso «frente a las sedes» resulta tan indeterminada que no cumple con las exigencias del principio de tipicidad del artículo 25.1 CE.

El Tribunal, tal y como se ha explicado anteriormente, establece que el principio de tipicidad, que requiere la predeterminación normativa, no es contrario al uso de un concepto jurídico indeterminado como el de «perturbación de la seguridad ciudadana» en la definición de la conducta infractora, siempre que su concreción sea razonablemente previsible.

Así mismo, la STC 172/2020 concluyó que «las sedes parlamentarias [...] revisten una doble transcendencia que las hace dignas de protección jurídica. Por un lado, albergan el desenvolvimiento efectivo de las funciones representativas por medio del funcionamiento del órgano legislativo en sus distintas formas y composiciones. Por otro lado, resulta inherente a ellas, incluso cuando están inactivas, su carácter de representación institucional de la voluntad popular, de modo que constituyen un símbolo del más alto valor constitucional». En este sentido, la expresión «frente a las sedes», es un término equivalente a «enfrente de» o «delante de», por lo que la manifestación ha de estar próxima para que se pueda impedir el normal funcionamiento del órgano.

En definitiva, concluye el Tribunal que el contenido normativo del precepto recurrido resulta del particular contexto legal de protección de la seguridad ciudadana en que se integra y que la utilización del sintagma «frente a las sedes» para delimitar la conducta infractora no supone vulneración de la garantía material de tipicidad que le impone el artículo 25.1 CE.

4. La impugnación del artículo 36.8 LOPSC

El artículo 36.8 LOPSC dispone como infracción grave la perturbación del desarrollo de una reunión o manifestación lícita, cuando no constituya infracción penal.

La demanda señala que este precepto incurre en el mismo vicio de inconstitucionalidad que el alegado respecto al apartado primero de este artículo, en el sentido a que se refiere tan solo a la perturbación, en este caso, de una reunión o manifestación.

El Tribunal entiende que procede desestimarla según los mismos argumentos utilizados para considerar que el artículo 36.1 LOPSC no vulneraba el principio de tipicidad. En este sentido, el término «perturbación» es un concepto jurídico indeterminado cuya concreción es razonablemente previsible en virtud de criterios lógicos, técnicos o de experiencia.

5. La delimitación de la impugnación del artículo 36.22 LOPSC

El artículo 36.22 LOPSC establece como infracción grave el incumplimiento de las restricciones a la navegación reglamentariamente impuestas a las embarcaciones de alta velocidad y aeronaves ligeras.

Alega el recurrente que el artículo 36.22 LOPSC se limita a sancionar el incumplimiento de las restricciones a la navegación que contengan los reglamentos, sin contener ninguna exigencia específica de lesión o de evitar el riesgo con respecto al bien jurídico protegido que sirva para precisar el núcleo esencial de la prohibición administrativa, indicando de esta manera que el citado precepto no respeta la garantía formal del principio de legalidad sancionadora.

La garantía material del principio de legalidad penal, tutela la seguridad jurídica y exige que se defina con precisión la conducta infractora en el plano normativo. En este sentido requiere, en función de proteger la libertad individual, que los elementos esenciales del tipo infractor sean establecidos directamente por el legislador.

El Tribunal ha entendido que la técnica de tipificación por remisión y en blanco de la ley a las normas reglamentarias, dejando a estas por entero la definición de las conductas susceptibles de sanción, no es acorde con la garantía formal del principio de legalidad sancionadora del artículo 25.1 CE (STC 160/2019, de 12 de diciembre). No obstante, el mandato del artículo 25.1 determina la necesaria cobertura de la potestad sancionadora de la administración en una norma de rango legal, pero no excluye que esa norma contenga remisiones a normas reglamentarias, siempre que en aquella queden suficientemente determinados los elementos esenciales de la conducta antijurídica (de tal manera que solo sean infracciones las acciones u omisiones subsumibles en la norma con rango de ley) y la naturaleza y límites de las sanciones a imponer. El artículo 25.1 CE, de esta manera, prohíbe la remisión al reglamento que 'haga posible una regulación independiente y no claramente subordinada a la ley' (STC 83/1984, de 24 de julio), pero no impide la colaboración reglamentaria en la normativa sancionadora».

Del contenido del artículo 36.22 LOPSC y de su ubicación dentro de la LOPSC se desprende que la conducta infractora aparece definida por tres elementos:

a) La conducta infractora debe producirse en el ámbito de las embarcaciones de alta velocidad y aeronaves ligeras.

El Tribunal aprecia que el artículo 36.22 LOPSC prevé que solo serán sancionables conductas que se realicen dentro de un ámbito muy acotado de actividad, pues no se refiere a la utilización de cualesquiera embarcaciones o aeronaves sino únicamente al uso de embarcaciones de alta velocidad y aeronaves ligeras, que es un subsector muy específico sometido a una regulación que se distingue por su carácter técnico y detallado. Así entendido, el artículo 36.22 LOPSC condiciona desde un primer punto de vista el desarrollo reglamentario, impidiendo que su regulación sea enteramente independiente de la ley.

b) El artículo 36.22 LOPSC prevé que la conducta infractora consista en un incumplimiento de las restricciones a la navegación de las embarcaciones de alta velocidad y aeronaves ligeras.

El Tribunal aprecia que el precepto impugnado, al integrarse dentro de la ley orgánica que regula el régimen jurídico de la seguridad ciudadana, debe entenderse en el sentido de que únicamente tipifica como infracción grave el incumplimiento de las restricciones a la navegación de embarcaciones de alta velocidad y aeronaves ligeras que se impongan por razones de seguridad pública.

De esta manera, y sin ánimo de ser exhaustivo, cabe prohibir o restringir la navegación de embarcaciones de alta velocidad y aeronaves ligeras por el riesgo que causen para infraestructuras estratégicas o relacionadas con la seguridad nacional, por el peligro de colisión con otros medios de transporte que operen en el ámbito de puertos o aeropuertos, por la cercanía a aglomeraciones de edificios o reuniones de personas, etc, todo ello previsto, respectivamente, en el Real Decreto 1119/1989, de 15 de septiembre, por el que se regula el tráfico de embarcaciones especiales de alta velocidad en las aguas marítimas españolas, y en el Real Decreto 1036/2017, de 15 de diciembre, por el que se regula la utilización civil de las aeronaves pilotadas por control remoto.

De lo anterior se concluye que las restricciones a la navegación de embarcaciones de alta velocidad y aeronaves ligeras orientadas al logro de fines de seguridad pública es una materia que se distingue por su «complejidad y diversidad», consideradas relevantes (STC 104/2009, de 4 de mayo) para declarar que no vulnera el principio de legalidad establecido en el artículo 25.1 CE. Razona el Tribunal que el incumplimiento de las restricciones a la navegación que se impongan por razones de seguridad pública constituye la esencia de la conducta tipificada, reenviando a los reglamentos de desarrollo la determinación de las condiciones relevantes de dichas restricciones a la navegación.

c) La presencia del artículo 36.22 en la LOPSC conlleva que solo será sancionable el incumplimiento que lleve aparejado como resultado una afectación de la seguridad ciudadana.

De esta manera, debe entenderse que el tipo infractor previsto en el artículo 36.22 LOPSC incorpora como uno de sus elementos integrantes la producción de un resultado dañino para la seguridad ciudadana, por lo que, consecuentemente, se tipifica como infracción grave aquellas conductas que, además de suponer un incumplimiento de restricciones a la navegación previstas en garantía de la seguridad pública, produzcan un resultado que conlleve un perjuicio real para la seguridad ciudadana.

A la vista de lo anterior, el Tribunal concluye que el precepto impugnado define los elementos esenciales de la conducta infractora, consistente en el incumplimiento de las restricciones a la navegación en esos sectores impuestas por motivos de seguridad ciudadana y la producción de un perjuicio real para la seguridad ciudadana o una amenaza concreta de la producción de dicho perjuicio. Con ello enuncia el bien jurídico protegido y describe suficientemente en qué consiste la conducta punible y el núcleo de lo prohibido, por lo que procede descartar que se incumpla la garantía formal del principio de legalidad sancionadora y, en consecuencia, desestimar esta impugnación.

CAPÍTULO 11

EL RÉGIMEN SANCIONADOR EN LA LOPSC: MECANISMOS DE ADAPTACIÓN AL PROCESO DESPENALIZADOR

Julio Brasa Gayoso
Socio de Cuatrecasas, Derecho Público

Raúl Díaz Franchy
Graduado de Cuatrecasas, Derecho Público

I. Introducción: el régimen sancionador de la Ley de Seguridad Ciudadana

Una vez se analizados los extremos relativos al régimen sustantivo de la LOPSC, se dedicará el presente artículo a tratar las principales características del régimen sancionador contenido en los artículos 44, 45 y 46 de la LOPSC. En este sentido, y de forma previa a realizar una primera aproximación al ámbito regulado por cada una de las mencionadas disposiciones procede mencionar, como adelanto a la tesis que preside el presente capítulo, que el régimen sancionador diseñado por la LOPSC tiene como objetivo fundamental la gestión del histórico conflicto derivado de la coexistencia de dos cuerpos normativos tendentes a penalizar conductas ilícitas. Así, la redacción de las tres disposiciones anteriormente mencionados pretende dotar de normas y procedimientos tendentes a regular la relación entre las sanciones administrativas y los ilícitos penales, en el concreto ámbito de la seguridad ciudadana.

En el presente capítulo nos centraremos en evaluar tres artículos que muestran, de forma clara, la tendencia del legislador en deslocalizar determinados procedimientos y actuaciones que, anteriormente, se reservaban a la jurisdicción penal y que, tras sucesivas reformas y cambios de paradigma, han ido delegándose en las administraciones públicas. Dicha atribución supone, dicho sea de paso, la asunción de mayores responsabilidades por parte de las Fuerzas y Cuerpos de Seguridad del Estado («**FCSE**»), que se han erigido como sujeto clave en la aplicación de un régimen sancionador que instaura sanciones de elevada cuantía y que ordena, de forma cotidiana, el ejercicio de determinados derechos por parte de los ciudadanos.

Muestra de ello es el artículo 44 de la LOPSC, que se remite al régimen general de derecho sancionador, contenido previamente en el Título IX de la Ley 30/1992, de 26 de noviembre, y que, en la actualidad, se encuentra regulado, en cuanto a sus principios, en el Capítulo III de la Ley 40/2015, de 1 de octubre, del Régimen Jurídico del Sector Público («**LRJSP**»). No obstante, como se expondrá más adelante, dicha remisión no es inocua, sino que sujeta la aplicación del régimen sancionador de las conductas tipificadas en la LOPSC a los principios y garantías del proceso penal, que tanto el legislador como el Tribunal Constitucional han entendido aplicables, con matices, a la potestad sancionadora de la administración[1].

En la misma línea, el artículo 45 de la LOPSC regula la relación tanto material como procesal que deberán mantener la actuación jurisdiccional penal y la actuación administrativa sancionadora en materia de seguridad ciudadana. En este sentido, el presente capítulo intentará arrojar luz acerca de los contornos materiales y procesales que configuran esta norma y, en especial, nos centraremos en las implicaciones y problemática que genera el carácter subsidiario del procedimiento administrativo sancionador con respecto al proceso penal.

Finalmente, el artículo 46 de la LOPSC instaura un nuevo derecho de las administraciones públicas, previendo la posibilidad de que éstas accedan a los datos de distintas administraciones públicas en el marco de la investigación de hechos constitutivos de infracción en virtud de la LOPSC. Así, no cabe desconocer que dicho artículo ha generado evidentes interrogantes en materia de protección de datos y derecho a la intimidad, correspondiéndose con una especie de procedimiento de instrucción exorbitante que habilita a las diferentes administraciones a que accedan a datos e informaciones de carácter reservado, rellenando un espacio que, generalmente, ha estado vedado, al menos para estos concretos fines, para las administraciones.

---

1 Sobre la aplicación, con matices de los principios y garantías constitucionales del proceso penal *vid.* STC 89/1995 F. J. 4.° y STC 45/1997 F. J. 3.°.

II. Las normas contenidas en el artículo 45 de la LOPSC

Los cuatro apartados regulados en el artículo 45 de la LOPSC contemplan una relación de subsidiariedad entre los ilícitos de naturaleza penal y administrativa. Para tal propósito, el legislador ha previsto cuatro reglas principales que aspiran a dar respuesta a los eventuales problemas que presenta el actual régimen de convivencia entre el derecho penal y el régimen administrativo sancionador.

1. El principio *non bis in ídem* en su vertiente material

El artículo 45.1 de la LOPSC instaura la prohibición de que se produzca un doble castigo por una misma conducta. En este sentido, para evaluar la existencia de una conducta homogénea y, por tanto, bloquear la sustanciación paralela del procedimiento administrativo sancionador y el proceso penal, se impone un requisito de triple identidad de sujeto, hecho y fundamento:

> «No podrán sancionarse los hechos que hayan sido sancionados penal o administrativamente cuando se aprecie identidad de sujeto, de hecho y de fundamento».

Poco hay de novedosos en la redacción de este artículo. Así, el legislador traslada al texto legal la previsión general, contenida en el artículo 31.1 de la LRJSP[2], así como extensa doctrina del constitucional que ha venido entendiendo el principio *non bis in idem* como una verdadera garantía de origen constitucional[3]. No obstante, bajo la aplicación del mencionado principio a las disposiciones reguladoras de la LOPSC subyacen más implicaciones que las meramente procedimentales. En este sentido, como trataremos, una circunstancia que no debe pasar desapercibida es el hecho de que el legislador haya previsto expresamente la existencia de infracciones y delitos con supuestos de hecho prácticamente homogéneos. Dicha asunción impone innumerables trabas procedimentales y materiales que se intentan solventar mediante el artículo 45 de la LOPSC.

Si bien como se ha analizado anteriormente, el artículo 45.1 de la LOPSC prevé la interdicción de imponer castigos duplicados por la comisión de con-

2 *Vid.* art. 31 de la LRJSP: «*1. No podrán sancionarse los hechos que lo hayan sido penal o administrativamente, en los casos en que se aprecie identidad del sujeto, hecho y fundamento. 2. Cuando un órgano de la Unión Europea hubiera impuesto una sanción por los mismos hechos, y siempre que no concurra la identidad de sujeto y fundamento, el órgano competente para resolver deberá tenerla en cuenta a efectos de graduar la que, en su caso, deba imponer, pudiendo minorarla, sin perjuicio de declarar la comisión de la infracción*».

3 *Vid.* la reciente STC 2/2023 F. J. 4.º.

ductas que guarden identidad de hecho, sujeto y fundamento; dicha previsión no impone, de forma automática y categórica, una total incompatibilidad en la aplicación de ambos regímenes. En otras palabras, sería errado afirmar que, en nuestro ordenamiento, el principio *non bis idem* deba ser apreciado de una forma extensiva.

En primer lugar, según reiterada jurisprudencia, la lógica detrás de la aplicación del principio *non bis in idem* es la de impedir la existencia de un castigo desproporcionado e injusto en relación con el efectivo desvalor de la conducta cometida. En este sentido, de acuerdo con la jurisprudencia del Tribunal Supremo y, en especial, de conformidad con la STS (sala de lo Penal) núm. 320/2022, de 30 de marzo de 2022 (ECLI:ES:TS:2022:1202), el principio *non bis idem* tiene como finalidad primordial evitar la imposición de sanciones desproporcionadas derivadas de la aplicación de medidas punitivas de distinta naturaleza. Así, como expresa la sentencia anteriormente mencionada:

> «La existencia de vínculos materiales-fácticos y temporales entre los mecanismos sancionatorios obliga a activar fórmulas de coordinación interna para impedir que la respuesta sancionatoria resulte desproporcionada por superar el desvalor total de la conducta y los fines de retribución y prevención en el caso concreto».

De esta manera, y dado que la aplicación del principio *non bis in idem* se aprecia en relación con la desproporción global de la acumulación de castigos, la jurisprudencia ha venido aceptando cierta compatibilidad en la aplicación acumulada de sanciones administrativas y condenas penales. Prueba de ello es el reciente ATS (sala de lo Penal) núm. 825/2024, de 31 de enero de 2024 (ECLI:ES:TS:2024:825A), que contempla y valida la imposición simultánea de castigos penales y administrativos, manteniendo, como línea roja, que la acumulación de ambos castigos no suponga un exceso punitivo sobre el sujeto infractor:

> «se afirma la compatibilidad del doble sistema sancionador, penal y administrativo, material y temporalmente conectados —sobre lo que en el caso que nos ocupa no planea ninguna duda—, todo ello explorado desde la perspectiva del principio de proporcionalidad. Línea también perfilada por la jurisprudencia del TC, para la que el núcleo esencial de la garantía material del non bis in ídem reside en impedir el exceso punitivo en cuanto sanción no prevista legalmente. De tal modo que no cabe apreciar una reiteración punitiva constitucionalmente proscrita cuando, aun partiéndose de la imposición de una doble sanción en supuestos de identidad de sujeto, hechos y fundamento, en la ulterior resolución sancionadora se procede a descontar y evitar todos los efectos negativos anudados a la previa resolución sancionadora, ya que, desde la estricta dimensión material, el descontar dichos efectos provoca que en el caso concreto no concurra una sanción desproporcionada».

En este sentido, el régimen de compatibilidad entre los ilícitos sancionadores y penales ha sido igualmente objeto de análisis del Tribunal de Justicia de la Unión Europea y del Tribunal Europeo de Derechos Humanos, que se han encargado de interpretar las exigencias derivadas del artículo 50 de la Carta de los Derechos Fundamentales de la Unión Europea [4] así como de la norma contenida en el artículo 4 del Protocolo no 7 al Convenio Europeo para la Protección de los Derechos Humanos y de las Libertades Fundamentales. En concreto, merece especial atención la STJUE, de 20 de marzo de 2018, Asunto Mencio (ECLI: EU:C:2018:197) que ampara la acumulación de procesos penales y sancionadores, únicamente cuando tal acumulación se haya previsto por la ley y cuando no se traspasen los límites derivados del principio de proporcionalidad:

> «Conforme al artículo 52, apartado 1, primera frase, de la Carta, cualquier limitación del ejercicio de los derechos y libertades reconocidos por esta deberá ser establecida por la ley y respetar el contenido esencial de dichos derechos y libertades. Según la segunda frase del mismo apartado, dentro del respeto del principio de proporcionalidad, solo podrán introducirse limitaciones de esos derechos y libertades cuando sean necesarias y respondan efectivamente a objetivos de interés general reconocidos por la Unión o a la necesidad de protección de los derechos y libertades de los demás».

No obstante, y ante la inexistencia de criterios para optar entre las vías penal o administrativa sancionadora, resulta extraordinariamente útil la doctrina jurisprudencial del TJUE, inserta igualmente en la anterior sentencia, que ha venido a aclarar que, en caso de que existan dudas en la aplicación de ilícitos sancionadores y penales, se deberá acudir a aquélla más favorable para el sujeto infractor:

> «Por lo que atañe al respeto del principio de proporcionalidad, este exige que la acumulación de procedimientos y sanciones prevista por una normativa nacional como la controvertida en el litigio principal no exceda los límites de lo que sea adecuado y necesario para la consecución de los objetivos legítimamente perseguidos por dicha normativa, entendiéndose que, **cuando se ofrezca una elección entre varias medidas adecuadas, deberá recurrirse a la menos onerosa y que las desventajas ocasionadas por esta no deben ser desproporcionadas con respecto a los objetivos perseguidos»**.
>
> [Énfasis añadido]

De esta manera, la interpretación dada por el tribunal comunitario puede chocar, en ocasiones, con la estructura normativa que inspiraba al legislador a la hora de coordinar las infracciones contenidas en el CP y la LOPSC. Así, como se señalará más adelante, se pueden dar supuestos en los que la sanción administrativa sea cualitativamente más gravosa que la penal. En

---

4 *Vid.* la redacción del artículo 50 CDUE establece que: *«Nadie podrá ser juzgado o condenado penalmente por una infracción respecto de la cual ya haya sido absuelto o condenado en la Unión mediante sentencia penal firme conforme a la ley»*.

estos supuestos, no queda del todo claro si la medida menos onerosa para el sujeto infractor se podría corresponder, paradójicamente, con una condena penal que, como se analizará, puede suponer la imposición de multas pecuniarias menos cuantiosas que las administrativas.

Por otro lado, la regla de subsidiariedad contenida en el artículo 45.1 de la LOPSC debe ser interpretada de conformidad con la doctrina que, a tal efecto, ha emitido el TC. Así, el Alto Tribunal, en su Sentencia de 2 de noviembre de 2004, rec. 3007/1998, declaró no infringido el principio *non bis in idem* en un caso en el cual se sancionó tanto penal como disciplinariamente una conducta que guardaba una gran similitud. De esta manera, parece claro que el TC no ha venido aplicando la triple identidad de hecho, sujeto y fundamento de forma amplia, sino que su aprecia se restringe a supuestos en los que estos tres requisitos se muestren de forma contundente.

En síntesis, la LOPSC si bien prevé determinadas normas con la finalidad de compatibilizar los dos regímenes punitivos del Estado carece, a nuestro entender, de la seguridad suficiente como para que el sujeto infractor pueda conocer las consecuencias jurídicas de una conducta infractora. En esta línea, esa indeterminación en la respuesta punitiva puede conllevar que los sujetos infractores sean incapaces de conocer la consecuencia jurídica de su propia conducta, una situación que puede vulnerar la garantía de previsibilidad de la sanción.

En tal sentido, se pronuncia el Tribunal Constitucional en su sentencia de 16 de enero de 2003, rec. 2468/2000 en la cual se establece que la garantía de previsibilidad de las sanciones se encuentra incorporada al principio *non bis in idem*:

> «La garantía material de no ser sometido a bis in ídem sancionador, que, como hemos dicho, está vinculada a los principios de tipicidad y legalidad de las infracciones (TC SS 2/1981, FJ 4; 66/1986, FJ 4; 154/1990, FJ 3; y 204/1996, FJ 2), tiene como finalidad evitar una reacción punitiva desproporcionada (TC SS 154/1990, de 15 Oct., FJ 3; 177/1999, de 11 Oct., FJ 3; y TC A 329/1995, de 11 Dic., FJ 2), en cuanto dicho exceso punitivo hace quebrar la **garantía del ciudadano de previsibilidad de las sanciones**, pues la suma de la pluralidad de sanciones crea una sanción ajena al juicio de proporcionalidad realizado por el legislador y materializa la imposición de una sanción no prevista legalmente».

[Énfasis añadido]

Por todo lo anterior, la falta de instrucciones claras, en la norma y en la doctrina constitucional, puede tener un cierto efecto disuasorio en el ejercicio de determinados derechos que la LOPSC, como norma reguladora de la seguridad ciudadana, aspira a garantizar.

2. Obligación de ceder la investigación de los hechos potencialmente constitutivos de infracción a la jurisdicción penal

El artículo 45.2 de la LOPSC instaura dos mecanismos clave en la articulación de las relaciones entre la jurisdicción penal y administrativa.

En primer lugar, se prevé que la administración, en caso de que aprecie conductas potencialmente constitutivas de delito, deberá ceder la investigación de dichos hechos al Ministerio Fiscal o la autoridad judicial correspondiente, suspendiendo el procedimiento administrativo sancionador en relación a dichas conductas[5]. Dicha vertiente, que guarda una estrecha relación con la figura de la prejudicialidad penal, exige que en determinadas circunstancias el órgano administrativo competente suspenda el procedimiento administrativo.

En tal sentido, existen pronunciamientos de la Audiencia Nacional que han venido aclarando que, para que concurra esta obligación de suspensión del procedimiento administrativo se debe dar la triple identidad de hecho, fundamento y sujeto en el procedimiento que, eventualmente, se sustancie en vía penal. Por tanto, en este contexto, surge la obligación de suspensión del procedimiento administrativo sancionador, que requiere que el pronunciamiento de los órganos judiciales sea de tal entidad que pueda condicionar la decisión del órgano administrativo encargado de instruir el procedimiento sancionador. Así, y como expone la SAN (sala de lo Contencioso-administrativo) núm. 3338/2020, de 13 de noviembre de 2020 (ECLI:ES:AN:2020:3338), citando una sentencia previa de la misma sala de 5 de mayo de 2021 (ECLI:ES:AN:2012:1998):

> «para la concurrencia de una prejudicialidad penal, **se requiere que ésta condicione directamente la decisión que haya de tomarse o que sea imprescindible para resolver, presupuestos que no concurren en el caso examinado**, en el que existe una separación entre los hechos por los que se sanciona en la resolución ahora recurrida y los que la recurrente invoca como posibles ilícitos penales».

[Énfasis añadido]

Así, dicha sentencia aplica la doctrina jurisprudencial contenida en la STS (sala de lo Contencioso-administrativo) núm. 5832/2002, de 13 de septiembre de 2002 (ECLI: ES:TS:2002:5832) que establece que:

> «sólo habrá lugar a esta suspensión o paralización del recurso contencioso-administrativo **cuando la causa penal ostente tal relieve que, sin su previo cono-**

---

5 *Vid.* art. 10.2 de la LOPJ obliga con carácter general a suspender el proceso civil o administrativo cuando en ello surja una cuestión penal y el artículo 3 de la LECr faculta a los jueces y tribunales penales para conocer las cuestiones prejudiciales civiles o administrativas, cuando tales cuestiones aparezcan tan íntimamente ligadas al hecho punible que sea racionalmente imposible su separación.

cimiento y decisión en el ámbito del proceso penal, resulte imposible decidir sobre lo planteado en el recurso contencioso-administrativo —o, dicho de otro modo— cuando la resolución penal sea imprescindible para la del recurso contencioso-administrativo, por existir una directa relación entre las cuestiones».

[Énfasis añadido]

En segundo lugar, el legislador blinda en el artículo 45.2 de la LOPSC la posibilidad de iniciar el correspondiente procedimiento administrativo sancionador y prevé una suspensión automática del plazo de prescripción desde el momento en que el órgano administrativo ceda el tanto de culpa a la autoridad judicial y hasta que ésta se pronuncie mediante sentencia firme o cualquier otra resolución que ponga fin al procedimiento. Así, por un lado, dicha previsión asienta la prioritaria aplicación del derecho penal en el enjuiciamiento de las conductas constitutivas de infracción mientras que, al mismo tiempo, asegura la eventual actuación sancionadora una vez haya finalizado el procedimiento penal, eliminando los inconvenientes que podría generar la demora de los tribunales en la sustanciación de los procesos.

En este sentido, el legislador integra en la LOPSC la senda interpretativa declarada por el Tribunal Constitucional, que, en su sentencia de 3 de octubre de 1983, rec. 368/1982, ya venía apreciando la existencia de una exigencia constitucional de subordinación de la administración a la actuación jurisdiccional:

> «La subordinación de los actos de la Administración de imposición de sanciones a la autoridad judicial, exige que la colisión entre una actuación jurisdiccional y una actuación administrativa haya de resolverse en favor de la primera».

De esta manera, dicha sentencia finaliza extrayendo tres consecuencias constitucionales derivadas del régimen de subordinación del derecho administrativos, que se positivizan en el redactado del artículo 45 de la LOPSC. En primer lugar, el principio de subordinación de la administración frente a la jurisdicción penal hace aún más necesario un control a posteriori de los actos administrativos por parte de la autoridad judicial mediante la interposición del oportuno recurso. En segundo lugar, el TC afirma que existe una verdadera *«imposibilidad de que los órganos de la Administración lleven a cabo actuaciones o procedimientos sancionadores, en aquellos casos en que los hechos puedan ser constitutivos de delito o falta»*. En tercer lugar, y como se expondrá en el siguiente apartado, la sentencia ya establece que se deberá respetar, en todo caso, la cosa juzgada en sede judicial, perspectiva ésta más procedimental que sustancial y que se corresponde con la lógica vinculación de la administración con los hechos declarados por los tribunales.

De esta manera, y en relación con la eventual acumulación de procedimientos punitivos sancionadores y penales, el Alto Tribunal pretende dotar de coherencia a las diferentes instituciones encargadas de la aplicación del *ius puniendi* estatal declarando *«que unos mismos hechos no pueden existir y dejar de existir para los órganos de Estado»*.

3. Vinculación con los hechos declarados en vía judicial

Además de los anteriores mecanismos, el artículo 45 de la LOPSC establece una vinculación entre aquellos hechos declarados probados en sede judicial. En este sentido, este inciso viene a determinar la indisponibilidad de la administración para apartarse del criterio judicial cuando se haya producido algún pronunciamiento que afecte a alguna actuación relacionada con la presunta conducta infractora del sujeto sancionado.

No obstante lo anterior, esta vinculación se corresponde más con un recordatorio del legislador a la administración pública que con una previsión verdaderamente novedosa. A este respecto, la jurisprudencia se ha pronunciado en numerosas ocasiones acerca del deber de la administración de no sustanciar procedimientos que vayan en contra de lo declarado en sede judicial y, en particular, en su deber de no apartarse de los hechos declarados como ciertos en virtud de resoluciones judiciales.

En el anterior sentido, se pronuncia la jurisprudencia mayoritaria contenida en la STS (sala de lo Contencioso-administrativo) núm. 4264/2008, de 22 de julio (ECLI:ES:TS:2008:4264) que, analizando la aplicación del principio *non bis in idem* contenido en la derogada Ley Orgánica 1/1992, de 21 de febrero, de sobre Protección de la Seguridad Ciudadana, establece que la norma de vinculación con los hechos declarados en vía penal pretende evitar que se produzcan pronunciamientos contradictorios sobre una misma realidad fáctica:

> «no se trata de que sea posible enjuiciar penalmente los hechos constitutivos de un delito contra la integridad de las personas y de sancionar administrativamente, como consecuencia de esos mismos hechos, a una persona jurídica por haber incurrido en una infracción administrativa por desórdenes graves en las vías o espacios públicos, tipificada en el artículo 23 n) de la Ley Orgánica 1/1992, de 21 de febrero, de Protección de la Seguridad Ciudadana, sino **que la cuestión está en la fijación de los hechos realmente sucedidos**, pues no cabe que en el proceso penal se declaren probados hechos diferentes de los que se consideren acaecidos para la Administración sancionadora, por lo que en el caso enjuiciado estamos ante lo que correctamente denomina la representación procesal de la entidad recurrente proscripción de la doble verdad con el fin de evitar pronunciamientos contradictorios sobre una misma realidad fáctica, por lo que el artículo 32.2 de la citada Ley Orgánica 1/1992, de 21 de febrero, establece que la resolución definitiva del expediente sólo podrá producirse cuando sea firme la resolución recaída en el ámbito penal, quedando hasta entonces interrumpido el plazo de prescripción».

[Énfasis añadido]

Este precepto se puede considerar que trata de la manifestación procesal del *non bis in idem,* aunque su alcance no esté del todo claro dado que se trata de una cuestión controvertida. Algunos autores, siguiendo la doctrina del TC, consideran que se trata de la manifestación de la prevalencia de la vía penal y la mera vinculación que de ello se deduce para la administración de los hechos declarados probados por el orden jurisdiccional penal. En este sentido la STC 177/1999, de 11 de octubre de 1999, rec. 3657/1994, a este respecto de la prevalencia de la vía penal sobre la administrativa responde expone que la perspectiva procedimental del principio *non bis in idem*:

> «no puede ser interpretada en oposición a la material, en tanto que esta última atiende no al plano formal y, en definitiva, instrumental del orden de ejercicio o actuación de una u otra potestad punitiva, sino al sustantivo que impide que el sujeto afectado reciba una doble sanción por unos mismos hechos, cuando existe idéntico fundamento para el reproche penal y administrativo».

No obstante, la anterior sentencia no niega la existencia de un principio *non bis in idem procesal* afirmando que, en un supuesto en el cual se incorporaba una norma de supletoriedad similar a la contenida en el artículo 45 LOPSC, éste es concebido para una lógica aplicativa eminentemente procedimental:

> «Es cierto, y así lo hemos de reconocer, que los preceptos de nuestro Ordenamiento jurídico en que se recoge la prohibición de bis in idem, se hallan formulados con una visión esencialmente procedimental, como lo pone de relieve el aquí específicamente aplicable art. 112 de la Ley 29/1985, de 2 Ago., de Aguas, a cuyo tenor: "En los supuestos en que las infracciones pudieran ser constitutivas de delito o falta, la Administración pasará el tanto de culpa a la jurisdicción competente y se abstendrá de proseguir el procedimiento sancionador mientras la autoridad judicial no se haya pronunciado. La sanción de la autoridad judicial excluirá la imposición de multa administrativa", a lo que se añade la vinculación de la Administración, en su eventual ulterior actuación, a los hechos probados que declare la sentencia de la jurisdicción penal. Ahora bien, tal perspectiva no es la única ni la más esencial desde el punto de vista de la función garantizadora que cumple el derecho fundamental aquí concernido».

En cuanto a la doctrina, otros autores han venido considerando que este plano procesal lo que trata de evitar es el doble enjuiciamiento de unos mismos hechos, que se concreta en la imposibilidad de que un particular sea sometido a dos procedimientos por la comisión de los mismos hechos, en el bien entendido de que los hechos lesionen o pongan en peligro el mismo bien jurídico protegido.

4. Mantenimiento de las medidas cautelares dictadas en el procedimiento administrativo

El legislador ha previsto que, en caso de que se dicte una medida provisional en el marco de un procedimiento administrativo sancionador en materia de seguridad ciudadana, ésta podrá ser mantenida en el ámbito penal en caso de que la conducta investigada pueda ser constitutiva de delito. Así, una eventual medida consistente en el cierre de un establecimiento o la paralización de una actividad podría desplegar sus efectos más allá del procedimiento administrativo sancionador.

Como se ha expuesto anteriormente, los mecanismos de actuación contenidos en la LOPSC en relación con el proceso penal regulan tanto sus relaciones materiales, esto es, aquellos supuestos con identidad de sujeto, hechos y fundamentos; como sus relaciones procesales, es decir, tanto los diferentes trámites y actuaciones que deberá seguir el órgano instructor una vez se comienza a investigar la misma conducta en sede judicial penal, como los potenciales efectos derivados de la declaración como probados de determinados hechos.

III. El principio de subsidiariedad entre sanciones administrativas e ilícitos penales

Como hemos visto, el artículo 45 de la LOPSC impone el carácter subsidiario de los procedimientos de naturaleza sancionadora fundamentados en las infracciones contenidas en LOPSC. No obstante, y tras haber procedido a analizar los mecanismos concretos que regula este artículo, no podemos desaprovechar esta oportunidad para tratar, aunque sea de forma general, la histórica problemática existente alrededor de los límites de tipificación material penal y sancionadora que se imponen al legislador. Dicha problemática resulta, a nuestro entender, esencial para comprender la necesidad apreciada por el legislador de incorporar las normas anteriormente mencionadas.

1. Cuestiones generales: Las fronteras entre el ilícito penal y administrativo con motivo de la aprobación de la LOPSC

Como suele ocurrir en los procesos de elaboración de normas con alto impacto sancionador, el proceso de aprobación de la actual LOPSC hizo resurgir el interrogante acerca de las concretas delimitaciones y fronteras materiales entre sanciones administrativas e ilícitos penales. En este sentido, la identidad de hecho, fundamento y sujeto que prevé el artículo 45 de la LOPSC no es más que un reconocimiento de la existencia de dos normas paralelas que, al menos potencialmente, pueden aspirar a regular conductas que se podrían considerar homogéneas.

En este sentido, la existencia del derecho administrativo sancionador ha originado históricamente una gran controversia en parte de la doctrina[6],

6 *Vid.* STC 77/1983, F.J. 2.° afirma que *«no cabe duda que en un sistema en que rigiera de manera estricta y sin fisuras la división de los poderes del Estado, la potestad sancionadora*

que entendía que éste podía generar determinados desafíos en la aplicación plena del principio de separación de poderes. Así, no hay que olvidar que, en la concepción original de estado liberal[7], la potestad para ordenar las conductas no permitidas debía estar reservada a la jurisdicción penal, lo que llevó a muchas a considerar que el desarrollo de la potestad sancionadora administrativa constituía una invasión ilegítima en el ámbito de actuación del poder judicial. A este respecto, cabe recordar que los inicios del estado constitucional no pueden entenderse sin la idea de imponer límites al poder ejecutivo, considerado en época preliberal, propicio al despotismo.

No obstante, lo cierto es que los parámetros en los que se mueve la administración hoy en día han cambiado sustancialmente y el derecho administrativo sancionador se ha convertido en un instrumento imprescindible para garantizar la actividad administrativa, extendiendo su ámbito de control a actuaciones de orden público y seguridad ciudadana.

De esta manera, ese *ius puniendi* estatal, monopolizado por la figura de los jueces, ofrecía diversas garantías de imparcialidad e independencia que suponían ya una garantía en sí misma a la hora de que los ciudadanos se relacionaran con el poder estatal. En este contexto, la institucionalización de la potestad sancionadora propicia que se desarrollen procesos de despenalización que se materializan bien destipificando conductas anteriormente contenidas en el Código Penal para integrarlas en leyes de contenido sancionador; o bien manteniendo la tipificación de conductas similares tanto en el Código Penal, reservado para aquellas lesiones que generan una lesiones de mayor gravedad, como en normas administrativas, entre las que la destaca, como ejemplo, la LOPSC[8].

En este contexto, la doctrina[9] ha intentado históricamente definir el contenido material que deben recoger ambos cuerpos normativos, sin haber conseguido llegar a una conclusión que permita delimitar con precisión qué aspectos debe regular el derecho penal y cuáles el derecho sancionador.

En este sentido, y como cuestión general a considerar, el TC ha sido especialmente prudente a la hora de mencionar en sus pronunciamientos que la potestad sancionadora de la administración tiene límites constituciona-

---

debería constituir un monopolio judicial y no podría estar en manos de la administración».

7 Sobre la «jurisdiccionalización» de la represión tras la Revolución Francesa *vid.* Blanca Lozano Cutanda, «Panorámica general de la potestad sancionadora de la administración en Europa: "Despenalización" y garantía», en *Revista de administración pública*, núm. 121 Enero- abril de 1990, página 394.

8 Sobre los rasgos fronterizos de conductas tipificadas tanto en la LOPSC como en el CP. *vid.* «Informe del Consejo Fiscal sobre el Anteproyecto de Ley Orgánica de Protección de la Seguridad Ciudadana» (2014)

9 *Vid.* Belén Mayo Calderón, «Acerca de las diferencias entre el derecho penal, el derecho administrativo sancionador y el derecho de policía. A la vez, una reflexión sobre el concepto de sanción» en *Revista Aragonesa de Administración Pública*, núm. 56, 2021, pp. 185-187.

les que no dejan una libertad absoluta, aunque sí muy amplia, al legislador. En esta línea se pronuncia la STC 55/1996, de 28 de marzo de 1996, rec. 961/1994, ratificada, entre otras, por la STC 41/2010, de 22 de julio de 2010, rec. 2755/2007, al afirmar que:

> «En el ejercicio de su competencia de selección de los bienes jurídicos que dimanan de un determinado modelo de convivencia social y de los comportamientos atentatorios contra ellos, así como de determinación de las sanciones penales necesarias para la preservación del referido modelo, el legislador goza, **dentro de los límites establecidos en la Constitución, de un amplio margen de libertad** que deriva de su posición constitucional y, en última instancia, de su específica legitimidad democrática. No solo cabe afirmar, pues, que, como no puede ser de otro modo en un Estado social y democrático de Derecho, corresponde en exclusiva al legislador el diseño de la política criminal, sino también que, con la excepción que imponen las citadas pautas elementales que emanan del Texto constitucional, **dispone para ello de plena libertad**. De ahí que, en concreto, la relación de proporción que deba guardar un comportamiento penalmente típico con la sanción que se le asigna será el fruto de un complejo juicio de oportunidad del legislador que, aunque no puede prescindir de ciertos límites constitucionales, éstos no le imponen una solución precisa y unívoca».

[Énfasis añadido]

Así las cosas, lo evidente es que la potestad sancionadora de la administración ha mantenido una evolución controvertida con respecto al derecho penal, en tanto en cuanto ambos cuerpos describen conductas lesivas y asocian consecuencias jurídicas a las mismas. En este sentido, la LOPSC regula numerosas conductas infractoras que guardan una extraordinaria similitud con ilícitos penales regulados en el Código Penal. Así, consciente de ello, el legislador introdujo, en no pocas ocasiones, referencias al carácter subsidiario de la norma, añadiendo tras la tipificación de infracción la colotilla *«cuando no sean constitutivas de infracción penal»*. A este respecto, nótese que el artículo 37 de la LOPSC, relativo a las infracciones calificadas como leves, incorpora en seis de sus diecisiete conductas que dichos comportamientos serán administrativamente sancionables en la medida en que no constituyan infracción penal.

Así, el legislador, haciendo uso de ese gran margen de apreciación que le ha sido reconocido, procedió a suprimir numerosos ilícitos insertados tradicionalmente en el capítulo de faltas del CP e incorporó gran parte de dichas conductas al régimen sancionador de la LOPSC, bajo la fórmula punitiva de la infracción administrativa. Dicha coordinación normativa es expresamente reconocida por el legislador que, en el preámbulo de nuestra norma de referencia, se pronuncia con las siguientes palabras:

> «la reforma en tramitación del Código Penal exige una revisión de las infracciones penales de esta naturaleza que contenía el libro III del código punitivo para

incorporar al ámbito administrativo algunas conductas que, de lo contrario, quedarían impunes, como son ciertas alteraciones del orden público, las faltas de respeto a la autoridad, el deslucimiento de determinados bienes en la vía pública o dejar sueltos animales peligrosos».

No obstante, esta técnica, inmersa en una estrategia legislativa de enorme trascendencia en materia de política criminal, también generó tres problemas adicionales a los que, precisamente y aunque de forma imperfecta, pretende dar respuesta el principio de subsidiariedad contenido en el artículo 45 de la LOPSC.

2. Problemas del régimen de subsidiariedad de la LOPSC

La técnica legisladora y la falta de una suficiente coordinación entre los hechos tipificados en la LOPSC y algunos delitos contenidos en el CP ha supuesto que, en no pocas ocasiones, resulte complejo determinar si la conducta infractora merece reproche penal o sancionador, al no disponerse de criterios de delimitación para optar por una u otra vía.

Un ejemplo de la situación descrita en el apartado anterior se encuentra en las conductas consistentes en la desobediencia o falta de respeto a miembros de la autoridad que regula tanto la normativa penal como la LOPSC, aunque sin imponer rasgos distintivos claros que permitan determinar cuándo se entiende cruzada la línea de lo penalmente reprochable. Así, la problemática en torno a dicha infracción se ha intensificado como consecuencia del elevado número de expedientes que se produjo durante el estado de alarma[10].

En este sentido, nótese la gran similitud en la redacción de ambos preceptos. Así, el artículo 556 del CP prevé una pena de multa de uno a tres meses para aquellos que faltaren al respeto y consideración debida a la autoridad en el ejercicio de sus funciones. Por otro lado, su equivalente en vía administrativa, contenido en el artículo 37.4 de la LOPSC, tipifica como infracción leve las *«faltas de respeto y consideración cuyo destinatario sea un miembro de las Fuerzas y Cuerpos de Seguridad en el ejercicio de sus funciones de protección de la seguridad, cuando estas conductas no sean constitutivas de infracción penal»*.

En segundo lugar, y paradójicamente, el hecho de que los tribunales entiendan que la conducta no es susceptible de infracción penal no supone una garantía de que la reacción institucional sea de menor entidad. Así, en

10 Sobre la crisis de las infracciones en materia de desobediencia *Vid.* Alberto ALONSO RIMO, «Aspectos esenciales del delito y la infracción administrativa de desobediencia a la autoridad (más allá de la pandemia de COVID-19)» en *Diario La Ley*, núm. 9698 septiembre 2020.

no pocas ocasiones se conciben sanciones más gravosas impuestas por parte de la administración que el que correspondería a la misma conducta en aplicación del Código Penal, rebajando las rígidas garantías procesales que la jurisdicción penal dispensa[11]. En este sentido, procede señalar que el único límite relevante entre el régimen punitivo sancionador y penal, en la actualidad, es el derivado de la interdicción de sancionar las infracciones administrativas con penas privativas de libertad, de conformidad con el mandato constitucional contenido en el artículo 25.3 del CE. Por lo tanto, el automatismo en suponer que la reacción administrativa frente a una misma conducta va a ser siempre y en todo caso de menor intensidad se demuestra simplemente inexacta.

Así, resulta indubitado que tanto la sanción administrativa, subsidiaria, como el ilícito penal, de prioritaria aplicación, son medidas de última ratio que suelen contener un elemento lesivo o disuasorio con respecto a la realización de la conducta. No obstante, a nuestro entender, puede no responder a una lógica jurídica sólida el hecho de que los efectos de ser sancionado en vía administrativa, una vez se ha dictaminado que no procede reproche penal, puedan generar mayores perjuicios que los que eventualmente hubiesen derivado de la reacción penal. Máxime cuando, según doctrina del TC, expresada, entre otras, en su sentencia de 5 de marzo de 2018 rec. 6491/2016, las conductas que merecen reproche penal, en virtud del principio de intervención mínima, son aquellas que generen una lesión de mayor entidad al bien jurídico protegido:

> «Debe recordarse también que, según expresó la **STC 229/2003, de 18 de diciembre**, en materia penal rige el denominado principio de intervención mínima, conforme al cual la intromisión del Derecho Penal debe quedar reducida al mínimo indispensable para el control social. De modo tal que la sanción punitiva, como mecanismo de satisfacción o respuesta, se presenta como última ratio, reservada para aquellos casos de mayor gravedad y siempre sometida a las exigencias de los principios de legalidad y tipicidad».

En línea con lo anterior, resultan especialmente esclarecedores los diferentes criterios aplicables al régimen de cálculo de las multas pecuniarias en la vía sancionadora y en la vía penal. En este sentido, y como puso de manifiesto el Informe del Consejo General del Poder Judicial (**«CGPJ»**) en relación con el Anteproyecto de Ley Orgánica de Protección de la Seguridad Ciudadana, la cuantificación de las multas pecuniarias contenidas en la LOPSC se sustrae del criterio de capacidad económica regulado en el artículo 50 del CP. De esta manera, el régimen punitivo contenido en disposiciones de carácter sancionador puede ser más lesivo que las normas de cálculo

11 *Vid.* Alarcón Sotomayor, L. en «La aplicación de los derechos fundamentales del artículo 24.2» en *El procedimiento administrativo sancionador y los derechos fundamentales*, Civitas, Madrid, 2007 (pp. 40 – 46).

contenidas en la legislación penal, que prevén mecanismos de adaptación a las circunstancias del reo e intentan prevenir la ejecución de una reacción desproporcionada.

En tercer lugar, la norma contempla expresamente la posibilidad de que, una vez se haya concluido un proceso penal absolutorio del acusado, se pueda continuar con la sustanciación de procesos sancionadores por los mismos hechos en vía administrativa. No obstante, y como han puesto de manifiesto autores como Guillén Álvarez[12] dicha mecánica puede generar ciertos problemas en torno al régimen de prueba. Así, las garantías para considerar acreditados los hechos tipificados en uno y otro procedimiento son sustancialmente diferentes. De este modo, el régimen de prueba en sede administrativa sancionadora rebaja, lógicamente, determinadas garantías del ciudadano de las que sí dispone en la jurisdicción penal:

> «si finalmente, supongamos no existen indicios de criminalidad o no hay pruebas de cargo suficientes, esta vía [penal] se archivará o incluso dará lugar a sentencia absolutoria, procediendo entonces a iniciar un procedimiento administrativo sancionador. En este sentido, hay que matizar que si bien en el procedimiento sancionador al igual que en el proceso penal, existe el principio de presunción de inocencia no es necesario que existan pruebas de cargo suficientes para desvirtuar la misma como así exige la vía penal, siendo suficiente la presunción de veracidad (salvo prueba en contrario) de la que gozan los agentes de la autoridad, así como, sus actas, denuncias y atestados formulados, siendo base suficiente para una resolución sancionadora».

En ese sentido, es de especial relevancia el régimen de acreditación de hechos incorporado al artículo 52 de la LOPSC que establece que las denuncias, atestados o actas realizadas por las Fuerzas y Cuerpos de Seguridad del Estado constituyen base suficiente para adoptar la resolución sancionadora que proceda. Por el contrario, estos documentos, en sede judicial, no superarían, de forma automática, los requisitos para entender desvirtuada la presunción de inocencia, sino que se exigirían pruebas alternativas y de mayor contundencia que permitiesen desvirtuar esta presunción de inocencia.

IV. El acceso al registro administrativo de infracciones

En relación con el artículo 46 de la LOPSC cabe indicar que la regla general es que los datos personales contenidos en registros administrativos (como puede ser el caso del Padrón municipal) se encuentran sometido al Reglamento UE 2016/679 del Parlamento Europeo y del Consejo de 27 de abril de

12 GUILLÉN ÁLVAREZ, I., «Estudio y análisis jurídico de la nueva Ley Orgánica 4/2015, de protección de la seguridad ciudadana», *Diario la Ley*, núm. 8633, 2015.

2016, relativo a la protección de las personas físicas en lo que respecta al tratamiento de los datos personales y a la libre circulación de estos datos y por el que se deroga la Directiva 95/46/CE («**RGPD**»). Asimismo, dicho artículo se debe entender sometido a la Ley Orgánica 3/2018, de 5 de diciembre, de Protección de Datos Personales y Garantía de los Derechos Digitales («**LOPDPGDD**»).

Así, a tenor de lo dispuesto en el art. 6.1. e) del RGPD, el tratamiento de los datos personales será lícito siempre y cuando sea necesario para el cumplimiento de una misión realizada en interés público o en el ejercicio de poderes públicos conferidos al responsable del tratamiento, debiendo estar establecida la base para el tratamiento en una norma con rango de Ley, según lo que dispone a estos efectos el art 8.2 de la citada LOPDPGDD.

Por otra parte, el art. 27 de la LOPDPGDD, a los efectos previstos por el artículo 86 de la RGPD, establece que el tratamiento de datos relativos a infracciones y sanciones administrativas exige que el responsable de dicho tratamiento sea el órgano competente para la instrucción del procedimiento sancionador, para la declaración de la infracción o la imposición de las sanciones, así como que se limite el tratamiento a los datos estrictamente necesarios para la finalidad perseguida por aquél. En aquellos casos, como aquí acontece, en el que no se cumple alguna de las indicadas condiciones, en principio, sería necesario el consentimiento del titular para acceder a los datos, salvo que una norma con rango de ley lo autorice y siempre que se regulen garantías adicionales para los derechos y libertades afectadas.

En este caso, se prevé que las autoridades y órganos de las distintas administraciones competentes para imponer las sanciones de acuerdo con la LOPSC puedan acceder a los datos relativos a los sujetos infractores, sin consentimiento y, entendemos, que sin conocimiento de éstos. Por otra parte, el legislador, cumpliendo con lo dispuesto en el artículo 25 de la LOPDPGDD, establece que dicho acceso se realizará cumpliendo con las garantías de seguridad, integridad y disponibilidad que se contenían en la parcialmente derogada Ley Orgánica 15/1999, de 13 de diciembre, de Protección de Datos de Carácter Personal.

A pesar de que el presente artículo del Anteproyecto no recibió ningún comentario por parte del Consejo de Estado ni del CGPJ, pese a las indicadas garantías contempladas en el precepto, la forma en la que está redactada y la posibilidad de acceder a dichos datos, sin sujeción a límite alguno, puede tener cierto difícil encaje en el marco constitucional, aunque dicha cuestión no haya sido planteada y, por tanto, se trate de una cuestión abierta a debate.

En relación con el desarrollo del apartado 2, se han suscrito determinados convenios, entre los que destaca el Convenio entre la Administración General del Estado (Ministerio de Política Territorial y Función Pública-Secretaría de Estado de Política Territorial y Función Pública) y el Instituto Nacional de Estadística sobre acceso a la Base padronal del citado Instituto, de 14 de mayo de 2021, suscrito con el objeto de facilitar el acceso a la Base del Padrón gestionado por el Instituto Nacional de Estadística (INE) adscrito a la Secretaría de Estado de Política Territorial y Función Pública.

En este sentido, es de destacar que solo se podrá acceder a la Base de Datos del Padrón, en virtud de petición fundada para conocer el domicilio de una persona incursa en el procedimiento, y se habrá de materializar especificando en la solicitud un número de expediente, a fin de poder comprobar que dicha consulta da datos tiene razón en lo dispuesto en el citado artículo 46.2 de la LOPSC.

V. Conclusiones

Como se ha expuesto a lo largo del presente capítulo, la regulación contenida en los artículos 44 y 45 de la LOPSC suscita dudas e incógnitas en torno a la relación material y procesal entre los procedimientos punitivos contenidos en la LOPSC y en el CP. Asimismo el artículo 46 de la LOPSC también propicia nuevos debates en torno a los límites de la cooperación administrativa en torno al acceso de datos personales de los administrados. Dichas dudas no son, ni mucho menos, exclusivas de la LOPSC sino que trascienden a la misma y suponen un desafío cotidiano tanto para los poderes públicos como para los ciudadanos. No obstante, lo cierto es que las exigencias de certeza y claridad en una materia tan sensible como es la LOPSC deben intensificarse.

Asimismo, este capítulo ha tratado de contextualizar, mínimamente, las razones del legislador para integrar los mencionados artículos 44 y 45 en la LOPSC. En esta línea, se ha expuesto cómo el mecanismo de subsidiariedad ha pretendido constituirse como remedio procesal y material al histórico conflicto entre el derecho administrativo sancionador y el derecho penal. En este contexto, se han expuesto los principales desafíos que presenta este régimen de subsidiariedad; desafíos que, lejos de constituir un problema exclusivo de los poderes públicos, tampoco confieren adecuadas dosis de seguridad jurídica a favor de los sujetos infractores. Dicha cuestión se enmarca en el núcleo esencial del principio de seguridad jurídica, garantizado en el artículo 9.3 de la CE, que resulta igualmente predicable para los procedimientos de naturaleza sancionadora.

Por otra parte, el actual diseño del *ius puniendi* estatal desvirtúa, en ocasiones, la función de cada cuerpo normativo. Así, analizando la cuestión desde la lógica jurídica, puede carecer de sentido que, para hechos prácticamente homogéneos, se prevean sanciones administrativas más gravosas que las que corresponderían en el supuesto que se atribuyera su conocimiento a la jurisdicción penal. Dicha situación, a nuestro parecer, puede desvirtuar la razón de ser del derecho administrativo sancionador que, atendiendo a doctrina constitucional, no debería tener por objetivo regular las conductas que merezcan un gran desvalor sino evitar que determinadas conductas, que no estén regulados en la legislación penal debido a que no suponen un grave atentado a un bien jurídico protegido, queden impunes. Así, es una evidencia que, a mayor desvalor de la conducta, mayor deberá ser la reacción punitiva; una lógica que en el presente texto, observamos, no siempre resulta la pauta.

En este contexto, si bien se ha pretendido arrojar luz acerca del proceso despenalizador en el que se enmarca la LOPSC, así como en torno a los problemas que éste puede presentar en el ejercicio cotidiano de determinados derechos, no podemos dejar pasar esta oportunidad para poner en valor que el régimen sancionador contenido en la LOPSC amplía los ámbitos de actuación de las Fuerzas y Cuerpos de Seguridad del Estado, al haber suprimido determinadas conductas de la legislación penal para incorporarlas al régimen sancionador de la LOPSC. Así, este cambio en el sujeto activo supervisor de determinadas conductas, exige también que la actuación de las FCSE se adecúe, en todo momento, a los requisitos de proporcionalidad, así este mayor protagonismo de las FCSE demanda que su actuación observe escrupulosamente las derechos y garantías procesales de los ciudadanos en la aplicación del régimen sancionador.

CAPÍTULO 12

LA POTESTAD SANCIONADORA: UNA MIRADA A LAS OBLIGACIONES DE LA ADMINISTRACIÓN Y A LOS DERECHOS DE LOS PARTICULARES

Alberto Cortegoso Vaamonde
Abogado, politólogo
Asociado Principal del Grupo de Derecho Público, Cuatrecasas

I. Introducción

La potestad sancionadora de las Administraciones Públicas es una de las genuinas manifestaciones del *«ius puniendi»*. A tal efecto, aquéllas disponen de un conjunto de facultades con el fin de sancionar a las personas físicas o jurídicas que hubiesen incurrido en una infracción normativa y, así, garantizar el cumplimiento del fin público y, en suma, la convivencia social.

El artículo 44 de la LOPSC establece que el ejercicio de la potestad sancionadora en materia de protección de la seguridad ciudadana se rige, con carácter general, por lo dispuesto en la legislación reguladora de los procedimientos que se tramitan en sede administrativa; a saber, la Ley 39/2015, de 1 de octubre, del Procedimiento Administrativo Común de las Administraciones Públicas (**«LPAC»**) y la Ley 40/2015, de 1 de octubre, del Régimen Jurídico del Sector Público (**«LRJSP»**). Todo ello, sin perjuicio de las especialidades que prevé, de forma diferenciada, la propia LOPSC, como se irá indicando.

Y es que, en efecto, la LOPSC regula en sus artículos 47 a 54 la potestad sancionadora de las Administraciones Públicas en materia de seguridad ciudadana, estableciendo, en esencia, la regulación de los diferentes hitos que integran los procedimientos sancionadores, así como las garantías a las que se pueden acoger los particulares. Así, la LOPSC dota a aquellas entidades de los instrumentos necesarios para prevenir y reprimir las conductas que alteren o pongan en riesgo la convivencia pacífica, el orden público y la seguridad de las personas y los bienes, respetando siempre el principio de intervención mínima y, en definitiva, el marco constitucional[1].

Al menos, ésa ha sido la intención del legislador. La intención del análisis que se contiene en las próximas páginas es la de abordar, desde una perspectiva constitucional, los aspectos más relevantes de los artículos de la LOPSC antes descritos con el fin de ofrecer una visión crítica sobre determinadas cuestiones que permita valorar su adecuación al Estado de Derecho y, en definitiva, a las exigencias de una sociedad democrática.

II. La adopción de medidas en el seno del procedimiento sancionador por parte de la administración actuante y el derecho de defensa

1. Sobre las medidas provisionales adoptadas con carácter previo a la incoación del procedimiento

De conformidad con lo previsto con carácter general en los artículos 85 y siguientes de la LPAC, el ejercicio de la potestad sancionadora requiere, con carácter general, la existencia de un procedimiento contradictorio, en el que se evidencie la existencia de dos fases plenamente diferenciadas: la de instrucción y la de resolución. Así, y a falta de previsiones específicas a tal efecto en la LOPSC, resulta incuestionable la aplicación de este régimen general en todos los procedimientos sancionadores incoados con arreglo en dicha ley, toda vez que nuestro ordenamiento jurídico prohíbe, con carácter taxativo, la imposición de sanciones sin la previa tramitación del preceptivo procedimiento.

De forma previa a la incoación del procedimiento (que debe ser acordada, de forma expresa, mediante acto de la Administración competente para conocer de los hechos acaecidos), el artículo 56.2 de la LPAC habilita con carácter general a las Administraciones competentes para iniciar o instruir el procedimiento a *«adoptar de forma motivada las medidas provisionales que*

---

1 Blasco Díaz, J.L., «Seguridad ciudadana y potestad sancionadora» en Cuerda Arnau, M.L. y García Amado, J.A., *Protección jurídica del orden público, la paz pública y la seguridad ciudadana*, Tirant lo Blanch, Valencia, 2016.

resulten necesarias y proporcionadas». Siguiendo la estela de lo concretado en dicho precepto, la LOPSC prevé en su artículo 47 la posibilidad de que, con carácter previo a la incoación de un procedimiento sancionador, los agentes de la Administración competente puedan adoptar medidas provisionales en aquellos supuestos en los que se aprecie la existencia de *«grave riesgo»* o *«peligro inminente»*. Son las denominadas medidas provisionales previas al procedimiento, también conocidas como *«medidas provisionalísimas»*[2].

Eso sí, y a diferencia de lo concretado en la LPAC, la LOPSC no limita la posibilidad de adopción de las medidas provisionales a los supuestos de *«urgencia inaplazable»*, sino que lo amplía a los casos de *«grave riesgo o peligro inminente»* para personas o bienes. De hecho, es justamente esa inminencia la que, siguiendo lo dispuesto en tal precepto, habilita a los agentes de la autoridad a acordar y llevar a término tales medidas, en el marco del ejercicio de su facultad de inspección, que le atribuyen específicamente tanto la LPAC como la LRJSP[3].

Mención aparte merece la noción de *«riesgo»* o de *«peligro»*. Desde luego, se trata de un concepto indeterminado que, al no estar regulado desde una perspectiva jurídica, conduce a las Administraciones a disponer de un cierto margen de apreciación, que, siguiendo lo dispuesto en la Jurisprudencia constitucional, le permite configurar una cierta presunción de razonabilidad a su favor[4].

Sentado lo anterior, el primero de los apartados del citado precepto legitima, por un lado, a *«los agentes de la autoridad»* a intervenir y aprehender cautelarmente los instrumentos utilizados para la comisión de la infracción, así como *«el dinero, los frutos o los productos directamente obtenidos»*, que se mantendrán en los depósitos establecidos al efecto o bajo la custodia de las Fuerzas y Cuerpos de Seguridad al tiempo que se tramita el procedimiento sancionador o hasta que, en su caso, se resuelva la devolución o se acuerde el comiso. Sólo en el supuesto de que la aprehensión consistiese en bienes fungibles y el coste del depósito superase el valor venal, éstos se destruirán o se les dará el destino adecuado en los términos que defina el correspondiente Reglamento en materia de protección de la seguridad ciudadana, cuando finalmente se apruebe.

Por otro lado, el apartado segundo del propio artículo 47 habilita la adopción de la práctica totalidad de las medidas recogidas en el artículo 49.1 de la LOPSC, con la única excepción de la recogida en el apartado f), consistente

---

2 Martín Fernández, C., *El régimen sancionador de la seguridad ciudadana*, Aranzadi, Cizur Menor, 2023, pp. 227-228.

3 Martín Fernández, C., *El régimen sancionador de la seguridad ciudadana*, Aranzadi, Cizur Menor, 2023, pp. 227-228.

4 Martín Fernández, C., *El régimen sancionador de la seguridad ciudadana*, Aranzadi, Cizur Menor, 2023, pp.230-231.

en *«la suspensión de actividades objeto de autorización administrativa»*, por cuanto la puesta en marcha de dicha medida requiere un acto administrativo de suspensión, siendo insuficiente para ello el uso de la fuerza física que se predica de los referidos agentes[5].

Así, y en esencia, la Administración en cuestión está habilitada para acordar (i) el depósito en lugar seguro de los instrumentos o efectos utilizados para la comisión de las infracciones y, en particular, de las armas, explosivos, aerosoles, objetos o materias potencialmente peligrosos para la tranquilidad ciudadana, drogas tóxicas, estupefacientes o sustancias psicotrópicas; (ii) la adopción de medidas de seguridad de las personas, bienes, establecimientos o instalaciones que se encuentren en situación de peligro, a cargo de sus titulares; (iii) la suspensión o clausura preventiva de fábricas, locales o establecimientos susceptibles de afectar a la seguridad ciudadana; (iv) la suspensión total o parcial de las actividades en los establecimientos que sean notoriamente vulnerables y no tengan en funcionamiento las medidas de seguridad necesarias; (v) las medidas de seguridad de las personas y los bienes en infraestructuras e instalaciones que sean oportunas para la prestación de servicios básicos a la comunidad y (vi) la suspensión en la venta, reventa o venta ambulante de las entradas del espectáculo o actividad recreativa cuya celebración o desarrollo pudiera implicar un riesgo para la seguridad ciudadana.

Con tal fin, los agentes de la Administración ni siquiera están obligados a motivar la adopción de dichas medidas, ya que esa tarea se traslada al posterior acto de iniciación del procedimiento sancionador que, llegado el momento, confirme la medida del agente de conformidad con lo dispuesto en el artículo 47.2 de la LOPSC. Dada la inminencia del *«riesgo»* o del *«peligro»* que habría de justificar dicha medida provisional, al interesado no le asiste posibilidad alguna de impugnar o de recurrir dicha medida: debe soportarla hasta que, si se confirma, tenga constancia del señalado acuerdo de iniciación, que constituirá el momento procedimental idóneo para formular su oposición[6].

Es más, y a fin de descartar cualquier controversia interpretativa al respecto, lo cierto es que el artículo 47.2 de la LOPSC no establece, en modo alguno, *«la audiencia previa»* al interesado, lo cual resulta, además, coherente, con lo señalado a este respecto en el artículo 56 de la LPAC, que tampoco prevé, con carácter general, la intervención del interesado en modo alguno. De lo contrario, parece claro que, tal y como ha dejado claro a tal efecto la Jurisprudencia constitucional (sirva a modo de ejemplo la Sentencia

5 Martín Fernández, C., *El régimen sancionador de la seguridad ciudadana*, Aranzadi, Cizur Menor, 2023, p. 231.

6 Izquierdo Carrasco, C., *La seguridad de los productos industriales: régimen jurídico-administrativo y protección de los consumidores*, Marcial Pons, Madrid, 2000, p. 360.

de 5 de junio de 2013) existe el riesgo de que se demore la adopción de la medida en cuestión y, por ende, la misma devenga inservible[7].

Eso sí, y sin perjuicio de lo anterior, dichas medidas habrán de ser ratificadas, modificadas o revocadas en el Acuerdo de incoación del procedimiento sancionador en un plazo máximo de quince días desde su adopción. Por el contrario, si, transcurrido dicho plazo, no se hubiese iniciado finalmente el procedimiento sancionador o si éste, en el caso de adoptarse, no contuviera un pronunciamiento expreso acerca del contenido y alcance de las medidas provisionales, éstas quedarán sin efecto.

2. Sobre la adopción de actuaciones previas al inicio del procedimiento sancionador

Sobre la base del mismo espíritu del artículo 47 de la LOPSC, el apartado primero del artículo 48 habilita a la Administración competente a adoptar las actuaciones necesarias con el fin de determinar los elementos esenciales para la incoación del procedimiento sancionador, tales como la concreción de los hechos susceptibles de motivar dicha incoación, la identificación de la persona o personas que pudieran resultar responsables tras completar la tramitación de dicho procedimiento y, en suma, cualesquiera otras circunstancias que pudieran resultar decisivas a los efectos de identificar los títulos de imputación del procedimiento en cuestión.

Así, tal y como se deduce de otros pasajes de la LOPSC, se trata de una previsión normativa que resulta coincidente con la prevista en los artículos 55.1 y 55.2 de la LPAC, que establecen que *«el órgano competente podrá abrir un periodo de información o actuaciones previas con el fin de conocer las circunstancias del caso concreto»* y que, en el ámbito de los procedimientos de naturaleza sancionadora, busca satisfacer los mismos fines que ya recoge, con suma precisión, el referido artículo 48.1 de la LOPSC. En definitiva, se trata de una manifestación más de la potestad inspectora que se confiere a las Administraciones.

De este modo, tal y como destaca el apartado segundo del mismo artículo, los órganos que tengan atribuidas funciones de investigación, averiguación e inspección en la materia serán los que lleven a cabo las actuaciones previas. Sólo en el caso de que no existan dichos órganos, estas actuaciones habrán de ser realizadas por *«la persona u órgano administrativo»* que se determine por el órgano competente para la incoación o la resolución del procedimiento sancionador. Así, y en el ámbito de la seguridad ciudadana, parece claro que

7 Rebollo Puig, M. *Medidas provisionales en el procedimiento administrativo* en Martín-Retortillo Baquer, L., *La protección jurídica del ciudadano: procedimiento administrativo y garantía jurisdiccional*, Civitas, Madrid, 1993.

esas tareas recaerán en las Fuerzas y Cuerpos de Seguridad del Estado, en el ámbito de sus respectivas competencias[8].

Sin perjuicio de ello, y a pesar de que se articulan como una medida previa a la incoación del procedimiento sancionador, es importante tener presente que el párrafo segundo del artículo 48.1 de la LOPSC prevé igualmente la incorporación de dichas actuaciones al propio procedimiento. No obstante, la principal discusión radica en determinar si dichas medidas constituyen pruebas suficientes a los efectos de fundamentar la decisión final; es decir, si dichas actuaciones revisten de carácter probatorio cuando el procedimiento no se ha iniciado siquiera ni, menos aún, el interesado no tuvo ocasión de pronunciarse sobre su contenido, alcance e idoneidad[9].

A este respecto, el artículo 48.2 de la LOPSC deja claro que *«las actuaciones previas podrán desarrollarse sin intervención del presunto responsable»* siempre y cuando ello fuese *«indispensable»* a los efectos de *«asegurar el buen fin de la investigación»* y, en todo caso, *«dejando constancia escrita en las diligencias instruidas al efecto de las razones que justifican su no intervención»*. Así, las actuaciones previas podrán desarrollarse sin intervención del presunto responsable siempre y cuando su ausencia se considere necesaria para asegurar el buen fin del procedimiento, debiendo constar ésta por escrito.

Independientemente del órgano que las realice, dichas actuaciones no interrumpirán el plazo de prescripción y, a su término, habrán de integrarse con la documentación vinculada a dicho procedimiento.

3. Sobre las medidas provisionales que se pueden adoptar en el seno del procedimiento sancionador

En los mismos términos que plantea el artículo 56 de la LPAC, el artículo 49 de la LOPSC autoriza a la Administración instructora del procedimiento sancionador a adoptar todas aquellas medidas que resulten necesarias con el fin de asegurar *«la eficacia de la resolución que pudiera recaer, el buen fin del procedimiento, el mantenimiento de los efectos de la sanción y la seguridad ciudadana»*, así como resarcir los eventuales daños o perjuicios que pueda ocasionar, tanto a un individuo como a una generalidad de personas, su tramitación. Es por ello que estas medidas gozan de una naturaleza temporal; no en vano, su duración no podrá exceder de la mitad del plazo previsto en la propia LOPSC para la sanción que pudiera corresponder a la infracción cometida, salvo acuerdo debidamente motivado por el órgano competente.

---

8 Martín Fernández, C., *El régimen sancionador de la seguridad ciudadana*, Aranzadi, Cizur Menor, 2023, pp. 232-233.

9 Martín Fernández, C., *El régimen sancionador de la seguridad ciudadana*, Aranzadi, Cizur Menor, 2023, p. 233.

Así, no admite discusión alguna que la finalidad y la naturaleza jurídica de las medidas provisionales es considerablemente similar a la de las medidas cautelares, ya que, en expresión de una voz tan acreditada como Rebollo Puig, no sólo garantizan la ejecución de la resolución que pudiera recaer, sino también la protección de los intereses públicos.

A tal efecto, resulta posible la adopción de cualquiera de las medidas definidas en el artículo 49 y que coinciden con las que se podían adoptar con carácter previo a la incoación del procedimiento sancionador, a las que se suma la recogida en el apartado f): la suspensión de la actividad objeto de autorizaciones, permisos, licencias y otros documentos expedidos por las autoridades administrativas, en el marco de la normativa que les resulte de aplicación.

Lo realmente significativo es que buena parte de dichas medidas coinciden con las sanciones accesorias que prevé el artículo 39.2 de la LOPSC, lo que, a buen seguro, permite inducir que el legislador las había contemplado como medidas de restauración de la legalidad infringida. Como apunta, entre otros, Casino Rubio, muy probablemente la LOPSC debió haber previsto que una de dichas medidas provisionales —adoptada para asegurar la eficacia de la resolución sancionadora y salvaguardar, en suma, los intereses generales— pudiera transformarse en una medida de policía acordada para el restablecimiento de la legalidad y no, en ningún caso, en una mera sanción accesoria. De hecho, ello puede suponer un riesgo para el mantenimiento de los intereses generales, toda vez que, en los términos en que lo configura el artículo 49.1 de la LOPSC, el sistema elegido no garantiza que la pérdida de eficacia de la medida provisional coincida con el comienzo de la eficacia de la sanción accesoria[10].

En todo caso, es importante tener en cuenta que dicho listado no es exhaustivo, por cuanto la Administración en cuestión puede exigir la adopción de cualquier otra medida que no se encuentre expresamente recogida en el listado recogido en dicho precepto. De hecho, es el propio artículo 49.1 de la LOPSC el que deja claro que *«las medidas provisionales podrán consistir especialmente en...»*, de modo que, como unánimemente han apuntado tanto la doctrina como la Jurisprudencia que han abordado con detalle esta cuestión, han corroborado que la previsión contiene un *«numerus apertus»* de todas las posibles medidas provisionales y, en ningún caso, una enumeración acotada y determinada.

Sentado lo anterior, ha sido también controvertida, desde una doble perspectiva doctrinal y jurisprudencial, la interpretación acerca del contenido y el alcance del artículo 49.1 de la LOPSC, que concreta que la adopción de cualquiera de estas medidas debe estar justificada sobre la base de criterios

10 Martín Fernández, C., *El régimen sancionador de la seguridad ciudadana*, Aranzadi, Cizur Menor, 2023, p. 229.

garantistas y proporcionada, en todo caso, a la naturaleza y gravedad de la infracción que constituye el objeto del procedimiento sancionador.

El origen de la discusión parte, precisamente, de la concepción acerca de la *«proporcionalidad»* que deben reunir este tipo de medidas en su implementación. Y es que, más allá del tenor literal del precepto, lo cierto es que la proporcionalidad de dichas medidas no debe girar en torno a las referidas *«naturaleza y gravedad»* de la infracción, sino, como también sostiene, entre otras voces, REBOLLO PUIG, en su *«idoneidad, necesidad y proporcionalidad en sentido estricto»* a los efectos de conseguir su finalidad, que, por una parte, puede consistir en asegurar la eficacia de la resolución del procedimiento al término de su tramitación o, por otra, evitar el mantenimiento de los efectos de la infracción o preservar, en suma, la *«seguridad ciudadana»*.

Otro de los elementos centrales debe recabar toda resolución por la que se acuerde la adopción de una medida provisional de estas características debe ser, a diferencia de las medidas anteriormente referidas, su motivación. Ello ha sido, además, debidamente respaldado por la Sala de lo Contencioso-administrativo del Tribunal Supremo a través de recientes sentencias, como las dictadas con fechas 15 de octubre de 2020 y 30 de abril de 2012. De ellas se deduce que a la Administración le es exigible una conducta lo suficientemente diligente como para evitar posibles disfunciones derivadas de su actuación, que no se detiene en la mera observancia estricta de procedimiento y trámites, sino que reclama la plena efectividad de garantías y derechos reconocidos a través de la exigencia de obligaciones, como la de *«motivar sus decisiones»*.

Así, dicho deber de motivación se trasladó seguidamente al artículo 35 de la LPAC, que dispone la obligación genérica de que *«los actos administrativos deben ser motivados»*.

De igual modo, la Jurisprudencia del Tribunal Supremo citada por mi representada en su demanda ha incidido también en la existencia de tal obligación, de modo que, según la Sentencia de 12 de diciembre de 1997, *«el requisito de la motivación se traduce en que las Administraciones expresen las razones de hecho y de Derecho en las que el acto administrativo descansa»*. En este mismo sentido, la Sentencia de 24 de marzo de 2000 ofreció también una completa definición de motivación, en los siguientes términos:

> «El ordenamiento jurídico viene exigiendo la motivación con relación a ciertos actos haciendo consistir aquélla en la necesidad de hacer públicas las razones de hecho y de derecho que los justifican y fundamentan con las finalidades de permitir el control indirecto de la opinión pública para que no aparezca el acto como manifestación voluntarista de un órgano sin otro apoyo que el ilegítimo de una simple decisión autoritaria e injustificada».

Por tanto, es incontrovertido que la motivación de la medida provisional (i) consiste en un método de control de la legalidad del acto en cuestión dando razón plena del proceso lógico y jurídico por el que se ha adoptado tal decisión; (ii) debe realizarse con la amplitud necesaria para su debido conocimiento y (iii) hace posible la defensa de los intereses por parte del particular que queda afectado por el contenido del acto administrativo en cuestión.

Cualquiera de las medidas expuestas despliega plenos efectos desde el momento en que se dicte y notifique, en el domicilio del que tenga constancia por cualquier medio la Administración, el Acuerdo de incoación del procedimiento sancionador y hasta su terminación, en los términos recogidos en los apartados quinto y sexto del mismo artículo 49, que establecen, respectivamente, que dichas medidas son *«inmediatamente ejecutivas»* y que éstas *«se extinguirán con la resolución que ponga fin al procedimiento»*. Incluso, cabe entender aplicable, por falta de previsión a tal efecto, el régimen establecido en el artículo 90.3 de la LPAC, que habilita a la Administración a mantener las medidas provisionales adoptadas con el fin de garantizar la eficacia de una eventual resolución hasta que ésta *«no sea ejecutiva»*[11].

Sin perjuicio de ello, tal y como dispone el apartado sexto de la LOPSC, cabe tener en cuenta que este régimen habilita las medidas pueden ser modificadas o levantadas en el caso de que varíen las circunstancias que justificaron su adopción. Del mismo modo, los interesados podrán solicitar la suspensión de dichas medidas justificando la apariencia de buen Derecho y la existencia de daños de difícil o imposible reparación, quedando obligados a prestar caución suficiente para asegurar el perjuicio que se pudiera derivar para la seguridad ciudadana.

Adicionalmente a lo anterior, cabe tener en cuenta que la iniciación de un procedimiento penal no necesariamente debe impedir el mantenimiento de las medidas provisionales adoptadas en el seno de un procedimiento administrativo sancionador. Así, si bien es incuestionable la procedencia jurídica del levantamiento de estas medidas como consecuencia del levantamiento del procedimiento sancionador con el fin de que se enjuicien los hechos constitutivos de un delito, el artículo 45.4 de la LOPSC habilita el mantenimiento de las medidas hasta que el juez penal tome una decisión al respecto o hasta que las mismas pierdan su sentido una vez se dicte la correspondiente sentencia[12].

Enunciada la regla general, la doctrina administrativista ha llegado a concretar una eventual excepción. En concreto, fue Rebollo Puig el que defendió la posibilidad de que se mantenga la medida provisional administrativa en el caso de que, a pesar de la tramitación del procedimiento penal, pudiera recaer también una resolución administrativa (bien porque no se satisfaga la

11 MARTÍN FERNÁNDEZ, C., *El régimen sancionador de la seguridad ciudadana*, Aranzadi, Cizur Menor, 2023, pp. 229-230.

12 MARTÍN FERNÁNDEZ, C., *El régimen sancionador de la seguridad ciudadana*, Aranzadi, Cizur Menor, 2023, p. 230.

referida triple identidad, bien porque el proceso penal termine con absolución) y la medida provisional adoptada en sede judicial no fuera oportuna a los efectos de asegurar su eficacia.

III. La actividad probatoria de la administración y el derecho a la presunción de inocencia de los interesados

1. Sobre la naturaleza jurídica del *«atestado,* acta o *denuncia policial»* y la posibilidad de presentar prueba en contrario

Uno de los elementos que comparte la potestad sancionadora de la Administración y el *ius puniendi* del Estado —puesta de manifiesto, entre otras muchas, en las Sentencias del Tribunal Constitucional de 8 de junio de 1981 (núm. 18/1981) y de 26 de abril de 1990 (núm. 76/1990)— es el derecho a la presunción de inocencia.

El derecho a la presunción de inocencia es un derecho subjetivo público fundamental que tiene su origen en el derecho a la tutela judicial efectiva, consagrado en el artículo 24.2 de la Constitución. En esencia, este derecho constituye una garantía que obliga a quien acusa a demostrar la autoría y la culpabilidad del sujeto inculpado, de modo que no procede la imposición de sanción alguna si no existe una actividad probatoria previa que así lo acredite.

Si bien se configuró originalmente como una garantía propia del Derecho Penal, la jurisprudencia constitucional la ha hecho extensiva al ámbito sancionador dadas las afinidades existentes entre ambos ordenamientos, convirtiéndose en uno de sus principios básicos.

Buena prueba de lo anterior es que la LPAC prescribe en su artículo 53.2.b) que los procedimientos sancionadores habrán de respetar *«la presunción de no existencia de responsabilidad administrativa mientras no se demuestre lo contrario»*, de modo que, como apunta Escamilla Ferro, será durante la tramitación de dichos procedimientos cuando se produzca la mutación de la presunción de inocencia (o *«presunto responsable de la infracción»*) a *«responsable de la infracción»*.

Sobre la base de lo anterior, la amplia Jurisprudencia de la Sala de lo Contencioso-administrativo del Tribunal Supremo que ha analizado esta trascendental cuestión ha consagrado de forma precisa la obligación que recae en la Administración sancionadora de probar la culpabilidad del particular, llegando a apuntar someramente una serie de requisitos o condiciones a los efectos de hacer posible la quiebra de dicha presunción.

De todas ellas, conviene destacar, en primer lugar, la Sentencia de 23 de junio de 2012, en la que se define el derecho a la presunción de inocencia en los incuestionables términos siguientes:

> «Comporta, entre otras exigencias, **la de que la Administración pruebe y, por ende, motive, no sólo los hechos y las circunstancias que constituyen un criterio de graduación, sino también la culpabilidad que justifique la imposición de la sanción**, ausencia de motivación especifica de la culpabilidad que, en el concreto ámbito tributario, determinó que la STC 164/2005, de 20 de junio, [...] llegara a la conclusión de que la imposición de una sanción por la comisión de una infracción tributaria grave tipificada en el artículo 79.a) LGT **vulneró el derecho de los recurrentes a la presunción de inocencia**».

En idénticos términos, la Sentencia de 14 de junio de 2007 introduce las siguientes precisiones:

> «La virtualidad que debe darse a los derechos fundamentales, entre ellos el de presunción de inocencia del artículo 24 de la Constitución, impone no dar curso a denuncias genéricas, como también evitar investigaciones que, por estar derivadas de solicitudes carentes de un mínimo soporte indiciario, puedan llevar consigo actuaciones innecesarias y capaces de generar gratuitamente a terceras personas cualquier clase de molestias o una desconfianza social sobre el respeto que su dignidad merece».

Por ende, si bien se reitera que la Administración sancionadora está obligada a probar *«los hechos y circunstancias»* que conducen a la imputación de una determinada infracción a un particular, lo cierto es que tanto la legislación como la Jurisprudencia citadas coinciden también en señalar que solamente procederá la quiebra de la presunción de inocencia en el caso de que la sanción esté basada en *«actos o medios probatorios de cargo o incriminadores de la conducta reprochada»*. Así, la carga de la prueba deberá ser ejercida por quien acusa; es decir, la Administración, la cual quedará obligada a dictar un pronunciamiento absolutorio ante cualquier insuficiencia en el resultado de las pruebas practicadas.

De este modo, y al hilo de lo antes expuesto, la presunción de inocencia conlleva, en un procedimiento sancionador, dos exigencias claras: (i) la obligación de una prueba válida para sancionar y (ii) la carga de la prueba debe recaer a la Administración y no al responsable de la infracción, quien, en todo caso, está obligado a desvirtuar dicha prueba haciendo valer su inocencia a través de la aportación de los argumentos que sean necesarios a tal efecto.

Ello, ha sido sobradamente acreditado por la Jurisprudencia del Tribunal Constitucional que ha abordado, de forma reiterada, esta cuestión. Sirva, en primer lugar, lo señalado en la Sentencia dictada con fecha 20 de diciembre de 1990 (núm. 212/1990), que *«proscribe toda sanción impuesta por la Administración sin probanza o sin una mínima actividad probatoria de cargo; supone que la carga de la prueba corresponde a quien acusa sin que nadie esté obligado a probar su propia inocencia, de forma que cualquier insuficiencia en el resultado de las pruebas practicadas, libremente valorado por el órgano sancionador, debería traducirse en un pronunciamiento absolutorio»*.

De este modo, y siguiendo lo anterior, se configura una suerte de principio de prueba, de modo que la Administración está obligada a acreditar la concurrencia de los diferentes elementos que integren el supuesto fáctico sobre el que se realice la imputación al denunciado. No en vano, y a diferencia de lo que sucede en el procedimiento administrativo general, el procedimiento sancionador se inicia siempre *«de oficio por acuerdo del órgano competente»*, de conformidad con lo señalado en el artículo 63.1 de la LPAC, como consecuencia de una orden del órgano superior jerárquico, la petición de otro órgano que no sea competente para iniciar o mediante denuncia.

En este sentido, y a tenor de lo dispuesto en el artículo 62.1 de la LPAC, es necesario tener presente que las denuncias se definen como *«el acto por el que cualquier persona, en cumplimiento o no de una obligación legal, pone en conocimiento de un órgano administrativo a la existencia de un determinado hecho que pudiera justificar la iniciación de oficio de un procedimiento administrativo»*. Dicha definición de denuncia engloba, exclusivamente, a aquéllas que son formuladas, de forma voluntaria, por particulares, todo tipo de entidades y los agentes externos que carecen de la condición de autoridad, de modo que resulta posible excluir las denuncias que recojan los hechos recabados por los agentes de la autoridad que puedan ser constitutivos de una infracción administrativa.

Tales denuncias, que pueden recabar también la forma de actas de inspección o de informes, tienen un carácter obligatorio y, como se explicará con mayor detalle en los siguientes epígrafes, revisten de una naturaleza jurídica específica que merece un análisis independiente. No en vano, el ordenamiento jurídico otorga especial valor probatorio a las denuncias emitidas por los agentes de la Administración, las cuales, como se indicará a continuación, disponen de una *«presunción de veracidad y acierto»*.

En efecto, es el artículo 137.3 de la LPAC el que otorga a éstas, con carácter general, valor probatorio, por cuanto recogen los hechos constatados por los funcionarios a los que *«se reconoce la condición de autoridad»*. Así, no se trata simplemente de que las actas de inspección puedan incorporarse como prueba a un expediente sancionador, sino de que las afirmaciones sobre los hechos que tales documentos contienen se deben reputar *«ciertas o veraces»* salvo que otros medios de prueba desvirtúen la certeza de lo indicado.

Dicho de otro modo, en la presunción de veracidad existe solamente un solo y único hecho, el que presencia y relata el agente de la autoridad en el acta de inspección que formaliza, de modo que la veracidad es una cualidad predicable del único hecho existente o, para ser más exactos, de la afirmación que realiza el funcionario sobre el hecho que presencia. En otras palabras, sólo mediante la correspondiente acta de inspección resulta posible probar tal hecho a los efectos de proceder a su calificación jurídica, identificar a la persona responsable de su comisión e imponer la sanción correspondiente.

Ello ha sido igualmente puesto de manifiesto por los Tribunales que han abordado este tipo de cuestiones. Así, cabe destacar en primer lugar lo manifestado a tal efecto por el Tribunal Constitucional en su Sentencia dictada con fecha 26 de abril de 1990 (núm. 76/1990), de la que se deduce lo siguiente:

> «Solo puede imponerse una sanción si existen medios probatorios a cargo o incriminadores de la conducta reprochada, que la carga de la prueba incumbe a la Administración que sanciona, sin que el sancionado esté obligado a probar su propia inocencia, y que cualquier insuficiencia en el resultado de las pruebas practicadas, libremente valorado por el órgano sancionador, debe traducirse en un pronunciamiento absolutorio».

Del mismo modo, y en idénticos términos a lo indicado por el Tribunal Constitucional, la Sala de lo Contencioso-administrativo del Tribunal Supremo de 25 de febrero de 1998 reconoció a este tipo de actos dictados por agentes de la autoridad *«un principio de veracidad y fuerza probatoria al responder a una realidad apreciada directamente por los agentes, todo ello salvo prueba en contrario»*.

Por lo anterior, esta presunción de veracidad y acierto tiene su fundamento en que los hechos manifestados en documento público son contrastados material y directamente por el agente interviniente como resultado de su propia y personal observación, sin hacer constar deducciones, opiniones, apreciaciones, consecuencias, hipótesis o juicios de valor subjetivos que pudiera realizar el infractor. Así, tal y como apuntó Garberí Llobregat, *«el verdadero fundamento está en la dificultad que existe en ciertos casos para acreditar una infracción administrativa a posteriori; es decir, una vez ya ha sido cometida y a través de los medios ordinarios de prueba. Es el caso de la acreditación de hechos fugaces o aquellos cuya demostración únicamente podrá conseguirse con la declaración del funcionario que ha presenciado su comisión*[13]*»*.

De este modo, al hilo de lo anteriormente expuesto y del mismo modo que el artículo 37 de la extinta Ley Orgánica 1/1992, el artículo 52 de la LOPSC establece que *«las denuncias, atestados o actas formulados por los agentes de la autoridad que hubiesen presenciado los hechos en el ejercicio de sus funciones»* constituirán fundamento suficiente para adoptar la resolución de los procedimientos sancionadores que se instruyan al amparo de aquella Ley, doblegando la presunción de inocencia del acusando y fundamentando la sanción. Todo ello, sin perjuicio de que la Administración está igualmente obligada a aportar todos aquellos elementos probatorios que estuvieran a su disposición a los mismos efectos, por lo que son apreciados de forma con-

13 López Fernández, A., «La función policial en el procedimiento sancionador. Especial referencia al ámbito local», *Revista Digital CEMCI*, Abril-junio, 2023.

junta por parte del órgano instructor siguiendo la regla de la libre valoración de la prueba.

De hecho, es tal la fuerza jurídica de dicha presunción que la misma incluso se predica de aquellos actos que se emiten antes de que comience la tramitación del procedimiento cuando el investigado aún no es acusado ni goza de los derechos de defensa que le atribuye el artículo 24.2 de la Constitución. No en vano, CANO CAMPOS argumentó, en este mismo sentido, que *«cuando la Administración presenta un acta de inspección en la que se relatan unos hechos que pueden ser constitutivos de infracción "está ya presentando una prueba de cargo sobre tales hechos, pechando así con la carga probatoria que le incumbe" y, con ello, destruyendo la presunción de inocencia del imputado»*.

Esta manifestación de Cano Campos resulta especialmente relevante, ya que, a diferencia de lo sostenido por este autor, otro sector de la doctrina —encabezado por autores como REBOLLO PUIG— ha venido a considerar que dicha presunción legal de veracidad y acierto era *«incuestionablemente contraria»* a la presunción de inocencia y al principio de libre valoración de las pruebas. Sin embargo, y a fin de desarticular esta tesis, cabe tener en cuenta que, en un supuesto idéntico al presente, tanto la constitucionalidad del artículo 52 de la LOPSC como la presunción que se confiere a las citadas *«denuncias, atestados o actas formulados por los agentes de la autoridad»* ha sido ratificada por el Tribunal Constitucional en su Sentencia dictada con fecha 18 de noviembre de 1993 (núm. 341/1993) a propósito de lo dispuesto en el artículo 37 de la Ley Orgánica 1/1992 que, como se ha indicado, constituye el antecedente más inmediato del artículo 52 de la LOPSC, reproduciéndolo íntegramente[14].

En el caso del que trajo causa dicha sentencia, los recurrentes consideraban que, al dotar de presunción de veracidad a las informaciones señaladas por los agentes, se producía una inversión de la carga de la prueba en perjuicio del expedientado, que quedaba obligado a acreditar su inocencia, en presunta violación del principio de inocencia y, con ella, sus derechos de defensa y los límites que enmarcan la potestad sancionadora de la Administración. Sin embargo, el Tribunal Constitucional rechazó la existencia de vulneración alguna en los términos que seguidamente se reproducen:

> «Bastará con que aquél niegue los hechos sobre los que los agentes han informado para que deban éstos ratificarse en el expediente, trámite que dará ocasión para que la autoridad llamada a resolver pondere debidamente el contenido de la información policial».

---

14 MARTÍN FERNÁNDEZ, C., *El régimen sancionador de la seguridad ciudadana*, Aranzadi, Cizur Menor, 2023, pp. 235-236.

En idénticos términos se ha expresado la Sala de lo Contencioso-administrativo del Tribunal Supremo. Así, en su Sentencia de 25 de febrero de 1998, dicha Sala desarrolló dicha previsión al precisar que esta fuerza probatoria de los actos se extiende, exclusivamente, a *«funcionarios y agentes encargados del servicio de que se trate, y siempre que actúen en el ejercicio de una función pública inherente a su cargo que autorice la constatación directa de hechos infractores»*. De este modo, queda fuera de toda duda que la presunción se predica de los actos dictados por la totalidad de los funcionarios públicos así como a los restantes agentes encargados de un servicio público, independientemente de su categoría profesional o su nivel jerárquico.

Apreciado lo anterior, y a la vista de los claros términos empleados por el Tribunal Constitucional, sí resulta relevante destacar que, a los efectos de concretar el valor de dichos documentos, el artículo 52 de la LOPSC es considerablemente menos rotundo que el régimen contenido en el artículo 77.5 de la LPAC y que regula este tipo de aspectos en el procedimiento administrativo general al señalar que *«los documentos formalizados por los funcionarios a los que se reconoce la condición de autoridad y en los que, observándose los requisitos legales correspondientes, se recojan los hechos constatados por aquéllos que harán prueba de éstos salvo que se acredite lo contrario*[15]*»*.

Tal y como han puesto de relieve voces destacadas como Cano Campos o Santamaría Pastor, resulta evidente que *«hacer prueba»* implica una mayor vinculación jurídica que constituir *«base suficiente»*, de modo que aquella expresión, propia del artículo 77.5 de la LPAC, se asemeja considerablemente más a la presunción de veracidad que a un *«simple valor probatorio»*. No en vano, dichas voces han coincidido en señalar que, con la expresión *«hacer prueba»*, se quiere significar que *«una declaración o un documento resultan aptos o suficientes para garantizar la verdad de lo que en ella se dice o en él se contiene o bien, para probar o justificar, ante quien corresponda, eso que la declaración afirma o el documento incluye, salvo que otros medios de prueba demuestren otra cosa*[16]*»*.

Hecha esta precisión inicial, la doctrina administrativista ha apuntado a la existencia de otras dos diferencias entre ambos preceptos. Por un lado, dichos autores señalan que el artículo 52 de la LOPSC alude a *«las denuncias, los atestados o las actas formulados por los agentes de la autoridad»*, mientras que el artículo 77.5 de la LPAC se refiere a los documentos formalizados por funcionarios a los que se reconoce la condición de autoridad. En este sentido, autores como Martín Fernández han declarado que un precepto de este tipo no puede impedir que una ley sectorial atribuya ese valor probatorio o,

---

15 López Fernández, A., «La función policial en el procedimiento sancionador. Especial referencia al ámbito local», *Revista Digital CEMCI*, Abril-junio, 2023.

16 Martín Fernández, C., *El régimen sancionador de la seguridad ciudadana*, Aranzadi, Cizur Menor, 2023, p. 237.

incluso, uno superior a otros documentos que no reúnan sus mismos requisitos. Así, no parecen existir obstáculos a que se atribuya valor probatorio a las actas redactadas por los agentes de la autoridad.

La segunda diferencia radica en el hecho de que el artículo 52 de la LOPSC contempla la exigencia de la ratificación de los agentes en el caso de que el denunciado hubiese negado, de forma total o parcial, los hechos reflejados en las denuncias, sin que exista previsión similar alguna en la LPAC. Probablemente, esta distinción tiene su origen en que, dados su especialidad y su ámbito de aplicación, la LOPSC es la que aborda el concepto, el alcance y, especialmente, el valor probatorio de las denuncias, cosa que no sucede, dada su generalidad, en la LPAC[17].

Constatado todo lo anterior, cabe subrayar, en idénticos términos de claridad y rotundidad, que la misma Jurisprudencia del Alto Tribunal ha negado toda presunción de veracidad y acierto a los actos que hubiesen sido dictados por los agentes carentes de autoridad, si bien pueden ser considerados como un elemento probatorio a tener en cuenta por el instructor del procedimiento. Es el caso, por ejemplo, de los *«controladores del establecimiento vigilado»*, sobre los que la Sentencia de 1 de octubre de 1991 negó *«la consideración de agente de la autoridad»* y, por ello, *«su simple denuncia equivale a la denuncia de un particular*[18]*»*.

2. La obligación de ratificación de la denuncia si el denunciado ha negado los hechos

Al hilo de lo antes indicado, el artículo 64 de la LPAC confiere al presunto responsable del procedimiento sancionador el derecho para formular alegaciones. Dicho derecho se encuentra íntrinsecamente incardinado en el principio constitucional de audiencia, el cual, de conformidad con lo previsto en el artículo 24 de la Constitución, dispone que *«nadie puede ser condenado sin ser oído»*.

Siguiendo dicha estela, la LOPSC confiere, por virtud de lo establecido en el artículo 64.2.f) de la LPAC, tras la notificación del acuerdo de incoación del procedimiento sancionador, un plazo máximo de quince días al acusado para *«formular alegaciones, aportar las pruebas y los documentos que estime oportunos con el fin de hacer valer su derecho de presunción de inocencia discutir las circunstancias fácticas del hecho susceptible de la infracción y expresar su contradicción»*. De este modo, la Administración queda obligada a valorar a los efectos de valorar si la prueba es suficiente para tener por acreditados los

17 Martín Fernández, C., *El régimen sancionador de la seguridad ciudadana*, Aranzadi, Cizur Menor, 2023, pp. 237-239.

18 López Fernández, A., «La función policial en el procedimiento sancionador. Especial referencia al ámbito local», *Revista Digital CEMCI*, Abril-junio, 2023.

hechos constitutivos de infracción (confirmando la imputación de responsabilidad al acusado) o si, por el contrario, debe prevalecer la presunción de inocencia.

Es en ese momento procedimental que la Administración tramitadora del procedimiento sancionador puede requerir al agente autor del *«atestado, acta o denuncia»* a ratificar o rectificar los hechos recogidos en tal acto.

Dicha posibilidad se encuentra expresamente regulada en el propio artículo 52 de la LOPSC, que dispone que las declaraciones contenidas en tales medios deben ser ratificadas por los propios agentes de la autoridad en el caso de que aquéllas hubiesen sido negadas por los denunciados. Así, la ratificación constituye el requisito indispensable para que el atestado policial revista carácter probatorio, debiendo estar centrado, eso sí, en los hechos y jamás a las calificaciones jurídicas, valores subjetivos u opiniones que, eventualmente, pudieran incorporar. Huelga afirmar que la mera alegación en razonamientos jurídicos por parte del denunciado sin negar los hechos no merece ratificación por parte del agente en cuestión[19].

Así, en este tipo de supuestos en los que se aprecia la existencia de una evidente contradicción entre los hechos plasmados por el agente y los reconocidos por el denunciado, la ratificación de la denuncia resulta esencial a los fines perseguidos, toda vez que, a pesar de contar con valor probatorio, refuerza sus efectos, formando parte del procedimiento como prueba y constituyendo, al hilo de lo establecido en el artículo 54 de la LOPSC, *«base suficiente para adoptar la resolución que proceda»*. Ello ha sido incuestionablemente reconocido por la Sala de lo Contencioso-administrativo del Tribunal Supremo. Así, en su Sentencia de 31 de julio de 2000, dicha Sala constató que la ratificación del agente convierte el referido acto en *«una indudable prueba testifical de cargo, objetiva y suficiente para enervar la presunción de inocencia»*, especialmente en aquellos supuestos en los que no existe otra prueba que la mera manifestación del agente[20].

De hecho, existen un buen número de casos en los que los Juzgados y Tribunales han han anulado las sanciones impuestas en virtud de denuncias que no fueron, bajo ningún concepto, confirmadas. Es el caso, sin ir más lejos, de la Sentencia dictada con fecha 15 de febrero de 2002 por la Sala de lo Contencioso-administrativo del Tribunal Superior de Justicia de Galicia, por la que se acordaba condicionar *«el valor de las informaciones aportadas por los agentes de la autoridad que hubieren presenciado los hechos, que hayan*

19 LÓPEZ FERNÁNDEZ, A., «La función policial en el procedimiento sancionador. Especial referencia al ámbito local», *Revista Digital CEMCI*, Abril-junio, 2023.

20 LÓPEZ FERNÁNDEZ, A., «La función policial en el procedimiento sancionador. Especial referencia al ámbito local», *Revista Digital CEMCI*, Abril-junio, 2023.

de servir de base suficiente para adoptar las resoluciones que procedan, a una previa ratificación, en el caso de haber sido negados por los inculpados[21]*»*.

Del mismo modo, y sin perjuicio de lo anterior, es igualmente posible que, además de la ratificación, se pueda igualmente instar a la práctica de otras pruebas por cualquier medio admitido en Derecho a los efectos de constatar la veracidad de los hechos que constituyen el objeto del procedimiento sancionador. Así, y a falta de sentencias de otras instancias judiciales más elevadas, el Juzgado de lo Contencioso-administrativo nº 21 de Madrid constató, en su Sentencia de 29 de junio de 2021 (núm. 196/2021), la posibilidad de complementar la ratificación con la declaración de agentes testigos como medio de prueba, para lo cual se puede exigir con la presencia *«del instructor y del interesado*[22]*»*.

Sin embargo, la ratificación no es exigible en todos los casos en los que exista una contradicción entre el agente y el denunciado. Sin ir más lejos, no procede en los supuestos en los que, de forma adjunta a la denuncia, se hubiesen incorporado, de forma complementaria, otros documentos como imágenes o informes de medición de ruidos, en los que se ratifica, de forma incuestionable, lo manifestado por el agente.

Dicha apreciación ha sido constatada por la Sala de lo Contencioso-administrativo del Tribunal Superior de Justicia de Castilla-La Mancha en, entre otras, su Sentencia de 9 de diciembre de 1999, en los términos que seguidamente se reproducen:

> «Este trámite en ocasiones poco puede aportar en cuanto a la agente que denuncia, pues normalmente no aporta anda en el supuesto de infracciones que se comprueban o constatan mediante la utilización de medios técnicos, y a los que se hará mención seguidamente, ya que la simple impugnación del recurrente sin acreditar un razonable error en la tecnología por sí sola no puede desvirtuar los hechos que han quedado plasmados en estas actuaciones técnicas, entre las cuales cabe destacar dos tipos de medios técnicos: en primer lugar, las técnicas fotográficas directas y la medición de la velocidad de los vehículos o bien la utilización de otras técnicas como es la de las grabaciones videográficas a partir de la aplicación a las infracciones de tráfico[23]».

Sentado lo anterior, conviene tener presente que no cabe cualquier fórmula para efectuar una ratificación que reúna la validez necesaria. No es ésta, sin duda, una cuestión menor, toda vez que, al hilo de lo ya expresado, una de

21 Martín Fernández, C., *El régimen sancionador de la seguridad ciudadana*, Aranzadi, Cizur Menor, 2023, pp. 236-237.

22 López Fernández, A., «La función policial en el procedimiento sancionador. Especial referencia al ámbito local», *Revista Digital CEMCI*, Abril-junio, 2023.

23 López Fernández, A., «La función policial en el procedimiento sancionador. Especial referencia al ámbito local», *Revista Digital CEMCI*, Abril-junio, 2023.

las más relevantes exigencias que se deben reunir en todos los procedimientos sancionadores es que la prueba que sirva de cargo para la imposición de la sanción debe ser obtenida tras haber superado las garantías formales que aseguren su fiabilidad y que reúna las garantías de contradicción e intermediación que deben regir la práctica de las pruebas en la fase de instrucción y así poder doblegar la presunción de inocencia del acusado.

Así, si bien la LPAC ni la LOPSC concretaron requisito alguno a tal efecto (el artículo 52 simplemente se limita a exigir *«la previa ratificación en el caso de haber sido negados los hechos»*), existen dos posiciones doctrinales diferentes. La primera sostiene que, a los efectos de una adecuada ratificación, se debe llevar a cabo un debate contradictorio en el seno del procedimiento sancionador, confiriendo la posibilidad al acusado de examinar el acto del agente con carácter previo a formular sus correspondientes alegaciones. En estos términos se han pronunciado autores como Alarcón Sotomayor, que ha defendido que *«basta con que el acusado niegue los hechos sobre los que los agentes han informado para que deban éstos ratificarse en el expediente, trámite que dará ocasión para que la autoridad llamada a resolver pondere debidamente el contenido de la información policial»*.

Por su parte, la segunda posición, defendida por autores como Cano Campos o Aguado i Cudolà, defiende que la ratificación habría de consistir en la mera confirmación de las manifestaciones del agente, sin que necesariamente deba ser sometido a las preguntas del acusado. De hecho, como sostuvo el primero de ellos, la puesta en marcha de un trámite contradictorio para la ratificación de las manifestaciones del agente exigiría *«que un importante número de agentes tendrían que trasladarse diariamente a la sede del órgano instructor para declarar en calidad de testigos en relación a lo manifestado en las actas de inspección que han confeccionado[24]»*.

Acudiría en auxilio de esa tesis el hecho de que, a diferencia de lo que sucede en los procesos judiciales, el principio de oralidad no es precisamente uno de los que rigen los procedimientos administrativos sancionadores, como dejó claro el Tribunal Constitucional en, entre otras, la Sentencia dictada con fecha 16 de enero de 2003 (núm. 2/2003). No en vano, como bien apunta Martín Fernández, la existencia de un debate contradictorio sobre el contenido del atestado no debería necesariamente requerir la oralidad, ya que se podría articular por escrito.

Si bien no existe un gran número de precedentes judiciales al respecto, cabe tener en cuenta a estos efectos lo señalado por el Defensor del Pueblo en sus informes de 2017, 2018 o 2019, entre otros. En ellos, se recomendaba que *«cuando el instructor solicite de los agentes denunciantes una ratificación de la denuncia, se exija detalle o explicación concreta que desvirtúe*

24 Martín Fernández, C., *El régimen sancionador de la seguridad ciudadana*, Aranzadi, Cizur Menor, 2023, pp. 238-239.

las alegaciones que, en su caso, hayan formulado los interesados, para poder considerarla como refuerzo probatorio de la denuncia en virtud del derecho de presunción de inocencia en su faceta de distribución de la carga de la prueba».

Así, y siguiendo lo sostenido por el Defensor del Pueblo, no basta con la mera ratificación de la denuncia; es necesario aportar una detallada justificación que refuerce los hechos constatados por el agente en cuestión, sin que quepa un mero modelo genérico que no aluda, específicamente, al acto en cuestión.

Refuerzan esta tesis algunos pronunciamientos recabados recientemente de diferentes Juzgados de lo Contencioso-administrativo. Así, el Juzgado de lo Contencioso-administrativo n.º 1 de Mérida constató que, a tal efecto, la ratificación *«requiere, evidentemente, bien tener presente el boletín de denuncia concreto o bien recordar los hechos, circunstancias que no se dan en este caso y a tenor de la declaración de dicho testigo, no siendo más que una ratificación genérica[25]»*.

Del mismo modo se pronunció otro Juzgado —en este caso el número 2 de los ubicados en Vigo—, que dejó claro que una manifestación dubitativa o no concluyente no será consierada suficiente con el fin de desvirtuar la carga de la prueba, impidiendo así reafirmar el valor probatorio de la denuncia. Ello se concreta, de forma especial, en el fragmento que se expone a continuación:

> «La duda introducida por el propio agente denunciante y la falta de una respuesta convincente al segundo requerimiento de informe de la instructora determinan una insuficiencia de la base probatoria obrante en el expediente para sostener la imposición de la sanción, no porque se haya demostrado la inexactitud o falta de certeza de la denuncia inicial, sino porque la endeblez de los informes del agente y las condiciones de su falta de ratificación la privan, valorada en conjunción con el resto de pruebas aportadas por el actor, de la virtualidad de sostener por sí sola la acreditación del vehículo infractor, fecha y hora de la comisión de la conducción temeraria, que son precisamente los extremos negados por el denunciado. Por todo ello, debe anularse la resolución sancionadora dejándola sin efecto[26]».

Por ende, y a la vista de lo anterior, es claro que no se podrá entender como debidamente ratificado el atestado, el acta de inspección o la denuncia cuando no se concretan, con precisión, los hechos que se pretende ratificar ni su justificación.

Al final, habrá de ser el instructor de procedimiento sancionador el que finalmente valore la denuncia o el atestado y tomar una decisión sobre la credibilidad de los hechos recogidos en el mismo de conformidad con el prin-

---

25 López Fernández, A., «La función policial en el procedimiento sancionador. Especial referencia al ámbito local», *Revista Digital CEMCI*, Abril-junio, 2023.

26 López Fernández, A., «La función policial en el procedimiento sancionador. Especial referencia al ámbito local», *Revista Digital CEMCI*, Abril-junio, 2023.

cipio de libre valoración de las pruebas practicadas, guiándose en todo caso por su sentido común y motivando las razones que fundamenten finalmente su decisión.

IV. Otros aspectos de los procedimientos sancionadores y su implicación en los derechos de los interesados

1. Sobre la ejecución de las resoluciones sancionadoras y la posibilidad de interponer recursos frente a las mismas

Con carácter general, el artículo 112 de la LPAC mantiene las mismas vías de la precedente Ley 30/1992 para la revisión de los actos en vía administrativa, independientemente de si los mismos constituyen resoluciones o actos de trámite que decidan directa o indirectamente sobre el fondo del asunto, determinan la imposibilidad de proseguir con la tramitación del procedimiento, producen indefensión o perjuicio irreparable a derechos e intereses legítimos.

La LOPSC no es una excepción. Así, el artículo 51 deja claro, por un lado, que las resoluciones que pongan fin a los procedimientos sancionadores iniciados y tramitados por los órganos pertenecientes a la Administración General del Estado son recurribles en sede administrativa de conformidad con lo dispuesto en *«la Ley 30/1992, de 26 de noviembre»*. Transcurridos los plazos establecidos sin que se hubiese interpuesto recurso alguno, la resolución devendrá firme en vía administrativa a todos los efectos y será, por tanto, ejecutiva al hilo de lo dispuesto en aquel precepto.

Si bien en el momento en que se aprobó la LOPSC era la citada Ley 30/1992 la que establecía los términos para la impugnación en sede administrativa de las resoluciones, es, ahora, la LPAC la que, en términos prácticamente idénticos, identifica hasta tres recursos con tal fin: el recurso de alzada, el recurso de reposición y el recurso extraordinario de revisión. Así, si bien el articulado de la LOPSC no concreta con detalle los eventuales recursos a interponer, se termina por garantizar el derecho de defensa de los interesados a través de la remisión a la legislación relativa a la tramitación de los procedimientos generales en sede administrativa, evitando así generar indefensión al particular y, de modo especial, efectivizando el *«derecho al recurso»*.

Dicho derecho ha sido ampliamente reconocido por la Jurisprudencia constitucional (sirva, a modo de ejemplo, la Sentencia de 22 de julio de 2020), que ha destacado reiteradamente que el acceso a los recursos, consistente en la promoción de una actividad administrativa o jurisdiccional que desemboque en la decisión sobre las pretensiones deducidas, forma parte del contenido primario del derecho a la tutela judicial efectiva reconocido en el artículo 24.1 de la Constitución.

Así, y en este caso concreto, la LPAC, desde su exposición de motivos, impone, en conexión con lo dispuesto en los consabidos artículos 9.1 y 103.1 de la Constitución, a las entidades del sector público la sujeción de su actuación a la Ley y al Derecho, reservando en todo caso a los Juzgados y Tribunales el control de legalidad de sus actos y acuerdos. En este sentido, resulta conveniente destacar, en el ámbito local, que dicha obligación es además impuesta a los Ayuntamientos y a las restantes entidades de carácter local por virtud de lo establecido en el artículo 6.1 de la Ley 7/1985, de 2 de abril, reguladora de las Bases del Régimen Local.

De este modo, y sobre la base de los preceptos señalados, lo cierto es que el sistema articulado actualmente a través de la LPAC prevé una doble impugnación: una primera vía de carácter administrativo (a través de los antedichos recursos de alzada, reposición y extraordinario de revisión, que constituyen los medios legales de intervención administrativa con el que cuentan los particulares para solicitar a la Administración la modificación o la revocación de un acto administrativo por considerarlo disconforme con el ordenamiento jurídico) y una segunda, en sede jurisdiccional, ante los correspondientes Juzgados y Tribunales del orden contencioso-administrativo.

Más allá de las diferencias existentes entre los señalados tipos de recursos, lo cierto es que comparten un elemento común: los tres deben estar fundados en alguna o varias de las causas de nulidad o anulabilidad previstas en los artículos 47 y 48 de la LPAC. Así, mientras el recurso de alzada interrumpe automáticamente la ejecución de la sanción (sin perjuicio de las medidas cautelares que puedan, en su caso, adoptarse), dicho efecto no se predica del resto de recursos, sin perjuicio de que pueda solicitarse en éstos la consabida suspensión cautelar siempre y cuando se aprecie la existencia de perjuicios de difícil o imposible reparación y el fundamento sea, precisamente, alguna de las causas de nulidad de pleno Derecho de la resolución impugnada[27].

Si éste fuese el caso, es importante tener en cuenta que, a los treinta días de haber tenido en cuenta en el registro del órgano competente la solicitud de suspensión cautelar sin haberse obtenido respuesta expresa, la ejecución de la sanción se considerará suspendida de inmediato. Ello ha sido evidenciado en la Jurisprudencia que ha abordado esta cuestión, destacando, por encima de cualquier otra, la Sentencia dictada con fecha 16 de diciembre de 2004 por la Sala de lo Contencioso-administrativo del Tribunal Supremo en los siguientes términos:

> «Este precepto no prevé la suspensión automática de los actos administrativos por no haberse resuelto de forma expresa la petición de suspensión, sino que tras

27 RODRÍGUEZ TEN, J.: «Régimen sancionador» en PALOMAR OLMEDA, A., *El nuevo régimen de la seguridad ciudadana*, Aranzadi, Cizur Menor, 2015, p. 407.

establecer en su apartado primero que la interposición de cualquier recurso no suspende la ejecución del acto impugnado, en el cuarto fija que el acto impugnado se entenderá suspendido en su ejecución si transcurridos treinta días desde que la solicitud de suspensión haya tenido entrada en el órgano competente para decidir sobre la misma, éste no ha dictado resolución expresa».

Del mismo modo, la resolución que resuelva cualquier recurso deberá estar motivada, y resolverá todas las cuestiones planteadas o que se deduzcan del análisis del procedimiento sancionador. Así, aquélla deberá ser también congruente con las peticiones que se formulen, de forma que el órgano competente habrá de inadmitir, estimar o desestimar —total o parcialmente— el recurso sin que el resultado pueda provocar una situación más desfavorable a la existente con carácter previo a su interposición.

Apreciado lo anterior, cabe señalar que, al hilo de lo establecido en el artículo 121 de la LPAC, cabe la interposición de recurso de alzada frente a las resoluciones del procedimiento sancionador que no pongan fin a la vía administrativa ante el órgano superior jerárquico de quien las dictó. El plazo para su presentación es de un mes a contar desde la notificación de la resolución en cuestión, debiendo la Administración resolver y notificar la resolución de dicho recurso de alzada en un período máximo de tres meses. Contra la resolución del recurso de alzada no cabe ningún otro recurso administrativo, salvo el recurso extraordinario de revisión, debiendo acudir ya con carácter general a la vía judicial contencioso-administrativa. Si hubiese transcurrido dicho plazo sin que hubiese recaído resolución, se podrá entender desestimado.

A diferencia del recurso de alzada, el recurso de reposición se interpone, tal y como destaca el artículo 123 de la LPAC, contra las resoluciones que pongan directamente fin a la vía administrativa ante el mismo órgano que las dictó. El plazo para su presentación es de un mes a contar desde la notificación de la resolución, contando exclusivamente la Administración con el plazo máximo de un mes para la resolución de dicho recurso y su notificación al interesado. Si hubiese transcurrido dicho plazo sin que hubiese recaído resolución, también se podrá entender desestimado.

A este respecto, resulta necesario enfatizar que dicho recurso es potestativo. En otras palabras, tras recibir la resolución que pone fin a la vía administrativa, el interesado puede optar por presentar el recurso de reposición o acudir directamente a la vía contencioso-administrativa[28].

Por su parte, cabrá interponer, de acuerdo con lo dispuesto en el artículo 113 de la LPAC, recurso extraordinario de revisión frente a un acto firme en vía administrativa ante el mismo órgano administrativo siempre que se satisfaga alguno de los siguientes cuatro supuestos: (i) si se dictó en error

28 Rodríguez Ten, J.: «Régimen sancionador» en Palomar Olmeda, A., *El nuevo régimen de la seguridad ciudadana*, Aranzadi, Cizur Menor, 2015, p. 407.

de hecho; (ii) si aparecieron documentos de valor esencial para la resolución del asunto que, aun siendo posteriores, evidencien el error del acto; (iii) si en el acto hubiesen influido esencialmente documentos o testimonios declarados falsos por sentencia judicial firme anterior o posterior y (iv) si el acto se hubiese dictado como consecuencia de prevaricación, cohecho, violencia, maquinación fraudulenta u otra conducta punible y se hubiese declarado así mediante sentencia judicial firme.

De cara al primero de los supuestos, el plazo de interposición es de cuatro años a contar desde la notificación de la resolución impugnada, siendo de tres años para el resto de los casos, bien desde el conocimiento de los documentos o desde la firmeza de la sentencia judicial. A falta de resolución expresa, sólo se considerará desestimado el recurso extraordinario de revisión una vez transcurridos tres meses desde la interposición de dicho recurso, quedando expedita la vía judicial contencioso-administrativa[29].

Por otro lado, el referido artículo 51 establece que, contra la resolución que ponga fin a la vía administrativa podrá interponerse recurso contencioso-administrativo, en su caso, por el procedimiento para la protección de los derechos fundamentales de la persona, en los términos de la Ley 29/1998, de 13 de julio, reguladora de la Jurisdicción Contencioso-administrativa.

2. Sobre la caducidad de los procedimientos sancionadores

Tal y como ha dejado claro en reiteradas ocasiones la Sala de lo Contencioso-administrativo del Tribunal Supremo, la caducidad de los procedimientos sancionadores es una institución jurídica con la que *«se trata de evitar la tardanza injustificada en resolver aquéllos»* en el entendimiento que *«los sujetos expedientados se encuentran en una situación desfavorable que no ha de alargar indebidamente la Administración sancionadora»*, con la necesidad de que tales procedimientos concluyan en un plazo razonable e impidiendo así que las Administraciones actuantes puedan incurrir en arbitrariedad.

Dicha conclusión ha quedado reflejada en innumerables sentencias, como las citadas con fechas 13 de enero de 2010, 8 de julio de 1999, 16 de junio de 1998 o 10 de noviembre de 1994, en las que se dejaba constatada la vinculación de la caducidad con el principio de seguridad jurídica, que encuentra su acomodo en el artículo 9.3 de la Constitución. Ello se pone de manifiesto, de forma especial, por el Tribunal Constitucional en sentencias como la dictada con fecha 23 de marzo de 2009.

29 Rodríguez Ten, J.: «Régimen sancionador» en Palomar Olmeda, A., *El nuevo régimen de la seguridad ciudadana*, Aranzadi, Cizur Menor, 2015, p. 407.

De hecho, este principio de seguridad jurídica se encuentra intrínsecamente conectado con otro principio: el principio de buena Administración. Este principio, largamente consagrado por la Jurisprudencia constitucional, garantiza la interdicción de la arbitrariedad de los poderes públicos y declara que la Administración Pública debe servir con objetividad los intereses generales y actuar de acuerdo con los principios de eficacia, jerarquía, descentralización, desconcentración y coordinación con sometimiento pleno a la ley y al Derecho.

Ello ha sido, además, debidamente respaldado por la Sala de lo Contencioso-administrativo del Tribunal Supremo a través de recientes sentencias, como las dictadas con fechas 15 de octubre de 2020 y 30 de abril de 2012. De ellas se deduce que a la Administración le es exigible una conducta lo suficientemente diligente como para evitar posibles disfunciones derivadas de su actuación, que no se detiene en la mera observancia estricta de procedimiento y trámites, sino que reclama la plena efectividad de garantías y derechos reconocidos a través de la exigencia de obligaciones, como la de resolver sus procedimientos dentro de los plazos conferidos por la normativa que resulte aplicable en cada caso.

A la vista de lo anterior, el principio de buena Administración, configurado en torno a sólidas bases legales y constitucionales, despliega sus efectos en dos sentidos diferentes. Por un lado, constituye un deber y una exigencia a la propia Administración que debe guiar su actuación bajo los parámetros referidos, entre los que se encuentra la diligencia y la actividad temporánea, mientras que, por otro, es un derecho al administrado, que, como tal, puede hacerse valer ante la Administración en defensa de sus intereses y que, respecto de la falta de diligencia o inactividad administrativa, no sólo se refleja en la interdicción de la inactividad que se deriva de lo dispuesto en los artículos 9 y 103 de la Constitución, sino, de forma muy concreta, en el derecho que tiene el particular a obtener una respuesta de la Administración al término de un determinado procedimiento, muy probablemente, en forma de resolución[30].

De este modo, y siguiendo este razonamiento, existe un deber administrativo a la diligencia debida y, por ende, un correlativo derecho de los ciudadanos a la proscripción de la inactividad administrativa. De este modo, es consustancial al principio de buena Administración la diligencia en el actuar de la Administración y el desarrollo y resolución en tiempo razonable y proporcionado.

30 Gómez Fernández, D.: «El plazo de caducidad del sancionador las actuaciones previas y el principio de buena administración», en *Derecho Administrativo y Urbanismo*, de 26 de febrero de 2021 (https://www.derechoadministrativoyurbanismo.es/post/el-plazo-de-caducidad-del-sancionador-las-actuaciones-previas-y-el-principio-de-buena-administraci%C3%B3n).

Ello ha sido largamente constatado por la Sala de lo Contencioso-administrativo del Tribunal Supremo en innumerables ocasiones. De entre otras, dicho pronunciamiento se recoge, de forma especialmente precisa, en la reciente Sentencia de 3 de diciembre de 2020, que, a propósito de esta cuestión, concluyó lo siguiente:

> «Cuando existe una inactividad administrativa objetiva, injustificada y desproporcionada, se está conculcando el derecho del ciudadano a la buena administración; derecho real y efectivo que debe ser garantizado y que, en su caso, debe ampararse por los Tribunales de Justicia cuando controla la referida inactivad administrativa; inactividad que si bien no está sometida a plazo no constituye una potestad discrecional a voluntad de la Administración, sino que con la base constitucional y legal vista se impone a la Administración obligada al citado deber de buena administración que proscribe la inactividad y cuya conculcación, en función de cada caso concreto, tendrá sus consecuencias jurídicas, como es el caso que nos ocupa».

Así, y al hilo de lo anterior, la institución de la caducidad despliega plenos efectos jurídicos en el momento en que se rebasa el plazo máximo de duración del procedimiento sancionador. Dicho de otro modo, la Administración que impulsa tal procedimiento debe promover su tramitación y posterior resolución dentro de dicho plazo ya que, de no ser así, decae por completo su derecho a ejercitar dichas acciones[31].

Con carácter general, el artículo 21.3 de la LPAC dispone, en conexión con lo previsto en el artículo 63.1 de la misma ley, que el plazo máximo para que la Administración dicte y notifique la resolución de un determinado procedimiento sancionador es de tres meses, salvo que*«las normas reguladoras de los procedimientos»* hubiesen establecido un plazo diferenciado a tal efecto. Si ése fuese el caso, dicho plazo, conforme a lo establecido en el apartado primero del mismo artículo, no podrá exceder de seis meses, salvo que una norma con rango de ley establezca un plazo mayor o, incluso, se prevea en una norma europea[32].

Al hilo de la habilitación contenida en el referido precepto, la LOPSC sí regula específicamente el plazo máximo de los procedimientos sancionadores iniciados con arreglo a dicha ley en el apartado primero de su artículo 50, concretando su caducidad *«al año de su incoación»*. Huelga decir que, al fijarse dicho plazo máximo para la resolución de los procedimientos sancionadores

---

31 Gómez Fernández, D.: «El plazo de caducidad del sancionador las actuaciones previas y el principio de buena administración», en *Derecho Administrativo y Urbanismo*, de 26 de febrero de 2021 (https://www.derechoadministrativoyurbanismo.es/post/el-plazo-de-caducidad-del-sancionador-las-actuaciones-previas-y-el-principio-de-buena-administraci%C3%B3n).

32 Rodríguez Ten, J.: «Régimen sancionador» en Palomar Olmeda, A., *El nuevo régimen de la seguridad ciudadana*, Aranzadi, Cizur Menor, 2015, p. 392.

en materia de protección de la seguridad ciudadana en una norma con rango de ley, no cabe oponer el más mínimo reproche a tal determinación.

Tal y como disponen los artículos 58 y 63.1 de la LPAC, todos los procedimientos de naturaleza sancionadora sólo se entenderán iniciados *«de oficio por acuerdo del órgano competente»*. De este modo, resulta necesario tener presente, en primer lugar, que ni la presentación de la denuncia ni la adopción de una actuación previa o de una medida provisional debe suscitar reacción jurídica alguna a los efectos de iniciar el cómputo del plazo de un año a los efectos de declarar la caducidad de un procedimiento sancionador, como los que se pueden incoar a instancias de la LOPSC[33].

En aras a confirmar dicha interpretación también se ha pronunciado la Jurisprudencia del Tribunal Supremo. De forma especial, cabe traer a colación lo concluido, una vez más, por su Sala de lo Contencioso-administrativo que, en su Sentencia de 3 de julio de 2014, excluyó expresamente las actuaciones previas del cómputo del plazo de la caducidad de los procedimientos sancionadores en estos clarificadores términos:

> «Una vez realizadas esas actuaciones previas, el tiempo que tarde la Administración en acordar la incoación del procedimiento —en el caso que examinamos el acuerdo de incoación fue adoptado el 21 de noviembre de 2006— podrá tener las consecuencias que procedan en cuanto al cómputo de la prescripción (extinción del derecho); pero no puede ser tomado en consideración a efectos de la caducidad, pues esta figura lo que pretende es asegurar que una vez iniciado el procedimiento la Administración no sobrepase el plazo de que dispone para resolver».

Eso sí, el propio Alto Tribunal ha dejado claro que, a tal efecto, el periodo de actuaciones previas *«debe ser forzosamente breve»*, de modo que no encubra *«una forma artificiosa de realizar actos de instrucción y enmascarar y reducir la duración del propio expediente posterior»*. Así se ha constatado en sentencias como las dictadas el 6 de mayo de 2015 o, más recientemente, de 13 de mayo de 2019[34].

No obstante, y sin perjuicio de lo anterior, cabe tener en cuenta que dicho plazo no opera necesariamente de forma automática, sino que pueden con-

---

33 Gómez Fernández, D.: «El plazo de caducidad del sancionador las actuaciones previas y el principio de buena administración», en *Derecho Administrativo y Urbanismo*, de 26 de febrero de 2021 (https://www.derechoadministrativoyurbanismo.es/post/el-plazo-de-caducidad-del-sancionador-las-actuaciones-previas-y-el-principio-de-buena-administraci%C3%B3n).

34 Gómez Fernández, D.: «El plazo de caducidad del sancionador las actuaciones previas y el principio de buena administración», en *Derecho Administrativo y Urbanismo*, de 26 de febrero de 2021 (https://www.derechoadministrativoyurbanismo.es/post/el-plazo-de-caducidad-del-sancionador-las-actuaciones-previas-y-el-principio-de-buena-administraci%C3%B3n).

currir supuestos en los que quepa la válida interrupción del cómputo del plazo de caducidad.

En concreto, el artículo 50.1 de la LOPSC sí deja claro que el cómputo debe tener igualmente en cuenta circunstancias como *«las posibles paralizaciones por causas imputables al interesado»* o *«la suspensión que debiera acordarse por la existencia de un procedimiento judicial penal»* siempre y cuando dicho proceso se tramite contra el mismo sujeto, por los mismos hechos y por el mismo bien jurídico. Así, y en línea con lo ya apuntado en capítulos precedentes, dicha suspensión tiene su justificación en la aplicación de la garantía *«non bis in idem»*, de modo que la jurisdicción penal debe prevalecer en caso de concurso de normas penal y administrativa sancionadora con el fin de asegurar la vinculación de la Administración a los hechos declarados como probados en la Sentencia dictada en la Jurisdicción penal.

Sin embargo, y a pesar de su aparente claridad, lo cierto es que el tenor literal de dicho precepto colisiona, una vez más, con la interpretación que, con el paso de los años, ha venido haciendo la doctrina administrativista al respecto. Así, resulta relevante la opinión de, entre otros, Rebollo Puig o Huergo Lora, que, a propósito de esta cuestión, coincidieron en señalar que *«de ningún modo es necesaria esa triple identidad para que haya que paralizar el procedimiento*[35]*»*.

Profundizando en esta idea, la Jurisprudencia mayoritaria no sólo ha asumido esta novedosa tesis doctrinal, sino que, a los efectos de entender aplicable dicha circunstancia, ha considerado suficiente *«la identidad de los hechos»*. Ello se deduce de la Sentencia de la Sala de lo Contencioso-administrativo del Tribunal Supremo de 30 de octubre de 2014, que seguidamente se reproduce:

> «Siendo así que, conforme a doctrina jurisprudencial reiterada y siendo determinante a efectos de la prejudicialidad penal la identidad en los hechos, nos encontramos con que dicho requisito se cumple en el supuesto enjuiciado, pues los hechos en que se fundamentan, tanto las actuaciones judiciales como las administrativas, son los mismos, lo que comporta la obligación de suspender el procedimiento administrativo sancionador al estarse tramitando un proceso penal por los mismos hechos, siendo prioritario el conocimiento penal pues de esta forma se asegura que la Administración respete los hechos que la resolución judicial firme considere probados y se evita cualquier riesgo de eventuales contradicciones».

En este sentido, el apartado segundo del artículo 50 de la LOPSC concreta que la resolución que declare la caducidad debe ser notificada al interesado, de modo que, a partir de ese momento, la Administración queda imposi-

35 Martín Fernández, C., *El régimen sancionador de la seguridad ciudadana*, Aranzadi, Cizur Menor, 2023, p. 243.

bilitada de proseguir con la tramitación del procedimiento, poniendo fin al mismo. Así, será la fecha de notificación (y no la de emisión de la resolución) la que constituya el *«dies ad quem»* del cómputo del plazo para la declaración de la caducidad.

Dicha regulación resulta coincidente con la prevista en el artículo 95.3 de la LPAC, que dispone que, en caso de caducidad, aquélla debe limitarse a declarar la caducidad y archivar el procedimiento sancionador, con el fin de evitar que la imposibilidad de resolver dicho procedimiento en plazo pudiera llegar a generar efectos desfavorables al expedientado. No en vano, ni siquiera en dichas situaciones decae para las Administraciones el cumplimiento de su obligación de resolver, contenida en el artículo 25 de la LPAC[36].

Sin perjuicio de lo anterior, es importante tener en cuenta que la declaración de caducidad de un procedimiento sancionador no produce por sí sola la prescripción de las acciones de la Administración. Así, dicha declaración no impide que la Administración sancionadora pueda acordar la incoación de un nuevo procedimiento sancionador por los mismos hechos en el caso de que, por un lado, no hubiese prescrito, con anterioridad, la infracción objeto del procedimiento precedente y, por otro, la incoación del segundo procedimiento sancionador no implique la vulneración de la garantía *«non bis in idem»*[37].

Del mismo modo, cabe tener presente que el plazo de prescripción de las infracciones descritas en la LOPSC no se ve interrumpido como consecuencia de la tramitación del anterior procedimiento sancionador. Dicho extremo se aprecia, desde un punto de vista normativo, por partida doble: tanto en el artículo 95.3 de la LPAC como el propio artículo 50.2 de la LOPSC dejan claro, de forma lacónica, que *«los procedimientos caducados no interrumpirán el plazo de prescripción»*.

En dichos términos se expresa también la Sala de lo Contencioso-administrativo del Tribunal Supremo, en cuya Sentencia de 22 de octubre de 2020 dejó claro tal extremo al sostener que *«no producirá por sí sola la prescripción de las acciones del particular o de la Administración, pero los procedimientos caducados no interrumpirán el plazo de prescripción»*.

3. Sobre los procedimientos abreviados

Más allá del procedimiento ordinario contemplado en los artículos inmediatamente precedentes, la LOPSC regula igualmente en su artículo 54 el

36 Gómez Fernández, D.: «El plazo de caducidad del sancionador las actuaciones previas y el principio de buena administración», en *Derecho Administrativo y Urbanismo*, de 26 de febrero de 2021 (https://www.derechoadministrativoyurbanismo.es/post/el-plazo-de-caducidad-del-sancionador-las-actuaciones-previas-y-el-principio-de-buena-administraci%C3%B3n).

37 Martín Fernández, C., *El régimen sancionador de la seguridad ciudadana*, Aranzadi, Cizur Menor, 2023, p. 243.

procedimiento abreviado con el propósito de que se puedan tramitar, siguiendo sus reglas, aquellos procedimientos en los que concurran una serie de circunstancias específicas.

Antes de cualquier otra consideración, cabe tener en cuenta que la introducción de este cauce tiene su origen en lo dispuesto en el artículo 96 de la LPAC, que establece la posibilidad de que los procedimientos sancionadores se tramiten de forma simplificada *«cuando existan elementos de juicio suficientes para calificar la infracción como leve»*. En concreto, es su apartado quinto el que habilita, de forma particular, al órgano competente para la incoación del procedimiento a tomar la decisión de tramitar el procedimiento siguiendo este cauce abreviado, sin que quepa la oposición por parte del interesado.

Siguiendo lo anteriormente indicado, el apartado sexto del mismo artículo 96 de la LPAC concreta, en conexión con lo dispuesto en el artículo 63.1, que este tipo de procedimientos sancionadores también se integran en dos fases diferenciadas (instrucción y resolución) y habrán de estar resueltos en un plazo máximo de treinta días. Con ello, se consagra el derecho del inculpado a la separación de las funciones administrativas de instrucción y de decisión[38].

Naturalmente, se contempla también la posibilidad de que el órgano iniciador acuerde la adopción de actos de instrucción e, incluso, la apertura de un trámite de audiencia en el caso de que los elementos de juicio que obren en el expediente sean contrarios a los intereses del administrado. Sea como fuere, su duración habrá de ser la mínima e indispensable a los fines descritos[39].

Algunas de estas ideas se recogen en el régimen del procedimiento abreviado de la LOPSC, si bien es verdad que existen también diferencias significativas. Sin duda, las semejanzas se aprecian con toda claridad en el apartado primero del artículo 54, que, si bien dispone que se podrán tramitar siguiendo las reglas del procedimiento abreviado aquellos procedimientos sancionadores que se hubieran incoado como consecuencia de la presunta comisión de hechos subsumidos en tipos infractores leves, abre también esta posibilidad a propósito de las infracciones graves. De hecho, y para una mayor claridad a propósito de esta cuestión, el apartado segundo del mismo precepto señala que *«el procedimiento sancionador abreviado no será de aplicación a las infracciones muy graves»*, encuadrando, por tanto, a las restantes.

Del mismo modo, la LOPSC contempla que los interesados gocen de un plazo de quince días para formular sus alegaciones frente al Acuerdo

---

38 Rodríguez Ten, J.: «Régimen sancionador» en Palomar Olmeda, A., *El nuevo régimen de la seguridad ciudadana*, Aranzadi, Cizur Menor, 2015, p. 402.

39 Rodríguez Ten, J.: «Régimen sancionador» en Palomar Olmeda, A., *El nuevo régimen de la seguridad ciudadana*, Aranzadi, Cizur Menor, 2015, p. 402.

de incoación del procedimiento sancionador o, por el contrario, proceder al pago voluntario con reducción de la sanción de multa de hasta el 50%. Dicha decisión alterará el curso del procedimiento, ya que, en el caso de optar por la primera de las opciones, éste se continuará tramitando siguiendo las fases de un procedimiento sancionador ordinario, mientras que, en el segundo caso, la Administración competente está obligada a dictar resolución por la que, tras confirmar la realización del pago, deberá acordar la terminación del procedimiento.

Así, resulta evidente que la primera de las opciones contituye una inequívoca desviación del régimen general contemplado por la LPAC. No en vano, la LOPSC no prevé en este tipo de supuestos una tramitación reducida en cuanto a plazos, sino, directamente, la aplicación de las reglas del procedimiento ordinario. De este modo, el verdadero ahorro temporal residirá en la opción del pago anticipado, que lleva aparejada la imposibilidad de formular alegaciones o de entablar, en definitiva, cualquier acción en vía administrativa. De este modo, sólo cabe la posibilidad de impugnar dicha resolución en sede judicial contencioso-administrativa, sin que quepa en ningún caso reprochar indefensión a la Administración, toda vez que, de ser el caso, habría sido el propio interesado el que voluntariamente renuncia a la formulación de alegaciones con el fin de acceder a esas ventajas económicas.

Cód. 07

Made in United States
Orlando, FL
04 November 2026

90200706R00151